中国聚碳酸酯行业发展蓝皮书 2021

中国合成树脂协会聚碳酸酯分会　主编

Blue Book of Polycarbonate Industry Development in China 2021

化学工业出版社
·北京·

内 容 简 介

本书主要针对2020年聚碳酸酯领域的行业现状、供需变化、工艺技术、应用现状和发展建议等展开。阐述电子电气、汽车、光学、医疗、包装、5G等重点领域对聚碳酸酯新材料的最新需求，分析行业存在的主要问题，提出下一步发展对策和建议。书中包含了大量统计数据和调查研究成果，是有关企事业单位和政府部门进行投资决策、政策制定的重要参考资料。

本书可以为聚碳酸酯相关行业技术人员，以及相关企事业单位和政府部门投资决策、政策制定人员，政府主管部门、行业协（学）会、科研机构、高等院校、制造企业及材料供应商等提供一定的参考。

图书在版编目（CIP）数据

中国聚碳酸酯行业发展蓝皮书. 2021/中国合成树脂协会聚碳酸酯分会主编. —北京：化学工业出版社，2021.6

ISBN 978-7-122-39499-6

Ⅰ.①中… Ⅱ.①中… Ⅲ.①聚碳酸酯-化学工业-研究报告-中国-2021 Ⅳ.①F426.7

中国版本图书馆CIP数据核字（2021）第134502号

责任编辑：高　宁　仇志刚
责任校对：宋　玮　　装帧设计：王晓宇

出版发行：化学工业出版社（北京市东城区青年湖南街13号　邮政编码100011）
印　　装：天津盛通数码科技有限公司
710mm×1000mm　1/16　印张14¾　字数252千字　2021年6月北京第1版第1次印刷

购书咨询：010-64518888　　售后服务：010-64518899
网　　址：http://www.cip.com.cn
凡购买本书，如有缺损质量问题，本社销售中心负责调换。

定　　价：398.00元

《中国聚碳酸酯行业发展蓝皮书（2021）》
编　委　会

主　　任	
张　雷	中国合成树脂协会聚碳酸酯分会　副秘书长 万华化学集团股份有限公司
副主任	
汪　勍	中国合成树脂协会聚碳酸酯分会　副秘书长 科思创（上海）投资有限公司
顾问委员	
郑　垲	中国合成树脂协会　理事长
王晓雪	中国合成树脂协会　秘书长
段庆生	中国合成树脂协会聚碳酸酯分会　秘书长
初乃波	万华化学集团股份有限公司　聚碳酸酯事业部 副总经理
邱卫辉	科思创 聚碳酸酯事业部　中国区　副总裁
张金成	鲁西化工集团股份有限公司　董事长
陆爱林	宁波浙铁大风化工有限公司　副总经理
王玉刚	中石化三菱化学聚碳酸酯（北京）有限公司 总经理
细见达秀	三菱瓦斯化学工程塑料（上海）有限公司 总经理
张恩来	帝人株式会社　东京总部　国际市场及技术开发资深高级经理
赵国勋	中化塑料有限公司　总经理
委　　员	
张　雷	中国合成树脂协会聚碳酸酯分会　副秘书长 万华化学集团股份有限公司

汪　勍　　中国合成树脂协会聚碳酸酯分会　副秘书长
　　　　　科思创（上海）投资有限公司
丁雨波　　中国合成树脂协会聚碳酸酯分会　副秘书长
　　　　　上海诚瀚贸易有限公司
包定辉　　三菱瓦斯化学工程塑料（上海）有限公司
毕红燕　　天津利安隆新材料股份有限公司
卞华松　　沙特基础工业（中国）投资有限公司
陈志光　　厦门石地医疗科技有限公司
崔雪杨　　中化塑料有限公司
邓爵安　　聚赛龙工程塑料有限公司
董宝田　　鲁西化工集团股份有限公司
杜　赏　　上海奥赛尔材料科技有限公司
Frank Lechner　　科倍隆（南京）机械有限公司
Dr. Frank Schnieders　　COVESTRO Deutschland AG
胡志刚　　广东银禧科技股份有限公司
黄瑞杰　　中广核俊尔新材料有限公司
姜引水　　烟台天铭注塑制品有限公司
李　浩　　浙江明日和顺新材料科技有限公司
李　军　　成都康隆鑫塑业有限公司
李明锋　　沙特基础工业（中国）投资有限公司
李　强　　锦湖日丽塑料有限公司
李小静　　天津市塑料研究所有限公司
梁　晶　　中石化三菱化学聚碳酸酯（北京）有限公司
马　欢　　上海帝人化成贸易有限公司
马　晖　　中石化三菱化学聚碳酸酯（北京）有限公司
孟季如　　科思创（上海）投资有限公司
史吉华　　北京濮源新材料技术有限公司
田征宇　　金发科技股份有限公司
佟　伟　　金发科技股份有限公司
王晨晔　　宁波浙铁大风化工有限公司

汪海燕	科思创（上海）投资有限公司
王行环	宁波浙铁大风化工有限公司
王彦军	科倍隆（南京）机械有限公司
闻次章	万华化学集团股份有限公司
相飞飞	山东隆众信息技术有限公司
徐钰珍	沙特基础工业（中国）投资有限公司
薛　净	中化塑料有限公司
叶　舟	科思创（上海）投资有限公司
张王燕	品诚塑胶科技（上海）有限公司
张振威	万华化学集团股份有限公司
周国剑	中广核俊尔新材料有限公司
周中玉	锦湖日丽塑料有限公司
庄　严	浙江旭森非卤消烟阻燃剂有限公司

前言

聚碳酸酯是五大通用工程塑料中唯一透明的材料，综合性能极为优异，国内的生产和消费增长非常迅速。因其具有良好的力学性能、光学性能、热性能和阻燃性能，同时制成的产品坚韧耐用、使用寿命长、可重复使用、易于回收，被广泛应用于众多领域。目前国内聚碳酸酯消费量在全部工程塑料总用量中占比超过40%，在国民经济发展中占有重要的地位。

2020年新冠肺炎疫情期间，中国聚碳酸酯材料产业链上的同仁主动参与防疫、抗疫活动，从捐款捐物到提供医用护目镜、测温枪、透明消毒舱、呼吸机、监护仪、核酸检测试剂盒等方面，对保护医疗工作者以及患者的救助工作，贡献卓越！

2018年的蓝皮书，通过协会和主要会员的理性呼吁，得到了政府部门的认可。目前通用型聚碳酸酯的投资已不再为国家和地方政府所鼓励，这必将给过热的投资降温，对行业的健康、有序和可持续发展有重要意义。此次蓝皮书修订正式出版，除了使用最新数据外，一半内容为新增，我们期望让更多的人了解中国聚碳酸酯行业的真实发展状况；同时为企业和各级政府部门在新的形势下，把握、研究、制定发展策略和引导措施提供帮助。

当今全球经济形势发生了翻天覆地的变化，特别是此次疫情过后，市场格局将重新组合；未来的社会发展，将以全新的面貌展现在人类面前。而随着新型工业化、信息化、城镇化和农业现代化加快推进，新的市场需求，都将为聚碳酸酯提供新的更大的市场空间。但愿我们的努力，能够促进行业健康发展，为行业、为国家、为人类做出应有的贡献。

中国合成树脂协会理事长　郑垲

2021年6月

目录

中国聚碳酸酯行业发展蓝皮书

2021

第1章

聚碳酸酯产业发展概述

1.1 基本信息

聚碳酸酯（polycarbonate，简称 PC）是一种综合性能非常优异的热塑性工程塑料，具有良好的力学性能、光学性能、热性能和阻燃性能，被广泛应用于汽车零部件、消费电子、电子工程、家用电器、发光二极管（LED）、建筑板材、耐用消费品、光学透镜、光盘基料以及专用防护和医疗器械等诸多领域。

聚碳酸酯同时也是一种耐用型热塑性工程材料，“耐用”对应重复使用（reuse）、“热塑性”对应易回收（recycle）、“工程”对应高价值回收，恰恰吻合了循环经济和塑料的循环再利用。

2020 年新型冠状病毒肺炎（以下简称新冠肺炎）疫情中，采用聚碳酸酯制造的医用护目镜、测温枪、透明消毒舱、呼吸机、监护仪和核酸检测试剂盒等物资在保护医疗人员、患者、防疫工作者和高风险后勤保障人员方面做出了巨大贡献。

1.1.1 分类

聚碳酸酯是指分子链中含有碳酸酯基（—COO—）的热塑性高分子化合物。按照分子结构中所带酯基的不同，可分为脂肪族聚碳酸酯、脂肪-芳香族聚碳酸酯、芳香族聚碳酸酯等多种类型。目前只有芳香族聚碳酸酯获得了大规模的工业化生产和应用，其中尤以双酚 A 型聚碳酸酯为主，见图 1.1。芳香族的环形结构，提供了强大的抗冲击性能和优异的耐热性能，无定形态则提供了材料天生的水滴般洁净透明的特性。而脂肪族和脂肪-芳香族聚碳酸酯由于力学性能相对较差，尚缺乏实际应用价值，但其规模化生产和市场化应用仍在不断发展。

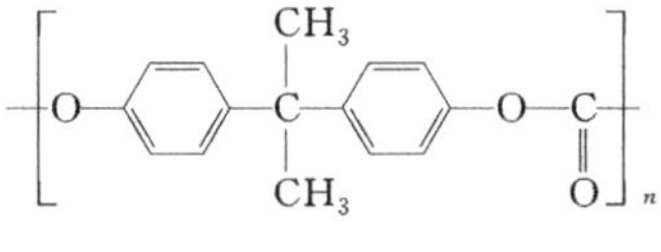

图 1.1 双酚 A 型聚碳酸酯结构

1.1.2 主要性能

作为五大通用工程塑料中消费增长最快的材料，聚碳酸酯拥有极其出众的综合性能。

① 力学性能　聚碳酸酯是典型的强韧材料，具有良好的综合力学性能，能在宽泛的温度范围内保持较高的机械强度。其突出的特点是具有优异的抗冲击性和尺寸稳定性，抗冲击强度是同等厚度聚甲基丙烯酸甲酯（PMMA）的30倍，是普通玻璃的250～300倍、钢化玻璃的2～20倍，而密度却不到玻璃的一半，可制造“防弹玻璃”，因此又被俗称为“防弹胶”。

② 热性能　聚碳酸酯具有良好的耐热性和耐寒性，玻璃化转变温度为140～150℃，热变形温度为120～140℃（0.45MPa），熔融温度一般在220～240℃，加工成型温度在250～320℃，可在−40～120℃范围内使用（特殊共聚聚碳酸酯产品的使用温度可达到−40℃以下或120℃以上）。同时，聚碳酸酯还具有较低的热导率和比热容，在塑料中居中等水平，与金属材料相比，仍不失为一种良好的绝热材料。

③ 光学性能　聚碳酸酯通常呈非晶结构，无色透明，是五大通用工程塑料中唯一具有良好透明性的品种。聚碳酸酯的透光率可达89%以上（特定光学用途聚碳酸酯可达90%以上），仅次于PMMA，与聚苯乙烯（PS）基本相当。同时，聚碳酸酯还拥有优异的着色性能，可制成各种色彩鲜艳的制品。但聚碳酸酯的耐刮擦性能较差，表面较易磨损而影响其透光率，为实现高耐刮擦要求，通常需要使用特定的耐刮擦涂层。聚碳酸酯对红外光、可见光和紫外光等光线一般也都有良好的稳定性，加入少量光稳定剂后在户外环境也有大量应用。

④ 电性能　聚碳酸酯属于弱极性聚合物，其电性能低于聚丙烯（PP）和PS等非极性塑料，但也不失为电性能较优的绝缘材料，特别是因其耐热性优于聚烯烃，可在较宽的温度范围内保持良好的电性能，如其介电强度和介电损耗角数值可在25～125℃范围内保持基本不变。聚碳酸酯的电性能见表1.1。

表1.1　聚碳酸酯的电性能

电性能	数值
体积电阻率/Ω·cm	1×10^{16}
介电强度/(kV/mm)	20～22
介电常数(60Hz)	3.1～3.2
介电损耗角(60Hz)	$<1\times10^{-2}$

⑤ 阻燃性能　聚碳酸酯具有非常突出的阻燃性能，未经改性即可通过UL 94 V2测试，氧指数可达到25%以上，大大优于PMMA、PS、PP、聚乙烯（PE）等材料。另外，聚碳酸酯与多种非卤阻燃剂有非常好的相容性，少量添加后即可通过UL 94 V0测试，在一定程度上解决了终端制品的环保问题。

此外，聚碳酸酯还具有非常好的尺寸稳定性，其成型收缩率一般在0.5%～0.7%。

当然，聚碳酸酯也有其不足之处，主要表现为流动性较差，易出现应力集中、应力开裂，耐溶剂性较差，表面不耐刮擦等。这些不足可以通过优化产品结构及模具设计、改善工艺条件，以及添加相应助剂或与其他材料共混改性或增强，甚至进行相关后续工艺制程处理来解决和弥补。

1.1.3 加工方式

聚碳酸酯的加工方式非常多样。注射成型是聚碳酸酯最主要的加工成型方法，制品多用于电子电气、汽车、建筑、医疗等诸多领域。

挤出成型是聚碳酸酯常用的加工成型方法之一，主要用于生产聚碳酸酯板材、薄膜、管材、型材等，制品主要用于建筑、照明、电子电气、包装等领域。

吹塑工艺在聚碳酸酯上的应用主要是生产5加仑饮水桶（英制，1加仑=4.546升）等容器，制品多用于食品包装领域。

热成型也是聚碳酸酯广泛应用的一种加工方式。常用的热成型方法如真空成型、自由成型等工艺都可以用于聚碳酸酯壳体类零件的成型加工。制品主要应用于箱包、照明（灯罩）、休闲与运动（如运动器械、运动头盔等）、安全防护、包装等领域。

近年来，随着增材制造技术的飞速发展，聚碳酸酯粉末和线材也常常被用于3D打印。

1.2 全球产业发展及现状

1.2.1 全球发展历程

1.2.1.1 研究发明

在高分子领域，聚碳酸酯作为“酯”类的一种，一般采用缩聚反应制备。因此，聚碳酸酯的科学研究就被掺混入各类缩聚反应的科研探究进程之中。

聚碳酸酯的发明，特别是大规模工业化生产，可谓一波三折。人类研究聚碳酸酯材料的科研工作最早可以追溯到150多年前，与全世界公认的第一种工业化“合成塑料”——酚醛树脂（bakelite）相比也不遑多让。

早在1859年，俄罗斯著名化学家Aleksandr Mikhailovich Butlerov在总结

化学结构理论的过程中，就描述了聚碳酸酯这一类材料。到了1881年，德国卡尔斯鲁厄理工学院（KIT）的Karl Birnbaum教授和G. Lurie发表了制备碳酸酯低聚缩合物的论文，在聚碳酸酯类材料的发明中迈出了重要一步。他们利用间苯二酚与光气反应（在吡啶存在条件下）或与加热的三聚氰酸反应合成了碳酸酯的低聚缩合物，这一最终产物中出现了苯环和碳酸酯的环形结构，与目前的芳香族聚碳酸酯结构已经比较接近了，但由于没有进行摩尔质量的测定，因此还无法确定是否是聚合物结构。而且，由于使用的是间苯二酚，并不是我们今天常用的对苯二酚、双酚A等对位酚的聚合物结构，因此，聚碳酸酯发明者的名号未能落在他们头上[1,2]。

直至1898年，德国慕尼黑大学（University of Munich）的化学家Alfred Einhorn（也是普鲁卡因麻醉药物的发明人）再次重复了这个试验，他拓展使用对苯二酚成功地进行了合成试验，并肯定地说明这种物质是聚合物。因此，聚碳酸酯也常常被认为是Alfred Einhorn的发明（也有人认为Aleksandr Mikhailovich Butlerov才是最早合成聚碳酸酯的人）。

之后数十年，随着各国化学家在有机合成和高分子聚合方面的潜心研究，芳香族聚碳酸酯的科学研究也逐步进入了正轨。然而，规模化生产和应用才是决定某个技术是被推广还是被束之高阁的关键要素。

1.2.1.2 产业化进程

在Alfred Einhorn“发明”了聚碳酸酯后，科学家们对这类材料的实验室研究断断续续地进行了30多年，然而，由于当时信息传递闭塞，实验室规模的聚碳酸酯一直没有实现工业化生产。事情的转机出现在20世纪50年代，聚碳酸酯的研究被德国拜耳（Bayer）公司和美国通用电气（GE）公司重新启动。两家公司虽地处大洋两端，却几乎同时开发、同时建厂，整个过程相互独立、互不知晓，专利申请的提交时间也相差无几。

1953年，拜耳公司的Dr. Hermann Schnell开始担任双酚A型聚碳酸酯研发团队总监，一同工作的还有另一位聚合物专家Ludwig Bottenbruch。随后几个月中，Hermann Schnell的研发团队在拜耳公司德国克雷费尔德-约丁根（Krefeld-Uerdingen）的生产厂中首次合成了具有实用价值的高分子量线型热塑性聚碳酸酯，并在1955年于德国申请了发明专利。这个发明，除了在专业圈子里，起初几乎没有引起任何注意。与此同时（1953年），总部位于美国的通用电气公司在Dr. Daniel Fox的带领下也“紧锣密鼓”地进行着双酚A型聚碳酸酯的制备和专利申请。研究的起因平淡无奇：Daniel Fox的一位同事急于寻找一种新型阻燃材料，却受困于当时聚酯材料的水解稳定性。恰巧，Daniel

有印象碳酸酯类聚合材料对热水不敏感，于是很自然地启动了双酚 A 型聚碳酸酯的研发项目。最初，包括 Daniel 本人甚至其技术领导都未曾意识到他们在开发一种性能如此卓越的新型材料。但经过几个月的专心研发，他们欣喜地发现双酚 A 型聚碳酸酯竟然是一种“打不碎”的热塑性塑料，阻燃性能亦非常出色。于是通用电气公司开始申请发明专利，谋划蓝图。

1955 年，Dr. Daniel Fox 在申请专利时发现，德国的 Dr. Hermann Schnell 和 Ludwig Bottenbruch 以拜耳公司（FARBENFABRIKEN BAYER AKTIENGESELLSCHAFT）的名义在美国也申请了同样的专利。这就意味着，专利的归属权需要美国专利局最终判定。双方展开了一场专利优先权的争夺，但谁都没有十足把握能获得专利权，为了不影响各自的投产计划，两家公司最终商定：无论哪一方获得专利优先权，未获专利优先权的一方可以在支付一定的专利费用后继续生产聚碳酸酯。1956 年，拜耳公司和通用电气公司各自宣布投建聚碳酸酯量产厂。

最终，美国专利局将聚碳酸酯生产的专利权判定给了拜耳公司，原因仅仅是 Dr. Hermann Schnell 的发明比 Dr. Daniel Fox 提前了一周而已。但结局皆大欢喜，双方依据前述协议，各自工业化生产聚碳酸酯。由此，聚碳酸酯材料才算真正登上了塑料行业的大舞台。

1958 年，拜耳公司开始工业化生产聚碳酸酯，其商品名为“MAKROLON®”，即众所周知的“模克隆®”[❶]；而通用电气公司亦于 1960 年推出了商品名为“LEXAN®”的聚碳酸酯产品[❷]。

1.2.1.3 全球化大发展

随着工艺技术的逐步改进，到了 20 世纪 70 年代，聚碳酸酯也逐步由最初的略带淡褐色完全进化为玻璃般透明。正是由于集合优良的光学性能、力学性能、阻燃性能和耐高温性能于一身，促使聚碳酸酯被越来越多的应用领域所青睐，也被越来越多的世界级企业所重视。紧随拜耳公司及通用电气公司，世界各国的大化工公司也纷纷看中了这块市场，开始了聚碳酸酯的技术研发和生产。

在美国，1984 年陶氏化学公司（Dow Chemical）开发了商标名为“CALI-

---

❶ 德国拜耳集团公司于 2015 年 9 月将旗下拜耳材料科技集团（业务涵盖聚氨酯、聚碳酸酯和涂料）整体剥离，成立了科思创公司（Covestro）。与聚碳酸酯相关的各类荣誉、技术创新等，目前都已归属于科思创公司。

❷ 美国通用电气公司于 2007 年将其塑料业务整体出售给沙特基础工业公司（SABIC），形成了沙伯基础创新塑料部门（SABIC Innovative Plastics）。2015 年 10 月，SABIC 又将该业务部门拆散，整合并入特材战略事业部（Specialties Strategic Business Unit）。

BRE™”的聚碳酸酯产品并工业化生产。2009年陶氏化学将四个专业材料业务部（聚碳酸酯、胶乳、合成橡胶、苯乙烯）整合，更名为斯泰隆（Styron），2010年整体出售成为独立公司。2014年，斯泰隆更名为盛禧奥（Trinseo），2015年其所有附属公司统一更名为盛禧奥。至此，盛禧奥公司继承了原陶氏化学的聚碳酸酯生产能力和技术。

在日本，帝人化成公司（Teijin Kasei）于1960年10月开始了聚碳酸酯的生产，生产基地位于日本松山，主要商标名为“PANLITE®”。1997年，帝人化成在新加坡投资建设聚碳酸酯生产厂，但出于能源成本等问题，2015年底永久关闭了这套22.5万吨/年的聚碳酸酯生产线。2003年，帝人化成在中国创建了帝人中国聚碳酸酯有限公司，并逐步将重心转至中国市场。

三菱瓦斯化学株式会社（MGC，由三菱江户川化学和日本瓦斯工业化学合并而成），于1961年在日本开始工业化生产聚碳酸酯。1994年，三菱瓦斯化学株式会社与另一家日本化工巨头——三菱化学株式会社各自出资50%成立了三菱工程塑料株式会社（MEP），并逐步开疆拓土，分别在中国香港、泰国、新加坡、中国台湾以及中国大陆设立公司，大力拓展各领域的应用。

日本石油公司出光兴产株式会社（Idemitsu Kosan）于1969年在日本本土开始了聚碳酸酯的工业化生产，其商标名为“TAFLON™”。

日本旭化成株式会社（Asahi Kasei）也是聚碳酸酯行业里一个不容忽视的企业。该公司一直积极致力于聚碳酸酯合成技术的研发，1999年与台湾奇美石化合资，至2002年成功工业化生产聚碳酸酯。之后，该公司始终专注于合成技术工艺包的推广，在韩国、沙特阿拉伯（以下简称沙特）、俄罗斯等很多国家成功推广其合成技术路线。

除上述拥有自主技术的跨国公司外，在世界各地，很多企业纷纷通过合资或技术引进的方式建设聚碳酸酯装置。

在韩国，早在20世纪90年代初，三养化成就与三菱工程塑料合资建设聚碳酸酯装置；90年代末，LG化学与陶氏化学合资新建聚碳酸酯装置。湖南石化和三星第一毛织则分别引进旭化成技术，两套装置均于2009年左右投产，目前这两家公司均属于乐天化学（包括：Lotte Chemical，即原湖南石化；Lotte Advanced Material，即原三星第一毛织）。

在中国台湾，台湾化学纤维公司引进出光技术、台湾奇美引进旭化成技术，分别于2002年开始投产聚碳酸酯。

在泰国，泰国国家石油公司与三菱系的合资工厂早在1998年就开始生产聚碳酸酯。

在俄罗斯，Kazanorgsintez 引进旭化成技术于 2008 年投产了一套 6.5 万吨/年的聚碳酸酯装置。

从 20 世纪 70—80 年代起，随着全球计算机技术的崛起，聚碳酸酯的发展适逢其时：一方面聚碳酸酯的快速注射成型技术应运而生；另一方面由于数据存储对光盘媒介的需求巨大，加上电子电气产品对阻燃材料的旺盛需求，全球聚碳酸酯再次迎来了蓬勃发展。

随着亚太区域的需求大幅增长，特别是中国作为新兴市场的崛起，各国生产企业纷纷将生产基地转向中国。近年来，中国关于聚碳酸酯的投资项目如雨后春笋般出现。外资独资、合资、国有投资以及私有化投资在中国大陆风云际会，带来了市场的极大繁荣，但同时也给茁壮成长的中国市场带来潜在风险——投资过热的信号已显现。所以，开拓创新应用，寻求下一个或下几个市场爆发点，营造可持续发展的行业环境，是当下最为紧迫的行业话题。

1.2.2 全球产业现状

从全球来看，聚碳酸酯的产能和消费量在通用工程塑料中排名靠前，2020 年全球的聚碳酸酯年产能超过 600 万吨/年，年消费量超过 450 万吨，远高于除聚酰胺以外的其他各类工程塑料。

聚碳酸酯行业的发展有几个特点：

① 生产集中度高。不同于其他一些化工原材料的生产分散在几十甚至上百家企业中，聚碳酸酯在全球范围内也仅有二十余家生产企业。另外，由于聚碳酸酯颗粒料便于运输和存储，运输半径非常大，各个国家和地区间的贸易非常活跃。

② 生产技术门槛高。聚碳酸酯生产装置具有投资大、技术要求严苛等特点，一般水平的企业难以掌握。特别在高端产品中，应用行业对材料理化特性的要求往往十分苛刻，需要生产企业耗费多年甚至数十年的时间进行技术开发，因此形成了一定的技术门槛。

③ 对上下游一体化依赖性不强，但对原料供应依赖性高。生产聚碳酸酯的主要基础原料既可以自建生产，也可以向市场采购，从合成工艺角度看，对上下游一体化建设的要求并不太强，但对原料供应的依赖性非常高，每吨聚碳酸酯需要消耗约 0.9 吨双酚 A。

④ 供需基本平衡。目前全球聚碳酸酯生产能力与市场需求大体平衡，市场需求曾出现过阶段性爆发式增长，目前已回归成熟稳定状态。随着应用领域的拓宽以及全球支柱性产业（电动汽车、LED、医疗等）的变革，聚碳酸酯的市场需求稳步回升。

⑤ 下游市场异常活跃，应用领域非常广阔。聚碳酸酯由于其优异的综合性能，被很多工程类应用所青睐。除了树脂直接应用外，聚碳酸酯也是塑料合金、共混等领域研究人员特别喜爱使用的中高端材料，大量用于与丙烯腈-丁二烯-苯乙烯共聚物（ABS）、聚对苯二甲酸乙二醇酯（PET）、聚对苯二甲酸丁二醇酯（PBT）、复合材料［如玻璃纤维（GF）、碳纤维（CF）］等共混、共聚，为聚碳酸酯开拓了更多新的应用场景。

⑥ 中国投资异军突起，产能将引领全球。由于中国多年来一直是全球最大的聚碳酸酯消费市场，吸纳了来自韩国、中国台湾、美国、欧洲以及中东等地的大量出口。因此，近几年国内聚碳酸酯新建产能也出现了爆发式增长，但未来如此大量的新产能释放，必将对整个产业格局，甚至业务模式产生非常大的不确定性。纵观过去二三十年的发展历程，聚碳酸酯的生产和消费经历了起起伏伏，在生产、贸易、应用以及地域方面都有了非常大的变化。

产能方面，从 20 世纪 90 年代开始，全球聚碳酸酯的总产能得到了“井喷式”发展，每隔 4 到 5 年就会新增 100 万吨/年产能。在 20 世纪 90 年代中期，全球总产能首次突破 100 万吨/年，2000 年达到 200 万吨/年，2004 年再次突破 300 万吨/年，2008 年又突破 400 万吨/年，2014 年更是达到 500 万吨/年。截至 2020 年末，全球聚碳酸酯总产能已突破 600 万吨/年。这种跳跃式的提升，背后是急剧增长的市场需求支撑。

虽然聚碳酸酯的全球产能基本保持年年增长的态势（2015 年、2016 年由于部分装置关停，导致产能与 2014 年基本持平），但由于受 2008 年金融危机影响，装置平均开工率在 2008 年后迅速跌入低谷，之后连续多年的开工率都维持在 80%以下，徘徊在经济成本的红线边缘。自 2015 年开始，市场景气复苏，加之部分企业产能的关停并转，供应量出现瓶颈，直至 2017 年全球的供应更是出现了明显吃紧的态势，量价齐升，全球聚碳酸酯装置的平均开工率提升至约 83%的高水平。但即便如此，仍未达到历史最好的开工率水平（2008 年金融危机前全球聚碳酸酯装置的平均开工率长期维持在 80%以上，甚至一度达到 85%以上的高开工率）。

2014—2016 年三年间，全球聚碳酸酯的生产和能力建设出现了一个明显的平台期，表面原因是部分地区产能的关停并转，但聚碳酸酯产能变化的决定性因素还是供需平衡关系。下游应用市场的开拓和变化，影响了需求量的增长空间，加工技术和应用场景的改变，也是不可忽视的驱动力。

截至 2020 年末，全球聚碳酸酯的总生产能力已达到 600 万吨/年以上，生产装置主要集中在西欧、北美和东北亚地区。近两年来，由于亚洲特别是中国市场需求的刺激驱动，聚碳酸酯的投资和生产重心已经大大偏向了亚洲，尤其是向中国大陆地区转移。

消费方面，主要应用和主要市场的兴衰是影响聚碳酸酯发展的根本原因。2006—2008 年，无疑是聚碳酸酯行业快速发展的一个顶峰，主要原因是数据存储介质——光盘的大规模应用。由于优良的光学性能，聚碳酸酯是生产光盘的优质原料。以中国为例，21 世纪初，各种音视频、软件媒体被重新压缩刻录在光盘上，取代了卡式磁带、磁盘；中国商店里遍布琳琅满目的 CD 播放机、DVD 播放机（还有后来的蓝光 DVD 机）、电脑光驱等；大街小巷还充斥着各种的光盘生意——CD、DVD、数据光碟、刻录盘等。庞大的需求自然而然地驱动着聚碳酸酯业务的蓬勃发展。当时，各大聚碳酸酯生产企业中，数据存储（data storage 或 optical data）都占据着极为重要的“领导”地位。然而风云变幻，随着移动硬盘、U 盘、云存储的出现及其市场地位的日渐巩固，光盘应用一落千丈。加上对其他应用的开发和准备不足，很多企业逐渐退出了这块阵地，或是剥离业务或是重组架构。

近几年，增长又重新成为全球聚碳酸酯消费的主基调，这也为从业者和投资者带来了极大的鼓舞和信心。2019 年，全球聚碳酸酯市场的消费量已超过 450 万吨/年，预计随后几年的年均增长率会保持在 4%左右的水平，至 2022 年总消费量将超过 500 万吨/年。这尤其得益于主要应用市场的进一步繁荣：汽车、电子电气、LED 以及建筑行业等，这些领域的消费升级带动了整个原材料行业的欣欣向荣，使聚碳酸酯再次步入新的上升通道。不过，随着现有市场的消化，传统应用的需求终究会发展后劲不足，开拓新的应用领域，技术创新，甚至跨界创新才是未来聚碳酸酯的发展方向。

趋势方面，过去十多年中，全球聚碳酸酯行业陆续发生了几件代表性的大事件，一定程度上也折射出了行业的整合和未来趋势。

2007 年，作为聚碳酸酯领先代表的通用电气公司塑料业务（GE Plastics）以高达 116 亿美元的价格被整体出售给了沙特基础工业公司（SABIC），成为其“创新塑料业务部（SABIC Innovative Plastics）”。当时，由于原油价格的高涨，原材料成本居高不下，通用塑料业务的利润表现不佳，被出售亦在情理之中。而沙特基础工业公司，一方面可以依托中东的资源成本优势；另一方面，也是看中了通用电气的营销渠道及技术优势，希望整合其大宗石化产品业务后能获得全面提升。

2008 年金融危机后，虚拟经济危机迅速波及实体经济。作为支柱行业的石油和化工行业同样受到很大影响。出于产品线的布局和利润考虑，陶氏化学开始逐步在全球剥离聚碳酸酯业务。2009 年，陶氏化学先是组建斯泰隆（Styron）公司独立核算，将聚碳酸酯、胶乳、苯乙烯、合成橡胶等囊括其中。2010 年，转手卖给私募公司贝恩资本（Bain Capital），斯泰隆独立运作。2010 年，陶氏化学又先后在韩国、日本继续剥离动作：将占股 50%的 LG 陶氏聚碳酸酯合资公司中所有股份出售给 LG 化学；将与日本住友化学（Sumitomo）合资的住友陶氏有限公司的 50%股权移交给斯泰隆公司。2014 年，陶氏化学又关停了位于北美自由港 10.5 万吨/年的聚碳酸酯生产线。这一连串动作，一方面反映出陶氏化学退出聚碳酸酯业务的策略，另一方面也反映了当时全球聚碳酸酯市场的需求并不旺盛。事实上，金融危机后，除汽车和电子电气市场外，个人电脑、板片材料，特别是传统的光学媒体等方面，对通用聚碳酸酯料的需求确实明显萎缩。

2015 年开始，全球聚碳酸酯市场又先后发生了几件大事。2015 年 9 月，拜耳集团将三大事业部之一的拜耳材料科技整体剥离，正式以“Covestro”（科思创）的名字独立运营。剥离后的科思创集团，业务发展获得了更多的自由度，在市场表现方面获得了非常大的成功。10 月，SABIC 再次对旗下“创新塑料”业务进行调整，重组了 SABIC 创新塑料业务部，原通用电气塑料业务的总部——美国马萨诸塞州匹兹菲尔德（Pittsfield）办公室被关闭，原聚碳酸酯合成树脂业务单元因属于大宗商品的产品而并入“SABIC 化学品和聚合物事业部”，而利用聚碳酸酯进行特殊共混的业务单元则建立了一个新的“特材战略事业部”，自 2020 年 10 月底，SABIC 的特材战略事业部实施业务独立化运作，并命名为“特创工程塑料（SHPP，仍隶属于 SABIC 集团）”。2015 年底，帝人公司根据市场发展情况进一步调整聚碳酸酯生产策略：出于成本考虑永久性地关闭位于新加坡的 22.5 万吨/年聚碳酸酯生产线。

从上述国际巨头的频繁动作可见，聚碳酸酯材料已开始向两极方向发展。

（1）通用产品大宗化

由于产量和消费量的逐步扩大，聚碳酸酯材料已初具“大宗塑料品”的特点：交易量大、通用料多、中低端产品性能逐渐趋同和标准化、加工技术逐步成熟、专业技术依赖度不断降低。

与 ABS 塑料类似，初始阶段还被当作工程塑料使用，当产量和消费量达到数百万吨时，渐渐就被当作通用塑料看待了。中低端性能的聚碳酸酯材料也在经历这个过程：逐步向大宗普货倾斜，这对市场贸易是有利的。可以预见，塑料期货交易以及塑料金融等，都很可能在聚碳酸酯上得到体现。

（2）高端产品差异化

高端聚碳酸酯材料（如耐高温、耐低温、高耐候、耐辐照、特殊光学等），由于材料性能的差异性、加工技术的特殊性、终端应用的独特性，这类聚碳酸酯会继续特种材料的经营模式。共聚聚碳酸酯及其改性产品、聚碳酸酯复合材料、聚碳酸酯薄膜等，在行业里依旧是“明星”产品。

1.3 中国产业发展及现状

1.3.1 中国发展历程

中国聚碳酸酯生产技术的研究开发，起步于20世纪50年代，原化工部沈阳化工研究院于1958年开始熔融酯交换缩聚法和界面缩聚法聚碳酸酯工艺技术的研究开发，仅比德国拜耳公司和美国通用电气公司晚了几年。至60年代中期，相关科研人员调入原化工部晨光化工研究院（简称晨光院）继续从事两种合成工艺的科研开发工作，并于1965年在大连塑料四厂建成了100吨/年熔融酯交换缩聚法聚碳酸酯装置。70年代又先后在武汉、肇庆、天津、杭州、常州、上海和重庆等地建成了7套聚碳酸酯生产装置，并投入小批量生产，如表1.2所示。但由于20世纪70年代国家工业基础薄弱，在科研经费、原料来源、设备材质和制造上均受限，在竞争中许多小装置纷纷停产。

表 1.2　中国 20 世纪 70 年代聚碳酸酯的生产厂家[3]

厂家	生产方法	生产能力/(吨/年)	投产时间	备注
大连塑料四厂	熔融缩聚	300	1965年	停产
常州有机化工厂	界面缩聚	3000	1971年	曾试制光盘级产品,停产
上海中聚化工厂	熔融缩聚	1600	1973年	原上海中联化工厂,停产
重庆长风化工厂	熔融缩聚	1000	1979年	停产
武汉长江化工厂	熔融缩聚	300		停产
杭州塑料一厂	界面缩聚	150		停产
肇庆有机化工厂	界面缩聚	80		停产
天津有机合成厂	界面缩聚	130		停产

除上述建成的中小型生产装置外，进入20世纪90年代后国内的科研院所和企业还进行了诸多技术开发工作。

晨光院于1998年完成熔融酯交换缩聚法合成聚碳酸酯的百吨级中试，1999年建成千吨级连续化试验装置。同时晨光院还进一步开发了间歇和连续两种界面缩聚法合成聚碳酸酯工艺。

2004年甘肃银光聚银化工有限公司与中国科学院长春应用化学研究所签订

了合作开发界面缩聚法聚碳酸酯小试协议，并建成了500吨/年界面缩聚法聚碳酸酯实验装置。近几年甘肃聚银化工与广东新通彩材料科技有限公司合作，将原有的界面缩聚法中试装置改造为生产硅氧烷共聚聚碳酸酯装置，并进行了市场化运作。

万华化学从2006年开始进行界面缩聚法聚碳酸酯合成工艺小试研究，并在此基础上建成了千吨级中试装置，该中试技术在2012年通过了山东省科技厅的技术成果鉴定。采用该技术放大建成的第一套7万吨/年工业化装置已于2018年初顺利投产并实现连续化满负荷生产，新的14万吨/年产能也在2020年三季度顺利投产。

此外，包括清华大学、华东理工大学及天津大学石油化工技术开发中心等高校和科研院所也进行了大量关于聚碳酸酯聚合机理和合成工艺方面的研究，研究内容涵盖界面缩聚工艺和熔融酯交换缩聚工艺，为后人的进一步研究和开发提供了文献基础。

虽然中国聚碳酸酯的产业化技术开发进度落后于发达国家，但中国聚碳酸酯的消费市场却发展迅猛，特别是加入WTO以后，中国的聚碳酸酯消费迎来了爆发式增长。宏观上大致可以将进入21世纪后的国内聚碳酸酯发展历程分为三个发展阶段。

（1）第一阶段（2000—2007年）

2000—2007年为第一阶段，中国自2001年加入WTO以后迅速成为世界工厂，随着聚碳酸酯在光盘、电子电气（特别是消费电子，如笔记本电脑、功能手机等）、汽车等领域的大量应用，国内聚碳酸酯消费量连年提升，从2000年的约20万吨迅速提高至2007年的80万吨以上，一举成为全球最大的聚碳酸酯消费国，年均增速超过20%，远高于全球平均不到10%的消费增速。

在此阶段国内的聚碳酸酯生产也实现了突破，跨国公司在中国陆续建厂。日本帝人化成株式会社在2002年底与浙江嘉兴港区正式签约，建设10万吨/年聚碳酸酯生产项目，开启了国内建设万吨级聚碳酸酯装置的先河。一期5万吨/年装置于2005年5月投产，二期5万吨/年装置于2006年底投产。拜耳（上海）聚合物有限公司（德国拜耳公司与上海华谊集团所属上海氯碱化工股份有限公司以90/10股比组成合资企业）[1]，建设拜耳漕泾化工一体化项目，其

---

[1] 2009年2月26日到3月26日，上海氯碱化工股份有限公司以人民币18000万元在上海联合产权交易所公开挂牌转让所持拜耳（上海）聚合物有限公司10%股权，拜耳材料科技股份有限公司以23000万元摘牌，4月3日，产权交易手续办理完毕，拜耳（上海）聚合物有限公司正式成为外商独资企业。

中包括20万吨/年的聚碳酸酯生产装置，一期10万吨/年装置于2006年9月投产，紧接着通过二期工程将规模扩至20万吨/年，成为国内最大的聚碳酸酯生产企业，并保持至今。

此阶段聚碳酸酯生产企业利润丰厚，但受限于没有成熟的工业化技术来源，没有一家内资企业进入聚碳酸酯生产领域，至2007年国内聚碳酸酯自给率不足20%。

（2）第二阶段（2008—2014年）

2008—2014年为第二阶段，此阶段由于受全球金融危机影响以及新型存储媒介和智能手机等行业的兴起，聚碳酸酯的需求增速开始显著放缓，全球年均增速只有1%左右，但国内的聚碳酸酯需求仍维持约10%的中高速增长。2014年国内聚碳酸酯消费量达到150万吨/年，占全球总消费量的40%以上。

此阶段虽然全球聚碳酸酯的整体需求不旺，但产能扩张仍未停止，全球新增产能超过100万吨/年，其中国内在2012年又有两套聚碳酸酯装置成功投产，分别是中石化三菱化学聚碳酸酯北京有限公司（由中国石油化工股份有限公司和日本聚碳酸酯投资株式会社以50/50股比成立的合资公司）采用熔融酯交换缩聚法在北京燕山的6万吨/年装置和菱优工程塑料（上海）有限公司［由三菱瓦斯化学株式会社与三菱工程塑料株式会社合资成立，现名为三菱瓦斯工程塑料（上海）有限公司］采用界面缩聚法在上海漕泾的8万吨/年装置，该装置后扩产至10万吨/年。

至2014年全球聚碳酸酯总产能接近500万吨/年，新增产能主要集中在东北亚和中东地区，投产后绝大部分的聚碳酸酯产品都出口到了中国。经过这一阶段的发展，亚太地区的聚碳酸酯产销基本达到平衡。

此阶段由于需求减缓和产能迅速扩张导致行业整体盈利快速下滑，部分企业甚至出现了亏损现象。内资企业依然没有完全掌握成熟的工业化技术，至2014年国内聚碳酸酯自给率仍不足30%。

（3）第三阶段（2015年至今）

2015年至今为第三阶段，此阶段随着欧美经济的复苏，全球聚碳酸酯年均增速回升至3%左右，但国内聚碳酸酯需求增速则显著下降至约5%，仅略高于全球平均增速。

2015年以前，国内的主要聚碳酸酯生产企业均为外商独资或中外合资企业。进入2015年后国内企业开始纷纷进入该领域，目前已投产的装置包括浙铁大风化工有限公司采用熔融酯交换缩聚法在浙江宁波的10万吨/年装置，鲁西化工集团股份有限公司采用界面缩聚法在山东聊城的6.5万吨/年装置，万华化学集团股份有限公司采用界面缩聚法在山东烟台的7万吨/年装置。紧接着，鲁西化工在2018—2019年连续扩产至20万吨/年，后期将通过技术改造，将产能提升至40万吨/年；万华化学凭借着十多年的研发投入，也将生产能力提升到20万吨/年，并计划短期内实现40万吨/年的总生产能力。另有利华益维远、盛通聚源、中蓝国塑、甘宁石化和沧州大化等公司，也纷纷建设及投产了一定的生产能力。再加上科思创在上海化工园区40万吨/年产能逐步通过脱瓶颈进一步扩产至60万吨/年，至2020年末，国内聚碳酸酯产能已达到179万吨/年。

此阶段由于部分跨国公司聚碳酸酯产能的关停并转和需求增长带来的供需关系变化，以及国际原油价格大幅下跌带来的原材料价格下降的双重影响，聚碳酸酯的盈利能力显著回升。国内，随着万华化学一期装置的投产，也标志着国内聚碳酸酯技术实现了从小试到最终产业化的突破。同时，国外的技术公司也开始纷纷向中国转让技术，带领内资企业进入聚碳酸酯生产领域。至2019年国内聚碳酸酯自给率已超过45%，并将在未来几年迅速升高。

近两年，随着聚碳酸酯价格的持续低位徘徊以及国家对进口“洋垃圾”的严格管控，国内聚碳酸酯的消费增速又有显著回升，2020年国内聚碳酸酯消费量已达到约250万吨[1]。

1.3.2 中国产业现状

1.3.2.1 生产现状

中国聚碳酸酯的合成技术开发虽然起步较早，但受种种因素影响，早期一直未能建成成熟的万吨级工业化装置。但近十几年来，以科思创、帝人、三菱为代表的外资公司和以浙铁大风、鲁西化工、万华化学为代表的内资企业陆续在国内投放产能，中国的聚碳酸酯供应获得了长足的发展。

从产能角度分析，中国真正意义上的第一套万吨级聚碳酸酯装置是日本帝人株式会社于2005年在浙江嘉兴投产的一条5万吨/年的界面缩聚法生产线。经过十多年的发展，中国已成为全世界最大的聚碳酸酯生产国，截止到2020年末，聚碳酸酯产能已达到179万吨/年，占全球总产能的约30%。另外，还有123万吨/年的产能正在建设，以及300多万吨/年的规划产能。详见表1.3。

---

[1] 存在统计口径问题，将在1.3.2章节中详细介绍。

表 1.3 中国主要聚碳酸酯生产企业一览表

生产厂商	地区	企业性质	合成工艺	现有产能/(万吨/年)	在建产能/(万吨/年)	规划总产能/(万吨/年)	备注
科思创	上海	外商独资	熔融缩聚	45	15	60	一期2006年投产，一二期合计产能20万吨/年，2016年三期扩产至40万吨/年，2017年宣布将通过脱瓶颈工程将总产能提升至60万吨/年，2019年底产能已达到45万吨/年
帝人	浙江嘉兴	外商独资	界面缩聚	15	0	15	一期2005年投产，目前实际产能15万吨/年，暂无扩产计划
中石化三菱	北京	中外合资	熔融缩聚	6	0	6	2012年投产，产能6万吨/年。中石化和日本聚碳酸酯投资株式会社50/50合资，暂无扩产计划
三菱瓦斯	上海	外商独资	界面缩聚	10	0	10	2012年投产，产能8万吨/年，后通过技改提升至10万吨/年，暂无扩产计划
浙铁大风	浙江宁波	国有控股	熔融缩聚	10	0	10	一期2015年投产，产能10万吨/年，无扩产计划
鲁西化工	山东聊城	国有控股	界面缩聚	20	20	40	一期2015年投产，产能6.5万吨/年，二期新建13.5万吨/年，截至2019年底总产能已达到20万吨/年，后期实施技术改造后，年产能可达到40万吨
万华化学	山东烟台	国有控股	界面缩聚	20	0	40	一期2018年初投产，产能7万吨/年，二期项目2020年三季度投产，总产能达到20万吨/年，未来规划总产能40万吨/年以上
中蓝国塑	四川泸州	国有控股	熔融缩聚	10	0	60	一期10万吨/年装置2019年三季度投产，二期10万吨/年装置规划建设中
盛通聚源	河南濮阳	民营	熔融缩聚	13	0	13	2019年投产

续表

生产厂商	地区	企业性质	合成工艺	现有产能/(万吨/年)	在建产能/(万吨/年)	规划总产能/(万吨/年)	备注
甘宁石化	湖北宜昌	民营	熔融缩聚	7	0	7	2019年投产
利华益维远	山东东营	民营	熔融缩聚	13	0	13	2018年投产
浙江石化	浙江舟山	民营	熔融缩聚	0	26	52	一期26万吨/年装置正在建设，预计2021年一季度投产，同时规划有二期项目
中沙(天津)	天津	中外合资	熔融缩聚	0	26	26	26万吨/年装置正在建设，计划2021年投产
沧州大化	河北沧州	国有控股	界面缩聚	10	0	20	一期10万吨/年装置2020年四季度投产，总规划产能20万吨/年
平煤神马	河南平顶山	国有控股	界面缩聚	0	10	40	装置建设中，预计2021年一季度投产，总规划产能40万吨/年
海南华盛	海南东方	民营	熔融缩聚	0	26	52	一期26万吨/年装置建设中，预计2021年投产，总规划产能52万吨/年
青岛恒源	山东青岛	国有控股	熔融缩聚	0	0	10	技术引进协议已签约，但项目暂无进展
营口佳孚	辽宁营口	民营	熔融缩聚	0	0	13	规划中
星云化工	黑龙江大庆	国有控股	熔融缩聚	0	0	70	一期规划24万吨/年，总规划产能70万吨/年(含改性)，项目暂无进展
华谊集团	广西钦州	国有控股	待定	0	0	20	一期规划产能20万吨/年，并配套酚酮和BPA，预计2025年投产
中海壳牌	广东惠州	合资	熔融缩聚	0	0	26	规划产能，配套35万吨/年酚酮和对应BPA
漳州奇美	福建漳州	外资	熔融缩聚	0	0	15	规划中
产能合计				179	123	608	

注：现有产能统计至2020年末。

如图 1.2 所示，过去 5 年，中国的聚碳酸酯产能高速增长，从 2015 年的 67.5 万吨/年增长至 2020 年末的 179 万吨/年，年均增速超过 20%，远高于需求增速，显著缓解了高度依赖进口的供需严重不平衡的局面。但随着国内企业纷纷投建新装置，未来 5 年，中国的聚碳酸酯产能年均增速还将进一步提升，预计到 2025 年国内聚碳酸酯产能将有望超过 450 万吨/年，年均增速仍将超过 20%。

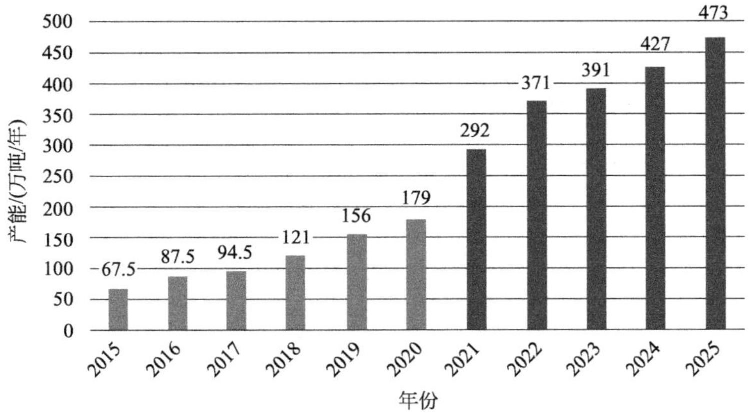

图 1.2　中国聚碳酸酯产能及增长预测

从生产企业角度分析，2012 年国内只有科思创和帝人两家万吨级以上的聚碳酸酯生产企业，占据了国内几乎全部的产能份额。而到 2020 年末，随着中石化三菱、三菱瓦斯、浙铁大风、鲁西化工、万华化学、利华益维远、中蓝国塑、盛通聚源、甘宁石化、沧州大化等几家新建装置以及科思创三期项目的投产和脱瓶颈，不仅国内聚碳酸酯产能大幅增长，而且产能分布也更加分散。截至 2020 年末国内共有聚碳酸酯生产企业 12 家，科思创仍是国内最大的聚碳酸酯生产企业，占总产能的 25%；其他企业的占比均在 20% 以下，如图 1.3 所示。

未来几年，随着现有生产企业的扩产和新生产企业的进入，产能分布将进一步分化。由于规划产能存在一定的不确定性，不考虑规划产能，仅以目前在建装置全部投产后的统计结果分析，至 2022 年国内聚碳酸酯生产企业将至少达到 17 家，如图 1.4 所示，科思创仍将是国内最大的聚碳酸酯生产商，但其国内的产能份额会下降至 18% 左右，之后分别是万华化学、鲁西化工、浙江石化、中沙（天津）和海南华盛，上述 6 家企业将占国内总产量的约三分之二，其他企业产能占比相对较低。预计到 2025 年国内聚碳酸酯生产企业将达到 19 家以上，产能分布进一步分散。

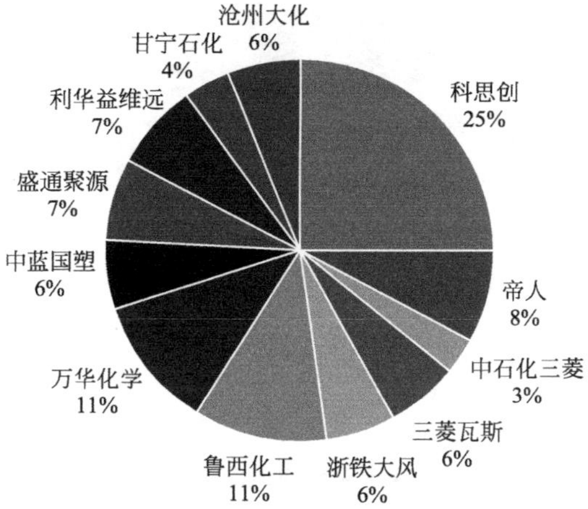

图 1.3　2020 年末国内聚碳酸酯生产企业产能占比

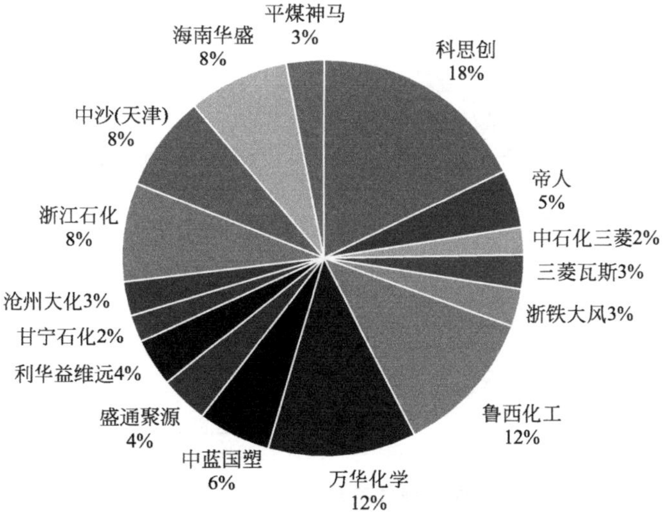

图 1.4　2022 年国内聚碳酸酯生产企业产能占比预测

从生产企业所有制角度分析，2012 年以前国内的两家万吨级以上的聚碳酸酯生产企业均为外商独资企业；2012—2017 年间，中外合资企业和国有控股企业逐步进入聚碳酸酯生产领域；2018—2020 年间，两家民营企业迅速切入，真正实现了多种所有制企业的共同发展。截至目前，外商独资企业与国有控股企业分别占据了约 28％和 33％的产能份额，是聚碳酸酯生产企业的主要所有制形式，如图 1.5 所示。

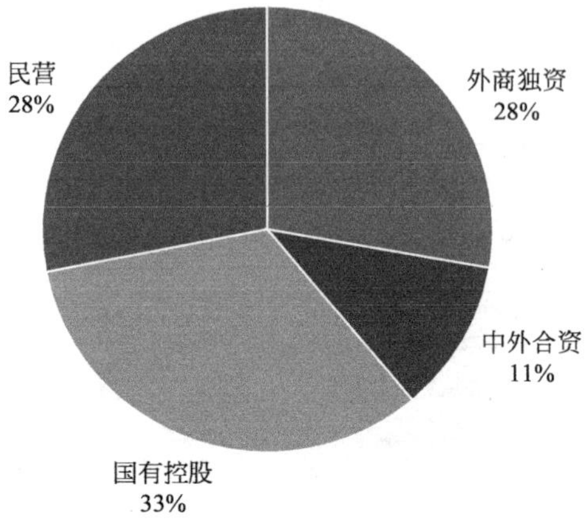

图 1.5　2020 年末聚碳酸酯生产企业所有制形式

未来内资企业将迎来大发展，如图 1.6 所示，预计 2022 年后，外商独资企业的产能份额将进一步下降至不足三成，而民营企业的产能份额则将进一步提升至三成左右。

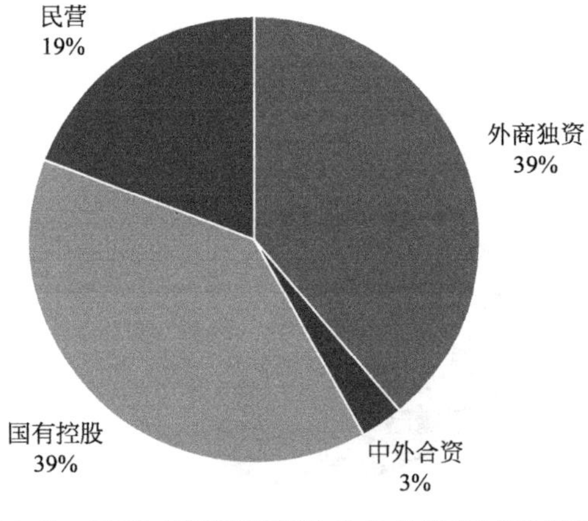

图 1.6　2022 年聚碳酸酯生产企业所有制形式预测

从产能地区分布分析，在 2012 年之前，国内的所有聚碳酸酯产能都集中在华东地区。目前国内聚碳酸酯的产能仍主要集中在华东地区，占全国聚碳酸酯总产能的 74%；此外在华北、华中、西南地区也都陆续新增了聚碳酸酯产能，如图 1.7 所示。

预计到 2022 年，随着国内新上装置的投产，产能地区分布将更加分散，如图 1.8 所示，届时华东地区仍将是国内聚碳酸酯的主要生产地区，预计将占全国总产能的 64%左右，华北地区的聚碳酸酯产能则会显著增加，同时华南地区也将打破没有聚碳酸酯产能的局面。

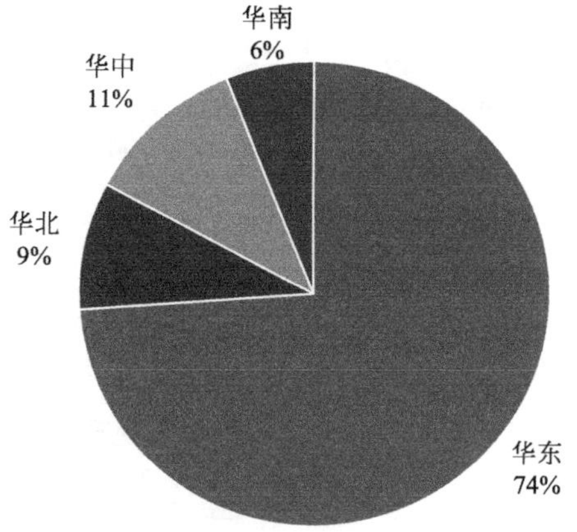

图 1.7 2020 年末国内聚碳酸酯产能分布

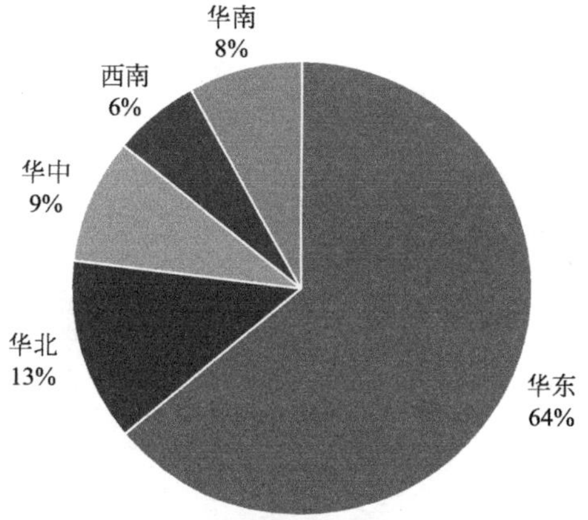

图 1.8 2022 年国内聚碳酸酯产能分布预测

进一步分析各省市的产能分布，如图 1.9 所示，截至目前，上海和山东是国内主要的聚碳酸酯产地，分别占全国聚碳酸酯产能的 32％和 31％；其次是浙江，占总产能的 15％。预计到 2022 年仍将保持这一局面，届时山东、上海、浙江的产能将分别占全球聚碳酸酯总产能的 28％、21％和 15％，详见图 1.10。

聚碳酸酯产能的区域集中有其内在原因，一方面，聚碳酸酯作为一种无毒无害的固体颗粒料，通常采用 25kg 小包或 700～1000kg 大包包装，运输、存储均非常方便，因此产能的集中并不会影响下游的应用；另一方面，不论是界面缩聚法还是熔融缩聚法，生产过程中均需使用危险化学品（如光气、环氧丙烷等），此类原料存储运输多有不便，因此生产装置均需更靠近原料产地。而山东、上海、浙江等地的化工产业相对集中，处于全国发展前列，聚碳酸酯的

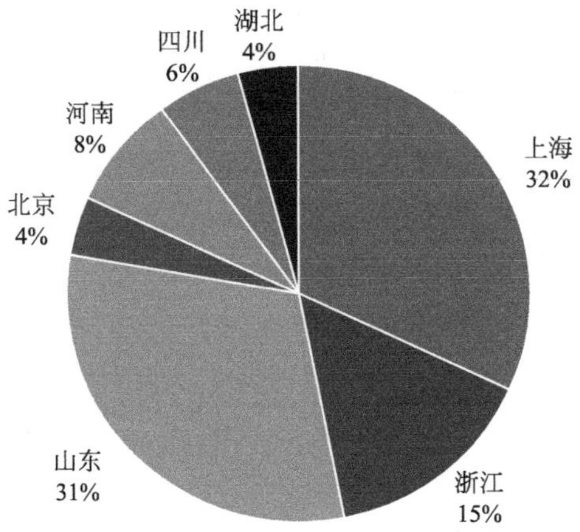

图 1.9　2020 年末国内各省市聚碳酸酯产能分布

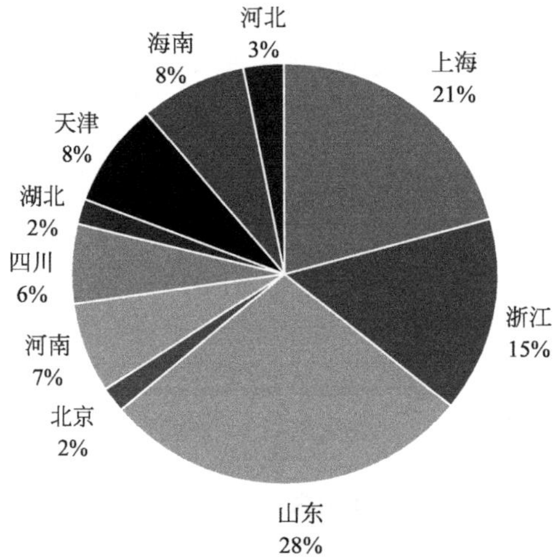

图 1.10　2022 年国内各省市聚碳酸酯产能分布预测

产能在这些地区区域集中就顺理成章了。

从合成工艺角度分析，各家企业依据自身优势发展不同的合成工艺技术，界面缩聚法和熔融缩聚法两种技术实现了均衡发展。如图 1.11 所示，采用熔融缩聚法的产能占总产能的比例在过去 5 年中并未发生显著变化，一直维持在 60％左右。未来各家企业仍将根据自身优势选择适合自己的工艺路线，预计到 2022 年，采用熔融缩聚法的产能占总产能的比例仍将会维持在 60％左右，两种工艺路线依然会长期共存。

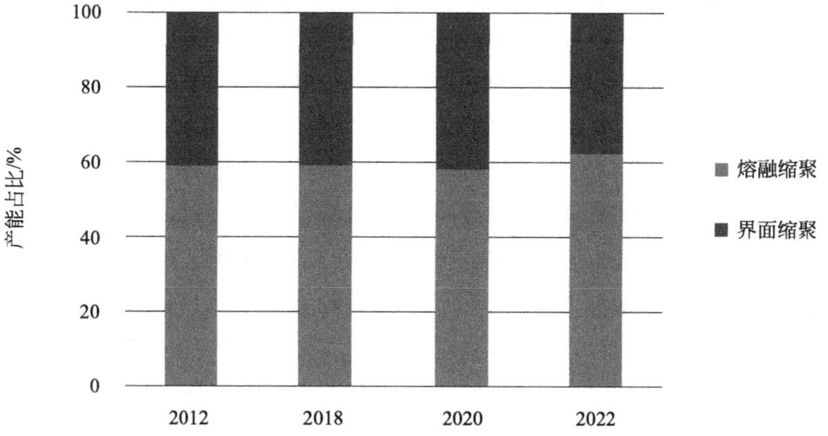

图 1.11　国内不同工艺产能占比及预测

1.3.2.2　供需分析

在过去近 20 年中，国内聚碳酸酯市场经历了天翻地覆的变化，虽然消费增速一路下滑，但已积累了一个非常庞大的消费体量，2019 年国内聚碳酸酯表观消费量约 250 万吨，占全球总消费量的 40%以上。预计未来几年，随着国内经济的平稳发展和供给侧改革的实施，国内聚碳酸酯需求增速将维持在 3%～5%，至 2025 年国内的聚碳酸酯需求量将超过 330 万吨。国内过去五年的消费数据和未来五年消费预测如图 1.12 所示。

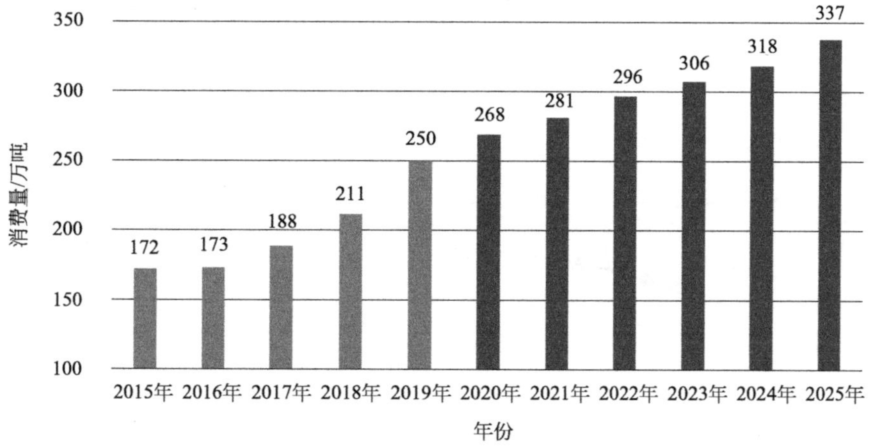

图 1.12　国内聚碳酸酯消费量及预测

在过去十多年中，国内聚碳酸酯生产也取得了长足的进步，产量从 2000 年的只有几百吨到 2019 年接近 120 万吨，自给率也从原来的几乎全部依赖进口提高至超过45%。但相比巨大的聚碳酸酯消费量，国内的产量仍然无法完全满足需求，需要大量依靠进口，过去五年国内聚碳酸酯净进口量均超过110万吨（含少部分聚碳酸酯合金产品），2019年净进口量更是达到了134万吨（含少部分聚碳酸酯合金产品），这也是为什么大量企业纷纷进军聚碳酸酯生产领域的核心因素之一。

随着未来几年国内新建装置纷纷投产，国内聚碳酸酯产量将大幅攀升，如图1.13所示，预计2022年国内的聚碳酸酯产量将有望达到230万吨以上。因此，国内聚碳酸酯净进口量会快速下降，自给率迅速上升，如图1.14所示，预计会在2024—2025年前后达到供需平衡，并最终转为净出口国。

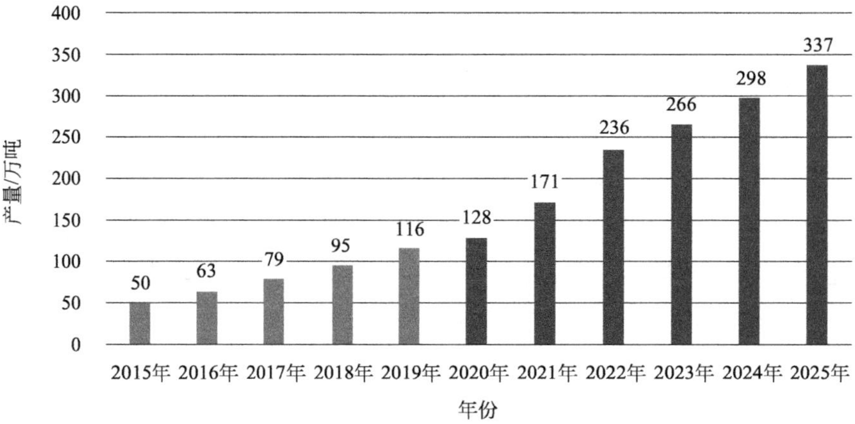

图1.13 国内聚碳酸酯产量及预测

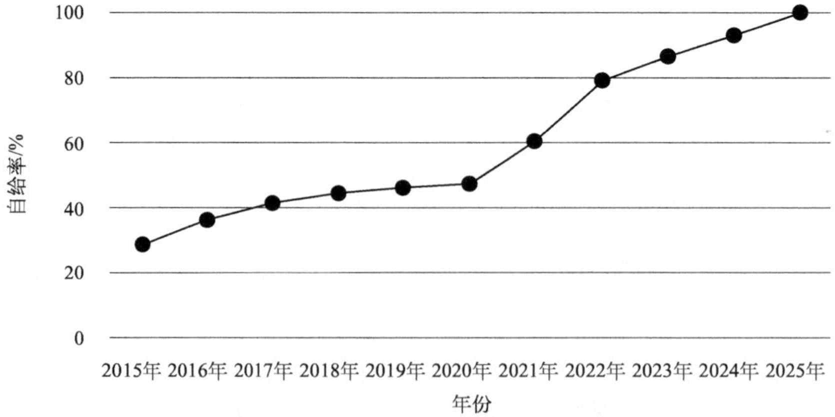

图1.14 国内聚碳酸酯自给率及预测

从2018年至2020年，国内聚碳酸酯供需市场还出现了几个特殊的影响因素，不但造成了市场的大幅波动，甚至还对表观消费量也造成了未可预见的变化。

2018年自二季度开始，市场整体形势不断滑坡。分析主要原因包括：首先，大多新释放产能因产品质量和稳定性等差距，纷纷利用价格优势获取市场份额；其次，大量新增产能的投放信息，导致市场人士认为聚碳酸酯将成为大宗料交易，“货源充盈”的意识在客观上对贸易环节造成了更多的观望情绪；第三，前期持续两年的高位价格，囤货居奇的企业不得不随着下行趋势脱手。这一情况很类似十多年前通用ABS和通用POM从工程塑料转向通用塑料时的市场业态。因此，一旦市场中的“多米诺骨牌”倒下，将引发出连锁式的难以控制的下行趋势。

整个2018年，市场份额之争在多家企业间形成了价格拉锯战。随着部分企业的再次扩产、二期建设一一完成，市场再也难现2017年的高涨态势，交易价格一路狂跌至2018年底。2019年初，虽然市场有所反弹，但由于前期国内货源充足，短暂的利好无法持续，经过1年多的整合与消化，市场依旧难以打破低位运行的情况。

进入2020年，疫情的影响非常深远，中国聚碳酸酯行业却迎来了不少曙光。不仅中国企业快速恢复了生产，还有几个重要因素促进了市场供需的变化。首先，由于疫情，居家办公模式的变化极大地推动了笔记本电脑、平板电脑以及家用打印等周边设备的需求；其次，在疫情期间，医疗防护设备以及个人健康医疗器材的刚性需求得以爆发式增长。大量的全球需求因中国产能的快速恢复而纷至沓来，中国企业即便满负荷生产也难以满足全球供应。由聚碳酸酯生产的医用护目镜、测温枪、透明消毒舱、呼吸机、监护仪、核酸检测试剂盒等大规模使用，导致医疗及光学等级的聚碳酸酯需求大幅增长。而电子电气、汽车等传统领域对聚碳酸酯的需求也未曾减缓，特别是汽车行业，虽然产销量同比明显下滑，但由于轻量化、电动化、智能化等趋势，对提升加工效率、降低综合成本以及个性化美观要求在不断提升，例如电动汽车的前端结构、内外饰、面板等都越来越多地依赖工程塑料。

2019年进口端的数量（税则号39074000）再创历史新高，接近160万吨。造成进口聚碳酸酯数量出现大幅增长的原因，除了市场需求增长以外，禁止洋垃圾进口导致每年从回收料端进口的聚碳酸酯废弃料（税则号39159090）大幅减少，需求端开始大量进口造粒后的回收料，而这部分只能反映在税则号39074000项下，也是造成进口量创历史新高的原因之一。

中国台湾地区自2018年起取代韩国成为中国大陆最大的聚碳酸酯进口来

源地区，这主要得益于《海峡两岸经济合作框架协议（ECFA）》。然而到2020年9月份，ECFA协议到期，鉴于当下台海形势，很难对后期的贸易往来做出准确的判断。因此，韩国是否会重新成为聚碳酸酯第一进口来源国，对进口格局和数量会造成多大的影响，对周边国家如日本、泰国市场，乃至从中东和美国的进口都可能产生的变化都无法确定。

综上，在上述几种合力的共同作用下，2019年国内聚碳酸酯的表观消费量达到了约250万吨的历史新高。如按原统计口径进行简化修正，很有可能减少15万吨左右，但也比之前的预估更乐观，这种乐观反映出了低价的高性能材料突破原有应用领域是完全有可能的。

但2020年的回暖，还不足以说明市场的完全好转。由于疫情对中国的冲击较小，对欧美的冲击十分严重，此消彼长，中国在消化全球的份额，带来的需求增长真实客观，但并不一定有可持续性。2021年之后，特别是疫情过去后，一旦欧美生产恢复正常，中国对聚碳酸酯材料的需求很可能会迎来下一个适应期，届时的市场形势才更能真实体现供需两端的实际情况。

1.3.2.3 进出口分析

（1）进口概况

由于聚碳酸酯生产技术门槛较高，产能主要集中于少数几家跨国化工企业，因此全球聚碳酸酯供给集中度较高，贸易活跃。

从进口量分析，近五年来，中国聚碳酸酯对外依存度仍较高，进口量始终保持在130万吨以上，这也从侧面反映了国内的产品仍存在低端产品过剩、高端产品缺乏的结构性问题，要实现国产替代还需要在质量上进一步提升。2015—2016年，随着国内浙铁大风、鲁西化工、科思创、万华化学新增产能逐步释放，进口呈现下滑态势，2016年进口量跌至132万吨，如图1.15所示。但一方面近几年来国内聚碳酸酯价格的持续下跌及国内产业升级带来聚碳酸酯需求量不断提高；另一方面自2017年我国开始实施禁止进口洋垃圾政策，PC再生粒子进口增加（PC再生塑料按塑料原料管理，归入税则号39074000项下，初步估算这部分的量有可能达到20万吨左右），导致进口量出现反弹。

关于PC再生粒子进口方面，可以预见，当海关相关机构完善了废塑料质量标准并施行后，这部分回料造粒产品的进出口将重新合法化，将有可能重归于税则号39074000项下管理，使统计口径再次清晰化、准确化。

随着国内产能的大规模释放，聚碳酸酯自给率大幅提升，进一步对进口产品产生巨大冲击。但进口产品品质普遍较好，销售模式相对稳定，且中国是全球聚碳酸酯最大的消费市场，因此韩国、泰国、中国台湾地区等国家和地区的聚碳酸酯生产企业仍将会把中国大陆作为其主要目标市场。预计2021年后中国聚碳酸酯进口量将逐步下降，市场竞争也将更加激烈。

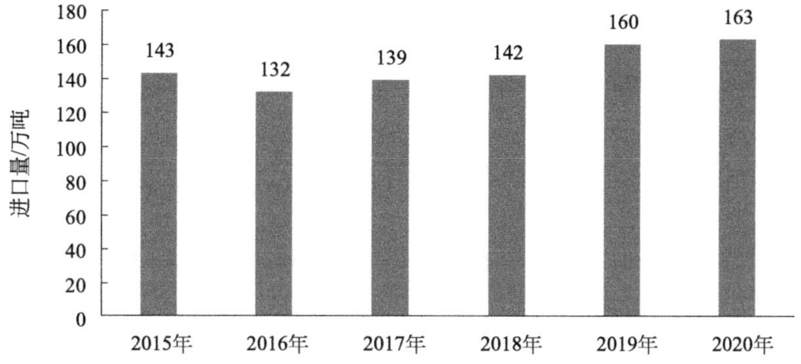

图1.15 2015—2020年中国聚碳酸酯进口量

注：进出口数据中均包含少部分PC合金产品和PC再生粒子，下同。

从进口价格分析，根据海关数据统计，中国聚碳酸酯进口均价自2015年1月到2016年3月（均价2538.8美元/吨）一直处于缓慢下降状态，价格下行主要与国际油价的持续低迷有关。

2016年3月以后，在装置检修、“禁废令”、环保督查以及下游行业需求增加等因素的共同作用下，国内聚碳酸酯进口价格又呈现出阶段式快速上涨态势，2018年7月份均价更是达到了3429.1美元/吨的历史高位。

2018年下半年开始，国内企业新增装置陆续投产，产能供给增加，加之中美贸易摩擦、环保督查等一系列大环境影响下，市场呈供大于求的局面，国内聚碳酸酯市场随即调转方向，开启了漫长的下跌之路。2018年聚碳酸酯进口价格跌幅达到28%。2019年，国内供大于求状况持续，进口价格持续徘徊在低位。2020年上半年，受疫情影响，下游需求不振，进口价格跌至2015年以来的最低点，达到2058.5美元/吨。下半年，随着国外疫情愈演愈烈以及国内主要下游市场需求缓慢复苏，进口价格呈现显著抬头趋势，如图1.16所示。

从进口产销国/地区分析，2015—2020年，韩国、中国台湾和泰国始终牢牢占据中国大陆聚碳酸酯进口货源地的前三强，进口量之和占中国大陆总进口量的一半以上。中国聚碳酸酯进口按产销国/地区统计情况见图1.17。

从依赖程度上看，2019年中国大陆从韩国进口的总量为34.6万吨，占比21%；其次是中国台湾，进口总量为31.6万吨，占比19%；第三是泰国，进口总量为21万吨，占比13%；第四是沙特，进口总量为15.1万吨，占比9%。

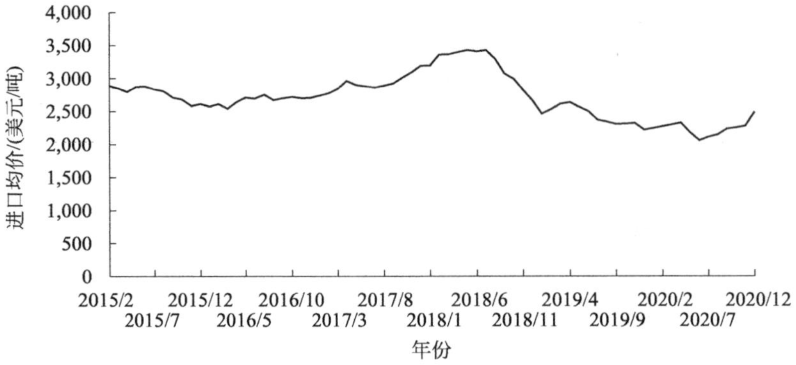

图 1.16　2015—2020 年中国聚碳酸酯进口均价走势

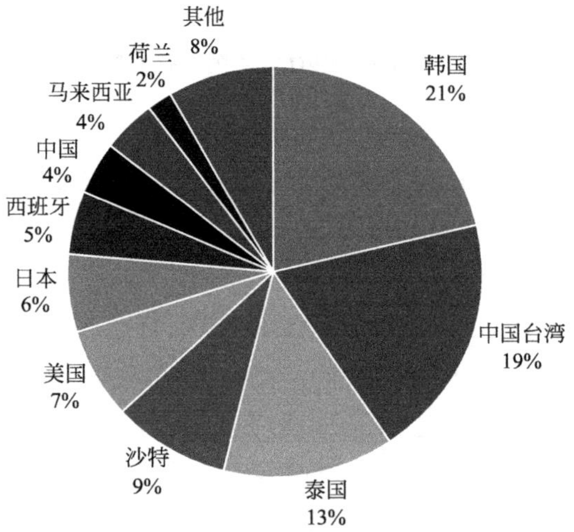

图 1.17　2020 年中国聚碳酸酯进口按产销国和地区统计

来自这四个国家和地区的进口量占总进口量的近三分之二，详见表 1.4。

表 1.4　2015—2019 年中国聚碳酸酯进口量按产销国/地区统计

单位：万吨

位次	2015 年		2016 年		2017 年		2018 年		2019 年	
	产销国/地区	进口量	产销国/地区	进口量	产销国/地区	进口量	产销国/地区	进口量	产销国/地区	进口量
1	韩国	35.0	韩国	34.3	韩国	32.0	中国台湾	30.5	中国台湾	32.6
2	中国台湾	27.4	中国台湾	25.0	中国台湾	30.8	韩国	28.2	韩国	29.7
3	泰国	19.6	泰国	18.9	泰国	17.4	泰国	20.5	泰国	20.4

续表

位次	2015年		2016年		2017年		2018年		2019年	
	产销国/地区	进口量	产销国/地区	进口量	产销国/地区	进口量	产销国/地区	进口量	产销国/地区	进口量
4	美国	12.4	中国大陆	11.2	中国大陆	11.2	美国	11.3	沙特	18.0
5	中国大陆	12.1	美国	10.7	沙特	10.9	中国大陆	10.5	美国	12.8
6	沙特	9.5	日本	10.0	日本	10.4	日本	10.1	日本	10.2
7	日本	8.2	沙特	8.9	美国	10.3	沙特	8.6	中国大陆	8.5
8	新加坡	6.2	荷兰	4.2	荷兰	4.2	荷兰	4.7	西班牙	7.0
9	西班牙	5.8	西班牙	3.2	西班牙	3.7	西班牙	3.5	马来西亚	6.8
10	荷兰	3.1	比利时	1.8	比利时	1.7	比利时	2.0	荷兰	2.7

注：产销国为中国指中国复进口的情况，本书所涉进出口数据均未剔除中国复进出口。

从变化进程看，受到中国本土聚碳酸酯产能扩增、中韩关系变化及韩国本土大型生产企业销售战略转移等因素影响，近五年从韩国出口到中国的聚碳酸酯数量呈逐步减少态势。而得益于ECFA协议，中国台湾出口至大陆的聚碳酸酯享受免关税政策，近两年出口至中国大陆的数量则呈增长态势，2020年中国大陆进口自中国台湾的聚碳酸酯数量同比2015年增长了19%。虽然自2018年爆发的中美贸易摩擦延续至今，但我国自美国进口的聚碳酸酯占总进口量的比例基本保持在8%左右，甚至2018年至2020年的进口量较2017年都还有所增长，由此可见中美贸易摩擦对国内聚碳酸酯的进口量影响不大，从美国进口的聚碳酸酯中主要以SABIC从其美国工厂进口树脂至国内工厂进一步改性应用为主。此外，由于我国主要的再生粒子进口国为马来西亚，“禁废令”政策实施以来，我国自马来西亚的进口量显著增加。

从主要原产国和地区看，中国台湾的聚碳酸酯一直保持净出口地位，主要出口地是中国大陆，占比持续维持在80%以上；韩国约50%的产量出口至中国；泰国聚碳酸酯主要出口地也是中国，2017—2020年出口至中国货源呈现上涨态势，占泰国总出口量比例在40%左右。可见这三个国家和地区的聚碳酸酯装置均严重依赖对中国大陆的出口，一旦未来几年国内产能快速释放，将对上述国家和地区造成较大冲击。

从报关口岸分析，2015—2019年，黄埔海关、上海海关、宁波海关、深圳海关和广州海关仍旧是中国聚碳酸酯货源进口的主要海关，始终占据前五位置。2019年黄埔海关以32.6万吨的总进口量位居第一，占比20.4%；其次是上海海关，进口总量为32.4万吨，占比20.3%；第三位是广州海关，进口总量为25.1万吨，占比15.7%。详见表1.5和图1.18。

表 1.5　2015—2019 年中国聚碳酸酯进口按报关口岸统计

位次	2015 年		2016 年		2017 年		2018 年		2019 年	
	报关口岸	进口量/万吨	报关口岸	进口量/万吨	报关口岸	进口量/万吨	报关口岸	进口量/万吨	报关口岸	进口量/万吨
1	上海海关	33.8	上海海关	30.3	黄埔海关	31.6	上海海关	32.6	黄埔海关	32.6
2	黄埔海关	31.0	黄埔海关	28.2	上海海关	30.6	黄埔海关	29.2	上海海关	32.4
3	宁波海关	19.2	宁波海关	20.0	宁波海关	19.9	广州海关	19.5	广州海关	25.1
4	广州海关	18.7	广州海关	16.7	深圳海关	18.7	宁波海关	18.4	宁波海关	20.7
5	深圳海关	17.6	深圳海关	16.5	广州海关	17.3	深圳海关	18.1	深圳海关	17.6
6	天津海关	6.2	天津海关	5.2	天津海关	5.5	天津海关	5.0	天津海关	4.8
7	南京海关	4.2	南京海关	3.5	南京海关	3.2	南京海关	3.3	南京海关	3.1
8	厦门海关	2.6	厦门海关	2.3	厦门海关	2.3	厦门海关	2.0	重庆海关	2.4
9	拱北海关	2.2	拱北海关	2.1	拱北海关	1.9	拱北海关	1.7	厦门海关	2.3
10	青岛海关	1.9	汕头海关	1.7	重庆海关	1.8	汕头海关	1.6	拱北海关	1.7

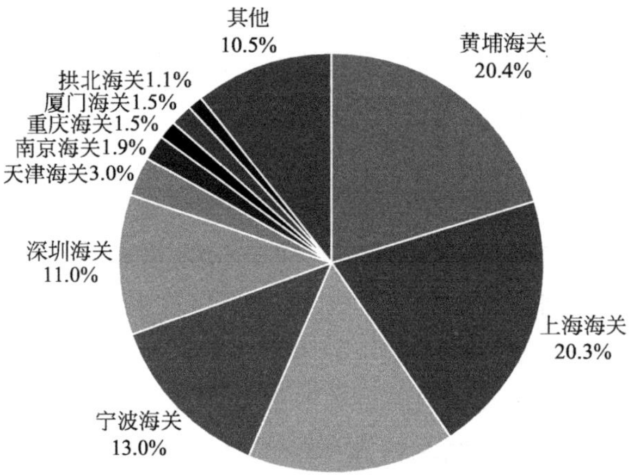

图 1.18　2019 年中国聚碳酸酯进口按海关统计

从区域分布上看，华南和华东是聚碳酸酯进口的主要地区，两地的进口量合计占总进口量的近 90%。而西南（主要是重庆）是近几年进口增长较快的地区，2019 重庆海关进口 2.4 万吨，同比增长 46%。

从进口贸易方式分析，2015—2020 年，一般贸易和进料加工贸易仍旧是中国聚碳酸酯货源进口的主要贸易方式。2020 年，一般贸易以 105.1 万吨的总进口量位居第一，占比 65%；其次是进料加工贸易，进口总量为 41.3 万吨，占比 25%；第三位特殊监管区域物流货物，进口总量为 13.5 万吨，占比 8%。详见表 1.6 和图 1.19。

表 1.6　2015—2020 年中国聚碳酸酯进口量按贸易方式统计

位次	2015 年		2016 年		2017 年		2018 年		2019 年		2020 年	
	贸易方式	进口量/万吨	贸易方式	进口量/万吨	贸易方式	进口量/万吨	贸易方式	进口量/万吨	贸易方式	进口量/万吨	贸易方式	进口量/万吨
1	一般贸易	75.4	一般贸易	73.7	一般贸易	79.1	一般贸易	84.4	一般贸易	101.8	一般贸易	105.1
2	进料加工贸易	50.8	进料加工贸易	44.4	进料加工贸易	4.4	进料加工贸易	39.3	进料加工贸易	35.0	进料加工贸易	41.3
3	特殊监管区域物流货物	10.6	特殊监管区域物流货物	9.1	特殊监管区域物流货物	9.8	特殊监管区域物流货物	4.6	进料对口	9.8	特殊监管区域物流货物	13.5
4	保税监管场所进出境货物	3.2	保税监管场所进出境货物	2.4	保税监管场所进出境货物	2.7	进料对口	3.1	特殊监管区域物流货物	5.6	保税监管场所进出境货物	1.9
5	来料加工装配贸易	2.8	来料加工装配贸易	2.3	来料加工装配贸易	2.5	来料加工装配贸易	2.6	保税区仓储转口	1.9	来料加工装配贸易	1.1

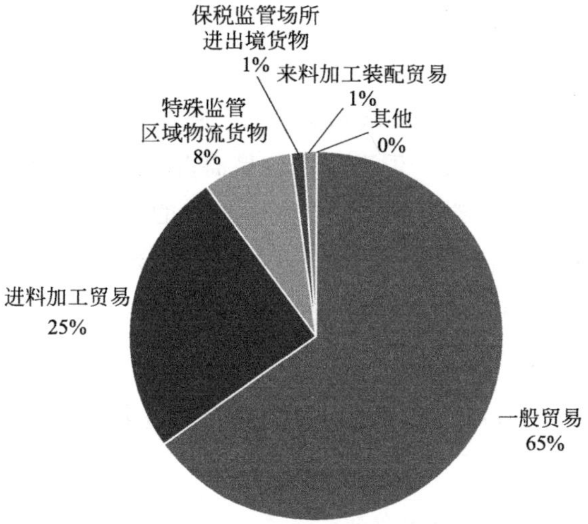

图 1.19　2020 年中国聚碳酸酯进口量按贸易方式统计

回顾聚碳酸酯进口贸易方式的变化，过去六年，一般贸易的比重不断增加，从2015年的53%增加到2020年的65%；而进料加工和来料加工装配部分的占比则呈现不断减少的趋势，从2015年的38%下降至2019年的23%。详见图1.20。从贸易方式的变化中不难发现，一般贸易比重增加表明国内消费逐步增加，中国已逐步摆脱了以加工贸易为主的外贸型经济模式，国内消费对经济的拉动作用逐步显现。

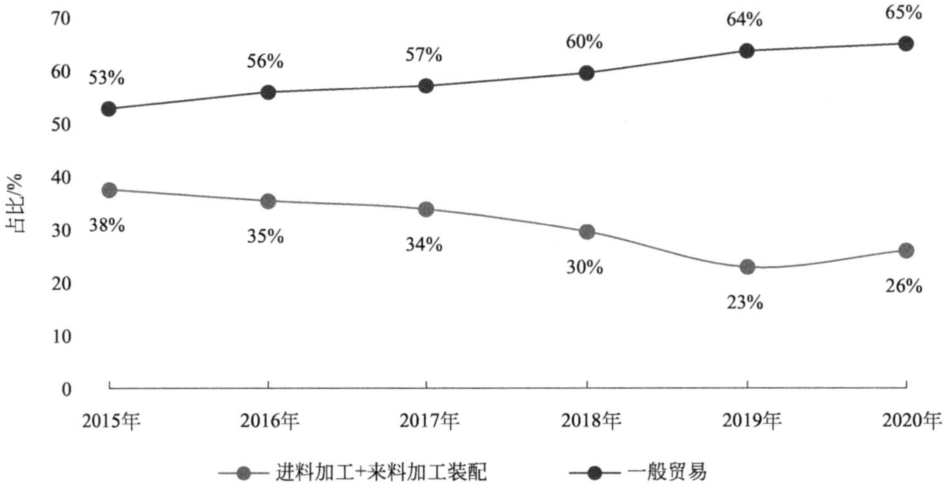

图1.20 2015—2020年中国聚碳酸酯进口贸易方式变化

从主要进口企业分析，2019年国内进口聚碳酸酯的企业接近5000家，其中排名前十的企业进口量之和占总进口量的33%，进口集中度较低。如表1.7所示，进口前十的企业中，聚碳酸酯生产企业或其子公司占7家，包括SABIC、科思创、LG、帝人、乐天等；贸易商占3家，包括中化塑料、宁波科固、广州稻畑等。其中，聚碳酸酯生产企业进口的主要用途有以下两方面：对于国内没有聚碳酸酯树脂聚合工厂的企业，进口主要是作为原料供应自身在国内的改性工厂（如SABIC）；对于国内有树脂聚合工厂的企业，进口则主要用于丰富和平衡国内产品线（如科思创）。

表1.7 2019年中国聚碳酸酯国内进口企业按进口数量统计

位次	企业名称	进口总量/万吨
1	沙伯基础创新塑料(中国)有限公司	15.8
2	中化塑料有限公司	7.2
3	科思创聚合物(中国)有限公司	6.0

续表

位次	企业名称	进口总量/万吨
4	沙伯基础创新塑料(上海)有限公司	4.3
5	LG化学(广州)工程塑料有限公司	3.9
6	沙伯基础创新塑料国际贸易(上海)有限公司	3.8
7	宁波科固国际贸易有限公司	3.4
8	东莞乐天高新恺美科塑料有限公司	3.2
9	广州稻烟产业贸易有限公司	2.9
10	帝人化成复合塑料(上海)有限公司	2.3

注：表中“沙伯基础创新塑料（中国）有限公司、沙伯基础创新塑料（上海）有限公司、沙伯基础创新塑料国际贸易（上海）有限公司”的母公司均为SABIC。其中“沙伯基础创新塑料（上海）有限公司”于2020年11月11日起变更为“特创工程塑料（上海）有限公司”。

（2）出口概况

从出口数据分析，如图1.21所示，近5年来我国的聚碳酸酯出口量始终维持在20万～30万吨之间，迟迟未有明显突破，出口量整体呈现冲高缓跌态势。2017年供应端因欧美装置问题频出，中国出口量达到28.8万吨的高峰，此后基本维持在25万～26万吨。随着未来几年国内聚碳酸酯产能将快速释放，再加上新冠肺炎疫情影响的逐步消退，预计从2021年开始，国内聚碳酸酯的出口量将出现持续的高速增长。

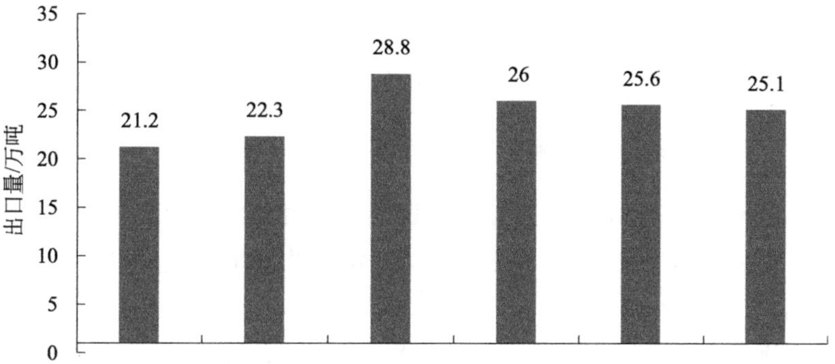

图1.21　2015—2020年中国聚碳酸酯出口量

从出口地区分析，中国香港、中国台湾、马来西亚是中国大陆聚碳酸酯货源的主要出口地，详见表1.8和图1.22。2020年，中国香港以7.5万吨的出口总量位居第一，占比为30%；其次是中国台湾，出口总量3.4万吨，占比为14%；第三是越南，出口总量2.9万吨，占比为12%。

表 1.8　2015—2020 年中国聚碳酸酯出口产销国/地区排名

位次	2015 年		2016 年		2017 年		2018 年		2019 年		2020 年	
	产销国/地区	出口量/万吨	产销国/地区	出口量/万吨	产销国/地区	出口量/万吨	产销国/地区	出口量/万吨	产销国/地区	出口量/万吨	产销国/地区	出口量/万吨
1	中国香港	13.7	中国香港	12.3	中国香港	12.5	中国香港	11.4	中国香港	9.3	中国香港	7.5
2	中国台湾	2.0	中国台湾	2.7	美国	3.1	中国台湾	2.9	中国台湾	3.4	中国台湾	3.4
3	日本	1.8	日本	1.7	中国台湾	2.7	马来西亚	2.6	马来西亚	2.8	越南	2.9
4	越南	0.9	马来西亚	1.2	日本	1.9	越南	1.8	越南	2.4	马来西亚	2.1
5	泰国	0.7	越南	1.0	马来西亚	1.9	日本	1.5	日本	1.3	泰国	1.5

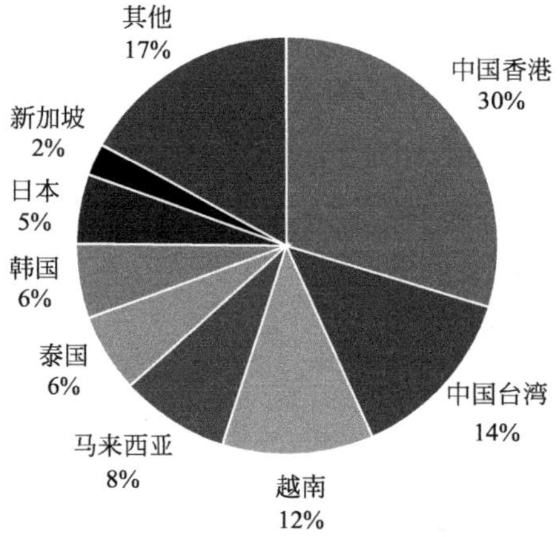

图 1.22　2020 年中国聚碳酸酯出口按产销国/地区统计

从出口贸易方式分析，过去五年中国聚碳酸酯出口始终以进料加工贸易为主，占比一直保持在 80%左右，其中 2020 年的出口量中进料加工贸易为 19.3 万吨，占 77%；其次为一般贸易，出口量为 3.3 万吨，占 13%；第三为海关特殊监管区域物流货物，出口量为 2.2 万吨，占 9%，详见表 1.9 和图 1.23。

表 1.9　2015—2020 年中国聚碳酸酯出口排名前五位的贸易方式

位次	2015 年		2016 年		2017 年		2018 年		2019 年		2020 年	
	贸易方式	出口量/万吨	贸易方式	出口量/万吨	贸易方式	出口量/万吨	贸易方式	出口量/万吨	贸易方式	出口量/万吨	贸易方式	出口量/万吨
1	进料加工贸易	18.8	进料加工贸易	19.1	进料加工贸易	24.3	进料加工贸易	21.6	进料加工贸易	19.5	进料加工贸易	19.3

续表

位次	2015 年		2016 年		2017 年		2018 年		2019 年		2020 年	
	贸易方式	出口量/万吨	贸易方式	出口量/万吨	贸易方式	出口量/万吨	贸易方式	出口量/万吨	贸易方式	出口量/万吨	贸易方式	出口量/万吨
2	保税区仓储转口货物	1.1	保税区仓储转口货物	1.7	保税区仓储转口货物	2.5	海关特殊监管区域物流货物	2.6	一般贸易	3.1	一般贸易	3.3
3	一般贸易	1.1	一般贸易	1.4	一般贸易	1.9	一般贸易	1.5	特殊监管区域物流货物	2.8	特殊监管区域物流货物	2.2
4	来料加工装配贸易	0.2	来料加工装配贸易	0.1	来料加工装配贸易	0.1	来料加工装配贸易	0.1	来料加工装配贸易	0.1	保税监管场所进出境货物	0.2
5	保税仓库进出境货物	0.03	保税仓库进出境货物	0.03	其他	0.03	保税区仓储转口货物	0.03	保税区仓储转口货物	0.05	来料加工装配贸易	0.1

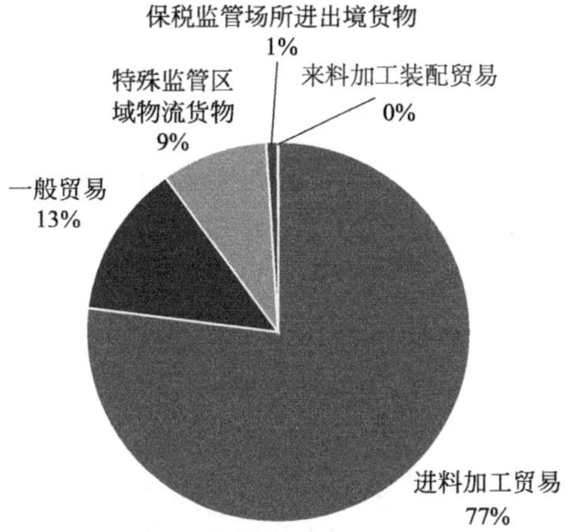

图 1.23　2020 年中国聚碳酸酯出口按贸易方式统计

(3) 未来进出口趋势分析

截至 2020 年末，中国大陆地区的聚碳酸酯产能达到 179 万吨，占全球产能的 30%，为第二名美国产能的 2 倍多。预计从 2021 年起，国内净进口聚碳酸酯会逐步减少，并极可能在 2024—2025 年左右达到进出口平衡，未来甚至很可能转变为净出口地区。中国聚碳酸酯净进口及预测情况见图 1.24。

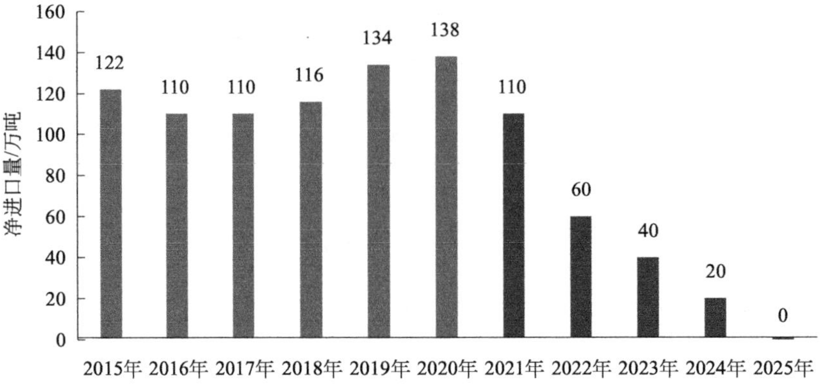

图 1.24 中国聚碳酸酯净进口及预测

虽然预计从 2021 年起净进口量会逐步减少，但中国依然会有很大一部分聚碳酸酯需要进口，主要原因如下：

① 从供应方面看，作为聚碳酸酯生产企业的跨国公司从自身战略出发依然会进口大量聚碳酸酯原料，特别是 SABIC、科思创、帝人、LG、出光等在国内拥有下游改性业务的生产企业。

② 从下游用户企业来看，特别是跨国公司和外商独资企业，因项目沿用，考虑到替换难易度，甚至价格因素，依然会在全球范围内进行资源配置，需要进口部分聚碳酸酯。

③ 从技术角度看，部分聚碳酸酯的高端应用中（包括通用双酚 A 型聚碳酸酯的高端应用和各种共聚聚碳酸酯产品），尤其是部分医疗认证材料，国内的聚碳酸酯生产企业（包括现有跨国公司的国内工厂）依然无法生产，需要依赖进口。

因此，预计至 2025 年依然会有不低于 50 万吨的聚碳酸酯需要进口。与此同时，国内未来几年的聚碳酸酯出口也必将会呈现高速增长趋势。

1.3.2.4 消费结构

中国是一个拥有完整工业体系的国家，几乎所有的聚碳酸酯下游应用种类在国内均有涉及。如图 1.25 所示，国内聚碳酸酯最大的下游应用市场为电子电气，其次为板材/薄膜，前两大应用市场占据了整个聚碳酸酯消费量的六成以上。此外，汽车也是聚碳酸酯非常重要的下游应用市场，目前聚碳酸酯在汽车上的消费约占总消费量的 16%（包含车灯、车窗及车用改性塑料等）。其他主要是光学、包装、医疗等相对占比较小的市场。

总体上，聚碳酸酯的下游应用非常丰富多彩，在生活和工业的各个领域都能看到聚碳酸酯的身影。

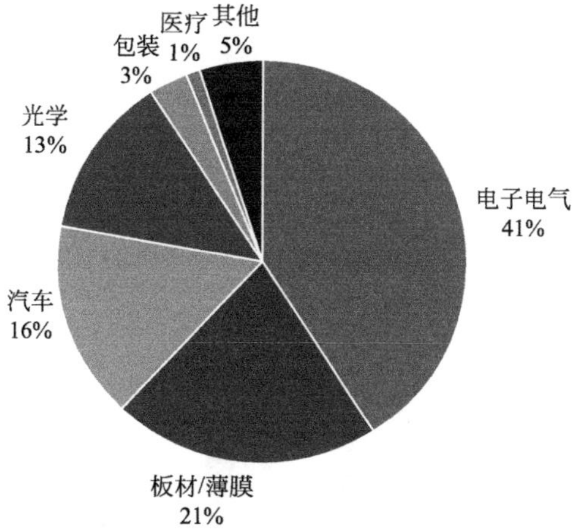

图 1.25　国内聚碳酸酯消费结构

从各个细分应用市场的未来增长率分析，得益于未来中国制造转型升级和居民消费升级等有利因素的驱动，预计国内聚碳酸酯在电子电气、汽车、医疗等领域仍将维持 4%～6%的增速。而随着云存储和 5G 等新型存储方式和高速移动网络的发展，光学媒体市场还将会继续萎缩。板材和包装等领域的增长则与国家的基础设施建设和法律法规变化密切相关，预计会维持 3%～5%的中速发展。预计未来五年，国内各领域的消费结构不会发生明显改变，但在电子电气（尤其是消费电子）和汽车（尤其是新能源汽车）市场的消费占比将持续升高。

进一步对比国内消费结构与全球消费结构的差异。如图 1.26 所示，由于中国经济结构的特点，国内在电子电气等市场的消费量占比高于全球平均水平，而在汽车、光学等市场则明显低于全球平均水平。这主要与全球贸易分工有关，中国是全球最大的电子产品、电气设备和家用电器的生产基地，因此国内聚碳酸酯在这些领域的消费占比较高。虽然国内汽车产销量已连续多年世界第一，但具体到单辆车上的塑料制件用量却远低于全球平均水平，这也影响了聚碳酸酯在汽车上的应用。目前全球的光盘应用主要集中在欠发达的非洲、拉美和印度等地区，相比而言，国内的互联网技术发展迅速，云存储普及度全球领先，挤占了光盘媒体市场，因此也导致了聚碳酸酯在这个市场应用比例不高。以上中国与全球在聚碳酸酯应用市场上的消费占比差异预计在未来五年内也不会出现显著变化。

1.3.2.5 销售现状

（1）销售渠道

与其他工业产品的销售方式类似，聚碳酸酯的国内销售（主要指聚碳酸酯

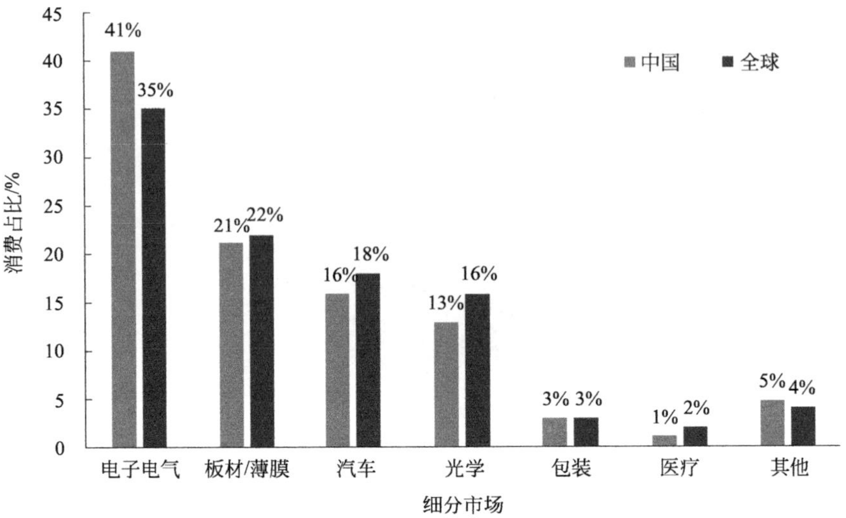

图 1.26 中国与全球聚碳酸酯消费结构对比

的纯料及下游改性原料）主要分为直销和分销两种模式。

① 直销模式 直销指厂家直接销售商品和服务，对聚碳酸酯销售而言，即在“树脂厂→改性厂（非改性应用无此环节）→加工厂”这个商流中无其他中间环节参与，全部是直接发生业务关系。这种模式主要针对大客户（使用量大）或重点领域和市场，如树脂厂直接销售基础树脂给大型的改性厂、板材厂或其他大型下游客户，彼此能够谈妥交易条件，尤其是付款方式［如信用证（L/C)、承兑汇票等］；或者改性厂针对某特定市场（如汽车、消费电子等），为加强对市场的直接掌控，倾向于直接销售给注塑厂等。直销通常占树脂厂销售量的 20％～40％（各厂家的营销战略不同，比例会有较大差异，下同）。

② 分销模式 分销模式（代理/贸易模式）指建立销售渠道，即产品通过一定渠道销售给下游客户，在“树脂厂→改性厂（非改性应用无此环节）→加工厂”这个商流中引入贸易商参与，承担供应链融资、库存管理、市场开拓维护、售后服务等功能。这种模式下的贸易商又分 4 种不同类型：

a. 代理商 一般与树脂厂有相关合作协议，树脂厂对代理商大多也有资金支持（账期）和深度合作（产品培训、合作开拓市场等），主要承担某个特定产品线、特定市场、特定区域的销售，负责对下游提供资金、库存，甚至技术支持和售后服务等。同时必须向树脂厂分享市场讯息，承担特定销售数量指标，并能在树脂厂销售出货不顺时，提前下单备货调节树脂厂的生产库存等。

这种贸易商一般规模较大，大多数树脂厂都会有专门的销售团队管理这些代理商，代理协议一般定期签订，对彼此合作关系有一定保障。

树脂厂通常对代理商数量有所控制，代理商销售量一般占树脂厂总销售的30%～50%。

b. 分销商　一般与树脂厂无相关合作协议，或者与代理商发生业务关系，但因为历史原因或者商务关系，也承担上述代理商的责任和义务。

分销商一般规模不大，树脂厂/代理商不太会提供资金支持，合作关系不是太稳定，受树脂厂或代理商影响较大，合作关系往往受到人事影响而发生变化，一般树脂厂无特定团队来管理分销商，多作为团队销售的辅助和有效补充，弥补商务操作上的不灵活性。

树脂厂通常对分销商数量没有具体控制，分销商销售量一般占树脂厂总销售量的10%～30%。

c. 工贸一体的贸易商　这种一般与树脂厂无相关合作协议，或者与代理商直接发生业务关系，主要是因为这种贸易商拥有生产部门，往往以某种特别价格（比较低）使用树脂厂的某些产品。出于完成销售业绩或维持某种商务关系的需要，树脂厂往往默许这种贸易商向市场销售产品。

这种贸易商规模大小不一，树脂厂有时也会提供资金支持，受代理商或树脂厂影响较大，合作关系往往受到人事影响而发生变化，一般树脂厂无特定团队来管理这种贸易商，只是当作重点客户或普通客户处理，多作为团队销售的辅助和有效补充，弥补商务操作上的不灵活性。

这类贸易商的销售量一般占树脂厂总销售量的5%～10%。

d. 普通贸易商　一般与树脂厂无相关合作协议，只是树脂厂的普通客户，可能与上述3种贸易商均发生贸易关系，只对其下游客户承担相应的服务功能，合作关系主要受价格影响较大。

此类贸易商群体庞大，是市场库存的蓄水池，对价格非常敏感，以投机性操作为主，属于唯利型贸易商。

树脂厂通常对普通贸易商数量也没有具体控制，其销售量一般占树脂厂总销售量的5%～10%。

（2）区域现状

目前国内聚碳酸酯的主要消费区域还是集中在华南和华东，其他如华北、西部地区和东北三省等都还在发展之中，近些年西部成渝地区的聚碳酸酯消费量增长较快。

各区域占全国聚碳酸酯消费量的比例约为：华南30%～40%，华东30%～40%，华北及其他地区10%～20%。

（3）发展趋势

聚碳酸酯在中国大陆的销售从起初的代理制已经发展到了“直销＋代理/贸易”模式，目前还在不断发展变化，未来的主要变化在以下六个方面：

① 塑料金融化　随着现代经济增长模式的不断变化，中小企业在生产融资上面临种种困难，再加上“互联网＋”思维的催化，行业竞争的加剧，塑料行业也迎来巨大的机遇和挑战。

对于聚碳酸酯，目前的体量还远未达到聚丙烯和聚乙烯的规模，无法进入期货交易市场，但在现实操作中已经有部分贸易商采用L/C 90天的支付供应商货款方式，收远期客户定金的模式，部分实现了聚碳酸酯贸易的金融化。再加上商业票据，尤其是电子承兑汇票的普及，大大提升了交易的便利性，集中体现了聚碳酸酯贸易的融资功能，慢慢实现了塑料的金融化。

尤其在前几年房地产红火的时候，很多手握大批银行L/C信用额度的房地产商，透过各种模式协助实体塑料贸易商代开信用证，或直接参与，以L/C去买塑料，然后低价卖出，套取现金，转而扑进房地产市场。一时大大繁荣了塑料贸易，也搅乱了市场秩序。

目前在市场上活跃着一批既做塑料贸易，也做代开信用证业务的公司，此类公司大多为国企或上市公司下属企业，资金成本较低廉。也有部分单纯以开信用证为主业的公司，为了维持销售业绩高增长趋势，以保持银行开证信用额度，成为名副其实的“金融中介”。另外还有一些“互联网＋”企业为了获取融资，做大营业额，也在市场上提供“供应链金融”的解决方案。

② 信息透明化　近三—五年来，随着塑料技术不断更新、普及，再加上“互联网＋”的东风，响应国家全民创业的号召，以“塑料圈内人＋互联网思维”，引入行业外风险投资，或部分实体贸易商直接下场投资的方式，解决塑料销售中的信息不对称（不仅仅是价格）为方向的各种互联网创新企业纷纷涌现。这种模式还能解决技术数据零散，甚至是材料选择中的技术要素，塑料加工的各种技术问题处理，以及塑料加工后的后续处理等问题。预期在经过一阵疯狂竞争之后，必定会出现几家能够促进技术普及、增强塑料贸易信息流通的优秀互联网企业，他们会在塑料销售市场上扮演传统贸易商＋电商平台（提供大资金，靠贸易盈利）、传统讯息提供分发商（转移至互联网，尤其是手机终端，甚至物联网，靠广告、会员收费和组织行业会议盈利）、技术解决方案提供商（集中优质技术资源，打通上下游技术壁垒，靠独立技术咨询和组织行业会议盈利）等角色，不断促进塑料产业发展。

③ 技术标准化　随着不同树脂厂之间技术差距越来越小，下游应用企业的

技术能力越来越强，各个树脂厂会在各自不同的规格上逐渐摈弃原先为了契合某个特定市场，单独开发某种特殊规格产品的模式，转而逐渐形成统一的标准规格或类似规格（聚丙烯在聚合端已部分实现了），特别是在用量较大的市场会更快地实现相互的技术一致性。

同样，在改性聚碳酸酯市场，最终客户（如汽车厂，尤其是互联网造车，以及手机厂、电脑厂等）会逐渐放弃对终端材料的严格指定，给予下游加工厂更大的自由度，转而只检验成品的质量。在原先“最终客户指定规格”这种畸形（封闭）的商业架构下，赋予了最终客户相关人员太多的权力，隐藏了太多的隐形商务成本，堆高了产品成本，以产品安全的名义，限制了相关技术要素、商业要素的自由流动。随着市场竞争的加剧，这种指定材料的模式在非关键领域逐渐土崩瓦解。这样也会促使相应规格的技术标准逐渐趋于一致。

④ 特殊市场差异化　在某些特殊应用的市场总量相对较小的市场，因为不太引起行业注意，会催生出一批推崇“小而美”的改性厂和贸易商，他们在小众市场，遵循工匠精神，获得了一定成长和相匹配的经营收益。

⑤ 贸易商寡头化　因为塑料金融化和一些特殊大宗市场需要巨额资金来解决供应链融资问题等原因，会逐渐催生和筛选出一些超大型贸易商。目前已有部分贸易商手握巨额资金，不做代理商，不向树脂厂采购，只在市场上（各种类型贸易商）采购，投机市场，从而攫取利润，不利于市场的健康发展。

目前树脂厂寻求代理商的倾向已发生分化，部分寻求集中，只用几家大型贸易商；部分寻求分散，把各种贸易商化大为小，分而治之，避免形成寡头贸易商，进而威胁树脂厂的销售连续性和稳定性。

⑥ 贸易利润微利化　随着这些年国内产能不断增加，未来供大于求的局面将得以持续，再加上信息透明化，整个产业链上下游竞争加剧，整个行业利润普遍趋向微利甚至半亏损状态。在塑料市场生存的各类贸易企业，都将面临利润逐步下滑的残酷现实。这就促使传统的贸易企业要及时转型，在以下这些方面多做思考，并做出相应策略调整。

从简单的赚价差，转向提升管理能力，在把控跌价风险和把握涨价行情之间寻求平衡，从行情波动中提升盈利能力。

从寻求高利润率销售，转向薄利多销，提升销量，从扩大销量中提升盈利总量。

从单纯备足库存待客上门，转向主动拓展市场，合理调整库存规格和数量，灵活应对，提高库存周转效率。

从原先与下游客户单纯的买卖关系，不断提升自身能力，转向深度融合绑定，包括并不限于给予下游技术支持、资金支持、信息支持等解决方案支持，必要时可以参与上下游客户（包括供应商）生产管理、业务开拓、技术提升、股份融合等，与产业链建立网状、多层次的关系网络，跳出单纯的贸易盈利模式。

从依赖固定供应商资源，转向不断接触新机会，开拓新产品线，扩大自有的资源库，增加更多未来的盈利机会。

从最原始的粗放管理模式，转向精细化管理，在人才团队管理、客户管理、库存管理、财务管理等维度不断投入资源，竭力提升企业核心能力，增加盈利能力。

未来贸易商的竞争，必然是“人才＋管理”的竞争。顺应时代潮流，变革产业链合作模式，调整贸易方式，甚至包括与团队的合作方式，都要与时俱进，才能在未来的商业竞争中实现可持续发展。

参考文献

[1] Hans Kricheldorf. Polycondensation：History and New Results［M］. Heidelberg：Springer Nature，2014：14.

[2] Parl J. Flory. Principles of Polymer Chemistry［M］. New York：Cornell University Press，1953：14.

[3] 金祖铨，吴念等．聚碳酸酯树脂及应用［M］. 北京：化学工业出版社，2009：6-7.

CNPCA 观察：

聚碳酸酯是一种综合性能非常优异的耐用型热塑性工程塑料。“质轻高强”“阻燃耐热”“透明靓彩”“尺寸稳定”“设计多样”，这些特性赋予了聚碳酸酯广阔的应用空间。

纵观全球聚碳酸酯产业的发展，以科思创、SABIC、盛禧奥为代表的欧美老牌企业和以三菱、帝人、出光为首的日本企业，还有乐天、LG 等韩国企业，目前仍占据着全球领先的市场地位。

国内聚碳酸酯的产业发展，从“研发起步早、停滞时间长”到“吸引外资建厂、鼓励内资创新”，一步步走来，历尽千辛万苦。2015 年是内资企业真正实现了产业化的开创之年。短短五六年，得益于国内领先企业十数年的潜心开创以及国际成熟合成技术被迫对我们的放开，中国聚碳酸酯产能呈现了“井喷式”的增长，整个产业及下游的发展极为活跃。国内聚碳酸酯产能自给率，已经从过去的不足 20％大幅提高到 2019 年的 45％以上，在可预期的两年后，自给率将提升至 70％～80％。

中国快速增长的消费需求，吸引外资企业不断拓展中国市场，或是在中国投资、合资建厂，立足中国、提升本土化战略，或是向中国出口大量的聚碳酸酯树脂和成型品。对各外资企业而言，中国市场的销售贡献率已接近或超过各公司的本土份额，甚至中国已成为其销售额最大的单一国家市场。从亚太地区来看，除中国市场外，印度、泰国等也是聚碳酸酯需求高速发展的国家。单从新产能投资方面看，近两年的投资都出现在亚洲地区，特别是中国极为迅猛的产能增长，令世界再次惊讶于中国速度和基建效率。聚碳酸酯“东大西弱”的局面势不可挡。

但是，行业和投资者要清醒地认识到，国内聚碳酸酯的产能增长率与需求增长率极不对等，大量重复建设虽然可以满足中低端产品大宗化的市场需求，却已经显现出整体产能过剩的信号。中国石油和化学工业联合会（CPCIF）自2018年起就将聚碳酸酯列入了“2018年度重点石化产品产能预警报告”，并连年表示密切关注。自2020年1月1日起，通用型聚碳酸酯的投资也不再被国家和地方政府所鼓励，这是异于过去的新形势。基于实事求是的预防性调控，有望给过热的投资降温，对行业的健康、有序和可持续发展有重要意义。

未来，随着新增产能的不断释放，国内聚碳酸酯聚合行业整体的开工率可能会长期低位徘徊，甚至出现部分企业间歇停产或长期停产的状况。聚碳酸酯行业也会因为新工厂参与竞争，呈现新的竞争格局变化，行业整体的投资回报率不及预期。

此外，面对高端产品差异化的发展趋势，目前在高品质和特殊性能的聚碳酸酯领域，仍然主要是少数几家技术实力雄厚的外资企业的市场，国内企业尚未取得显著突破。国家应针对性地鼓励发展中高端聚碳酸酯产品，避免未来在整体产能过剩的情况下，出现高端产品结构性短缺的不利局面。

中国聚碳酸酯行业发展蓝皮书

2021

第2章

聚碳酸酯合成工艺与混配

2.1 合成工艺

目前聚碳酸酯工业化生产的主流工艺包括界面缩聚法和熔融酯交换缩聚法（简称熔融缩聚法）两种。

聚碳酸酯的合成最早于20世纪50年代末分别由当时的拜耳公司（现科思创公司）和通用电气塑料公司（现沙特基础工业公司）实现工业化。60年代，由于当时的熔融缩聚法在生产过程中的一些关键技术无法解决，如规模小、质量差，而界面缩聚法的产品分子量可调，较易制得高分子量聚碳酸酯，装置规模容易放大，技术相对成熟，因此世界各大公司纷纷采用界面缩聚法生产聚碳酸酯。70—90年代，世界各地兴建的聚碳酸酯装置几乎都采用界面缩聚法。进入90年代后期，熔融缩聚法在一些关键技术上取得了突破，产品质量大幅改善，之后很多公司开始转向采用该技术路线生产聚碳酸酯。

界面缩聚法采用光气与双酚A（BPA）在碱性氢氧化物水溶液和惰性有机溶剂存在下通过界面缩聚反应合成聚碳酸酯。目前在中国，帝人、三菱瓦斯、鲁西化工、万华化学和沧州大化等均采用此工艺路线生产聚碳酸酯。

熔融缩聚法采用碳酸二苯酯（DPC）与双酚A在催化剂作用下通过熔融缩聚反应合成聚碳酸酯，副产苯酚。目前在中国，科思创、中石化三菱、浙铁大风、利华益维远、中蓝国塑、盛通聚源和甘宁石化等均采用此工艺路线生产聚碳酸酯。

2.1.1 界面缩聚法

界面缩聚法通常也称为界面缩聚光气化法或直接简称为光气法。该工艺路线主要采用双酚A钠盐水溶液，在惰性溶剂和催化剂存在下，于常温（25～40℃）、常压下进行光气化界面缩聚反应制备高分子量的聚碳酸酯。反应可采用一步法或两步法以连续或间歇的方式完成，每家生产企业的工艺技术各有不同。

由于光气有剧毒且运输危险，通常就地制造。反应物体系为由水相和有机相组成的非均相混合物，水相一般由氢氧化钠、双酚A钠盐、单酚（如苯酚、对叔丁基苯酚等）钠盐以及反应副产物氯化钠等组成；反应过程中生成的带氯甲酸酯端基的低聚物和高分子聚碳酸酯长链溶在与水不互溶的惰性有机溶剂中形成有机相。催化剂叔胺或季铵盐则聚集于两相界面，促进界面缩聚快速进行。界面缩聚反应如式(2-1)所示。

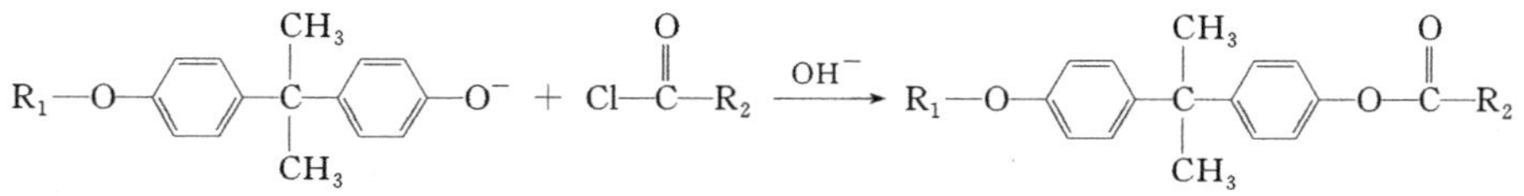

(2-1)

式中：R_1 为无或 H^+ 或聚合物链段；R_2 为 Cl^- 或聚合物链段。

由于在水相中光气会很快碱解生成无机氯盐和碳酸盐，因此通常先将光气溶于惰性有机溶剂中，再与水相混合成非均相混合物，利用光气和碱金属酚氧化物（如酚钠盐）的反应速率远高于光气碱解反应的特点进行合成，但在反应过程中仍不可避免会发生少量光气被碱解的副反应，如式(2-2) 所示。

$$Cl-\overset{\overset{\displaystyle O}{\|}}{C}-Cl + 4NaOH \longrightarrow Na_2CO_3 + 2NaCl + 2H_2O \quad (2\text{-}2)$$

在惰性有机溶剂的选择上，优选溶剂应既能溶解光气，又能溶解生成的聚碳酸酯，从而减少光气及反应生成的氯甲酸酯中间体的碱解。适用的惰性有机溶剂有芳烃、氯代烷烃或氯代芳烃等，通常选用二氯甲烷。

纯净的原料经界面缩聚可制得分子量最高可达 20 万的聚碳酸酯。加入封端剂（即链终止剂，如苯酚、对叔丁基苯酚等）可对分子量进行调控，制取不同规格的聚碳酸酯产品以满足各种加工成型方法的要求。聚碳酸酯封端后还可降低端羟基含量，获得更好的热稳定性。

工业上，为确保反应彻底完成，通常使用过量光气。光气用量一般为理论量的 1.1～1.2 倍。聚合反应中，过量的光气会碱解生成无机氯盐和碳酸盐。

界面缩聚法的优点之一是反应可在低温、常压、水相-有机相混合物体系中进行。所用原料不必干燥，对许多杂质不敏感，易获得高分子量聚碳酸酯，特别是在合成其他高熔点特种聚碳酸酯时，不受高熔点困扰。界面缩聚法的缺点之一是为了从较稀的聚合物有机相中除去无机盐、未反应单体、催化剂等残留杂质，然后再从中分离出聚合物，需采用复杂的后处理工艺。此外，还需进行溶剂的循环套用和废水处理。

2.1.2 熔融酯交换缩聚法

熔融酯交换缩聚法通常简称为熔融缩聚法或酯交换法，采用碳酸二苯酯和双酚 A 在催化剂存在下，于高温、高真空条件下，经反应制得聚碳酸酯。

反应过程分两步进行：第一步为酯交换反应，将碳酸二苯酯和双酚 A 按一定摩尔比加入酯交换反应器，同时加入催化剂，于 175 ℃左右进行第一阶段的酯交换反应。大量蒸出副产物苯酚后，再升温至 200～230 ℃，于 10～40 mm-

Hg（1 mmHg=133 Pa）下继续反应，蒸出苯酚。当苯酚蒸出量达理论量的80%～90%时，酯交换反应完成。酯交换反应生成的主要是聚碳酸酯低聚物，分子量在数千至一万多，端基可为苯环或酚羟基，反应方程式见式(2-3)。

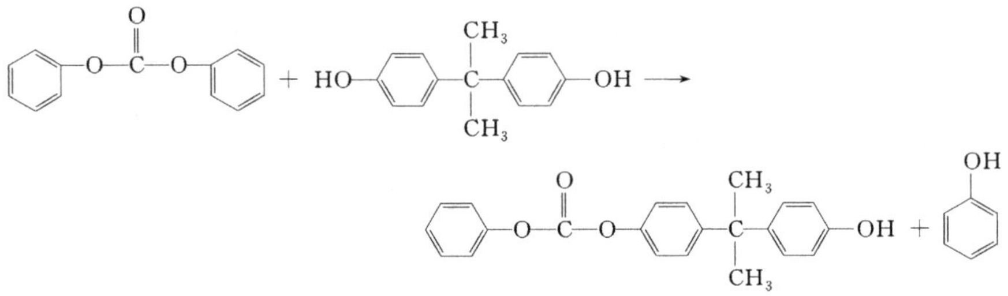

酯交换反应 (2-3)

第二步为缩聚反应，将酯交换反应得到的低聚物转入缩聚反应器，在更高的温度和真空度（约 260～300℃、<1 mmHg）下进行缩聚反应，蒸出苯酚和碳酸二苯酯。随着缩聚反应的进行，物料熔融黏度升高，分子量增大，当达到所需分子量时结束反应，反应方程式见式(2-4)、式(2-5)。

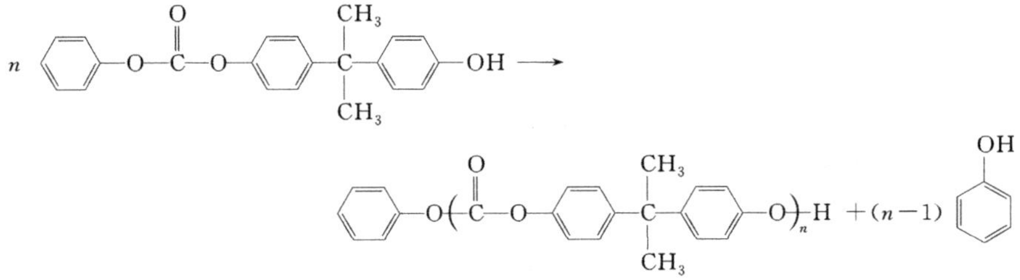

缩聚反应一 (2-4)

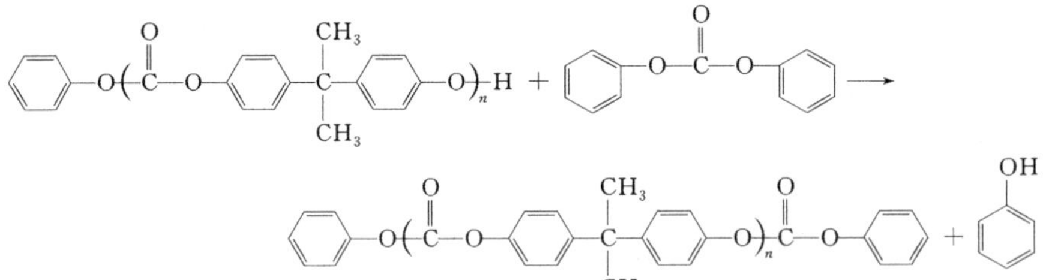

缩聚反应二 (2-5)

熔融酯交换缩聚过程中，原料的纯度、碳酸二苯酯与双酚 A 的摩尔比、反应系统的温度和真空度、设备的结构和材质、催化剂的种类和用量、添加的稳定剂种类和用量等均对聚碳酸酯的质量有显著影响。

从反应式的计算量可见，当碳酸二苯酯和双酚 A 的摩尔比为 1∶1 时，可制得高分子量聚碳酸酯。但在实际的工业化生产中通常采用摩尔比为（1.05～1.1）∶1，让碳酸二苯酯稍微过量。主要原因是，一方面在反应过程中，尤其在反应后期，在高温和高真空下有少量碳酸二苯酯随苯酚一起逸出反应物系，会损失少量碳酸二苯酯；另一方面通过调节碳酸二苯酯的加入量也可以在一定程度上控制最终产品的分子量和端基，见式(2-5)。而如果双酚 A 过量，大量的酚羟基和残余的双酚 A 会降低聚碳酸酯的热稳定性，影响力学性能和色泽。

酯交换反应阶段，若反应温度超过 180 ℃，双酚 A 在高温下易分解，生成有色杂质，因此反应温度不应过高。此阶段，真空度也不宜过高，过高的真空度会增加碳酸二苯酯的逸出量，破坏摩尔比。

缩聚反应阶段，高温高真空下，随着聚合物平均分子量的增加，聚合物熔融黏度快速升高（如从 200 Pa·s 增至 60000 Pa·s），熔体的流动性越来越差，脱除挥发性缩聚副产物苯酚越来越困难，因此缩聚反应器的选型和设计是熔融缩聚工艺的关键点之一。

高温和高熔融黏度下还会发生不期望的副反应。例如缩聚反应过程中在聚合物骨架上形成醚键，带游离基的羰基转移到苯环上，这些侧基经酯交换形成支化和交联结构，采用适当的碱性催化剂和操作条件可在一定程度上抑制这些副反应。

工业上，熔融酯交换缩聚反应可在多个串联反应器中进行。前几个反应器主要进行酯交换反应制取低聚物，反应生成的苯酚在真空下从反应器蒸出，冷凝并循环至碳酸二苯酯合成工序。后几个反应器主要进行缩聚反应制取高聚物，然后反应物料进入薄膜蒸发器或双螺杆挤出机等设备中，在高真空下进一步脱除反应物料中的残余苯酚，生成熔融聚碳酸酯，最后经造粒机造粒。

广义熔融缩聚法工艺中除碳酸二苯酯和双酚 A 反应生产聚碳酸酯外，还包括碳酸二苯酯的合成。采用熔融缩聚工艺的生产企业通常都会配套建设碳酸二苯酯合成装置，“DPC-PC”共建装置可实现原料苯酚的循环利用，如图 2.1 所示。

大部分采用酯交换工艺合成碳酸二苯酯的厂家还会继续向上配套建设碳酸二甲酯（DMC）合成装置，而采用酯交换工艺合成碳酸二甲酯还可进一步实现甲醇的循环利用，从而形成“DMC-DPC-PC”一体化产业链。

关于原料 DMC、DPC 的合成工艺和市场概况参见第 3 章聚碳酸酯主要原料与助剂中的第 3.3、3.4 节。

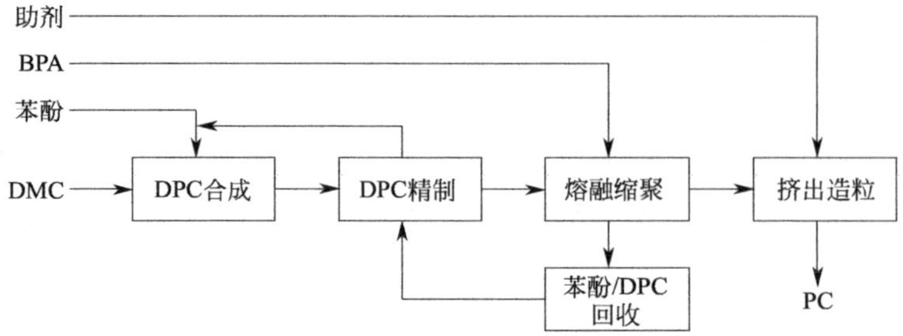

图 2.1　广义熔融缩聚法流程示意图

2.2 造粒与混配

在聚碳酸酯的造粒与混配过程中，挤出机是最常见、最重要的设备之一。同向啮合双螺杆挤出机被德国拜耳公司的 Walter Meskat 和 Rudolf Erdmenger 于 1953 年成功申请专利以来，一直是加工聚碳酸酯基材料的首选设备，在聚碳酸酯树脂造粒及其改性配混（如 PC/ABS 等合金、纤维增强、矿物填充等）方面被大量使用。

同向啮合双螺杆挤出机的关键特点是其两根螺杆具有自清洁能力，使物料沿着挤出机在轴向上向前输送，不会停留，避免发生降解。这一点非常重要，因为透明度是衡量聚碳酸酯品质的一个关键性指标。

2.2.1 造粒

在聚碳酸酯的合成工艺中，通常最后一步都是采用双螺杆挤出机进行脱挥造粒，具体可以分为喂料、混合、脱挥、过滤、造料、干燥等工序。

2.2.1.1 喂料

（1）主料喂料工艺及设备选择

由于各聚碳酸酯生产厂家上游聚合工艺的不同，聚合后的聚碳酸酯的物料形态不一。常见的有如下几种：

第一种，聚碳酸酯经聚合后以熔体的形式喂入双螺杆挤出机，如中石化三菱、浙铁大风等公司聚合后的物料都是熔体形态。当原料为熔体时，聚碳酸酯原料的计量通常采用齿轮泵以体积式进行计量，结合熔体的密度核算最终的流量。为避免齿轮泵的出口压力过高对螺杆造成损伤，通常挤出机与齿轮泵之间会做一些连锁保护。

第二种，聚碳酸酯经聚合后以薄片的形式喂入双螺杆挤出机，如SABIC、LG、鲁西化工等公司聚合后的物料都是薄片形态。薄片原料由于其堆积密度非常小，尺寸较大，常规塑料生产中使用的螺杆式喂料机不适合这种物料，通常会选择皮带式的失重式喂料机。

第三种，聚碳酸酯经聚合后以粉体的形式喂入双螺杆挤出机，如三菱瓦斯、帝人、万华等公司聚合后的物料都是粉体形态。当原料为粉体时，由于其粒径比较小，通常会选择双螺杆的失重式喂料机，同时需要考虑喂料机的防爆设计和双螺杆挤出机的螺杆尾部密封漏料的问题。

第四种，聚碳酸酯经聚合后以熔体和溶剂混合物的形式喂入双螺杆挤出机，如科思创聚合后的物料就是熔体和溶剂的混合物。当原料为熔体和溶剂混合物时，喂料一般会采用齿轮泵，但由于溶剂含量较高，需考虑挤出机的防爆设计和溶剂的有效回收。

(2) 助剂喂料工艺及设备选择

聚碳酸酯生产过程中采用的助剂多种多样，如抗氧剂、光稳定剂、蓝光吸收剂、脱模剂等，也有不同的形态，如粉体（也有部分选择把助剂预混成粒状）、液体等。各生产厂家也会根据自己的工艺选择不同形态的助剂。有的厂家使用粉体助剂，这样双螺杆挤出机需要另外配置一台侧向喂料机用于粉体助剂的喂入。有的厂家会使用液体助剂，通过一个失重式的液体计量喂料机喂入双螺杆挤出机。

2.2.1.2 挤出

在聚碳酸酯生产的过程中，客户一般主要关心如下几个方面：产量、光学性能、力学性能。对于双螺杆挤出来说，对应的有如下几个工艺参数：槽深比、扭矩、螺杆转速、长径比、筒体的温控方式、筒体及螺杆的材质。

双螺杆挤出机的槽深比（也称为外内径比）是一个非常重要的参数，对设备本身的机械性能和工艺都有非常大的影响。首先，从设备本身的机械性能看，槽深比越大，螺杆内径越小，螺杆槽深越大，进而螺杆元件的内径到芯轴之间的距离就越小，螺杆元件的内壁就越薄。对应地，螺杆元件的机械强度就越低。有时，为了避免螺杆元件的机械强度下降太多，有些厂家会考虑将芯轴做细，但芯轴的机械强度就会随之下降。从工艺角度看，槽深比越大，容积越大，产量越大，但同时由于螺杆的机械强度下降，不能承担大产量负荷，两者之间存在矛盾关系，需要在两者之间寻求一个平衡。同时，槽深比越大，螺杆元件的冠部（即与筒体内孔相对应的位置）就越小，但这个位置却又承担了剪切的重任。如果剪切过小，会造成剪切塑化不够，或混合效果不好。反之，则会造成剪切过高，熔体温度过高，产品光学性能大幅下降。

双螺杆挤出机的扭矩越高，相同的螺杆转速下，物料在螺槽中的填充度就越高，物料的平均剪切率越低，最终表现为熔体温度越低，聚碳酸酯的光学性能就越好。所以，目前所有的双螺杆挤出机厂家都在不断推出更高扭矩设备。

双螺杆挤出机的转速越低，相同产量下，物料受到的平均剪切率越低，最终表现为熔体温度越低，聚碳酸酯的光学性能就越好。

双螺杆挤出机的长径比越低，相同螺杆转速下，物料在双螺杆挤出机中的停留时间就越短，受到螺杆的剪切和筒体加热的影响就越低，最终表现为熔体温度越低，聚碳酸酯的光学性能就越好。

在选择双螺杆挤出机筒体和螺杆的材质时通常要考虑耐磨性、耐腐蚀性、对产品光学性能的影响等几个方面。

此外，为了达到较高的透明等级要求，双螺杆挤出机的筒体和螺杆需采用一些特殊材质（重点是不能含铁），如在螺纹元件上使用氮化钛（TiN）涂层等。

2.2.1.3 脱挥

聚碳酸酯造粒过程中，脱挥是关键步骤之一，可有效降低溶剂（如二氯甲烷、苯酚等）以及其他单体和低聚物等在聚碳酸酯中的残留量。如图 2.2 所示，脱挥的基本原理是通过扩散迁移使气体从熔融聚合物中分离开，气体从熔体的包覆中迁移到熔体的表层进而脱除的过程。同向双螺杆本身的特性是可以实现物料从一根螺杆到另一根螺杆之间的相互交换，实现了物料的表面翻新，进而加速表面迁移，实现高效脱挥。根据最终产品的需求，有时还需注入助脱挥剂来实现更高的脱挥效率，常见的助脱挥剂有水、氮气等。一般情况下，助脱挥剂的注入量为 0.5％～1.5％（质量分数）。

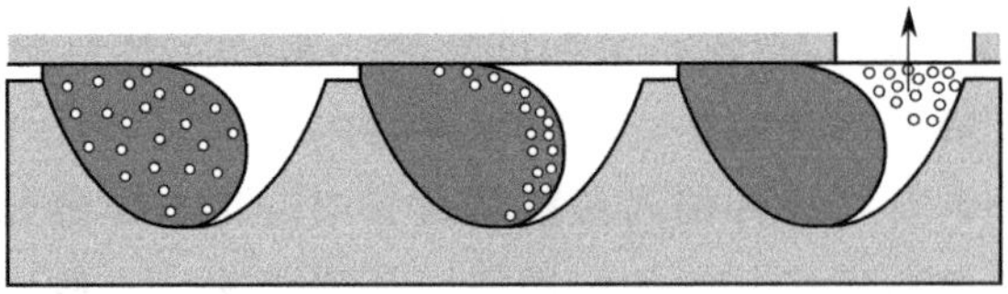

图 2.2 聚合物脱挥

界面缩聚工艺中，在完成聚合反应和洗涤后得到的是聚碳酸酯溶液（聚碳酸酯溶解于其良溶剂中，溶剂主要为二氯甲烷、氯苯等），一般采用的方法是将该高分子溶液喂入双螺杆挤出机进行聚碳酸酯和溶剂的分离。一般情况下，进入双螺杆挤出机的溶液，聚碳酸酯含量为 50%～99%（质量分数）。

熔融缩聚工艺中，虽然不需要使用溶剂，但这种工艺中双螺杆挤出机也被广泛应用于不同的工艺目的，如聚碳酸酯的稳定或残留单体的脱挥。

不论是通用级还是光学级聚碳酸酯，在双螺杆挤出机上都需要加装换网器用于熔体过滤。滤网的大小取决于最终的产品质量要求，通常有从 10μm 到 150μm 的不同规格。同时，根据滤网的大小选择是否需要齿轮泵进行挤出段的建压。

在切粒系统的选择上，水下拉条切粒系统由于模头压力低、自动化程度高，已被大量应用于聚碳酸酯切粒过程。通常需调节系统中工艺水的温度以避免气孔和粉尘的产生。经切粒后，粒水混合物通过脱水装置进行干燥，再经筛分，最后输送到包装料仓进行成品包装。

2.2.2 混配

在聚碳酸酯改性与混配方面，一个比较有代表性的工艺就是将粉末或薄片状的聚碳酸酯通过双螺杆挤出机制成颗粒状态。通过改性与混配，可实现聚碳酸酯的稳定、脱挥、过滤和造粒。

将聚碳酸酯从粉末或切片制成颗粒的设备主要配置如图 2.3 所示。聚碳酸酯从第一节筒体喂入双螺杆挤出机，经过塑化、稳定和均化后挤出造粒。真空排气室一般需要进行加热，以防止真空室内腔壁上有聚碳酸酯熔体和单体的冷凝回流。如果聚碳酸酯熔体或废料长时间粘在上面会发生热降解，然后回流至螺杆中，污染螺杆中的聚碳酸酯。也可以采用如图 2.4 所示的侧向排气以保证冷凝物或降解的聚碳酸酯不会回流到双螺杆挤出机的熔体中。

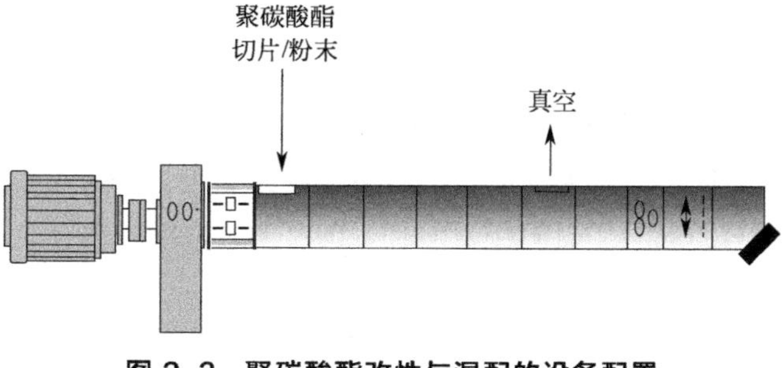

图 2.3 聚碳酸酯改性与混配的设备配置

通常情况下，粉末状聚碳酸酯可采用双螺杆失重秤进行计量喂料，而薄片状聚碳酸酯可采用皮带式失重秤进行计量喂料。同时，可采用氮气保护，以避免聚碳酸酯的氧化降解。

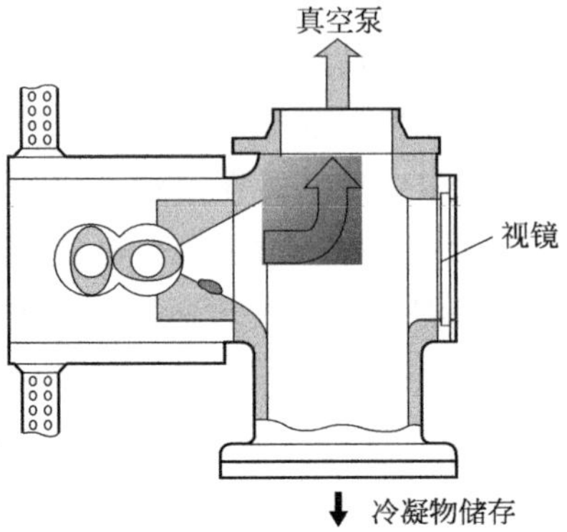

图 2.4 双螺杆挤出机上使用的侧向排气

聚合造粒后或初步改性后的聚碳酸酯，根据下游厂家的需求，可能会需要进一步的改性和配混，例如阻燃、增强、合金化等。通常情况下，由于聚碳酸酯改性方式众多，生产厂家一般会选择小型号、低产量的双螺杆挤出机来进行加工生产，以适应于不同牌号间的快速切换。

阻燃改性时，常见的阻燃剂为 BDP（双酚 A 双二苯基磷醛酯），但 BDP 的黏度较高，很难加入挤出机中。一般情况下，需对 BDP 进行加热后再通过液体计量泵加入挤出机，常见的计量泵为柱塞泵等。

玻璃纤维或矿粉增强时，由于玻璃纤维和矿粉有非常强的磨蚀性，需考虑双螺杆挤出机的机筒和螺杆的耐磨性。

混配改性中，一般分为分散性混合和分布性混合两种混合方式。分散性混合是指把单一的一种物质从团聚状态打散成均匀的小颗粒，如矿粉的分散。分布性混合是把几种不同的物质均匀地混合在一起，如沙子、石块和水泥均匀地混合成混凝土。在塑料的配混改性中，两者缺一不可，但不同工艺的侧重点各有不同。如玻璃纤维增强时，更侧重分布性混合，主要是因为需保留一定的玻璃纤维长度以提供更好的力学性能。若增强了玻璃纤维的分散，玻璃纤维长度会大幅降低，最终产品的力学性能也会大大降低。但若玻璃纤维长度过长，又会影响熔体流动性，造成后续注塑的问题。而矿粉增强时，则更侧重分散性混合。

CNPCA 观察：

聚碳酸酯的规模化生产，以芳香族（双酚 A 型）占绝对主导地位；脂肪族聚碳酸酯目前仍是极小众产品，其合成技术、产品性能稳定性、特别是经济可行性仍在持续改进之中。

合成技术方面，界面缩聚法一直是合成聚碳酸酯的主要工艺路线，也是最早实现大规模商业化的合成技术，反应速率快、条件温和，在产品的质量、种类以及后处理等方面更有优势。熔融缩聚法大规模商业化相对较晚，由于不使用光气，对地域的限制更少，在近几年被大量应用。目前新建装置中采用界面缩聚法和熔融缩聚法的产能占比基本都维持在 4∶6 左右。经过十余年的发展和实际市场验证，两种工艺路线各有千秋，未来两种工艺路线依然会长期共存。

国家发展和改革委员会 2017 年出台的《增强制造业核心竞争力三年行动计划（2018—2020 年）》之“重点领域关键技术——新材料关键技术产业化实施方案”中，首次并重地提到了“光气法”和“非光气法”的聚碳酸酯，这也从科学与更高维度上认可了这两种工艺技术路线，应当共同发展、相互促进、各展所长。

当然，在安全健康和环保（SHE）方面，任何一家企业都必须脚踏实地，认真贯彻和执行国家及行业的规范和标准，在寻求稳健的经济建设和发展中，为蓝天白云清河绿草的美丽中国贡献积极的力量。

聚碳酸酯的造粒和混配过程中，挤出系统、切粒系统等也是影响最终产品质量的关键因素之一。由于聚碳酸酯自身的加工敏感性和对外观等特性的高要求，也对设备提出了更高的要求，在螺杆设计、加工精度、温度控制、设备选材等方面都显著高于普通塑料的设备选型。

目前在聚碳酸酯的聚合生产过程中所采用的高产量的挤出、切粒等主要设备还都是以进口为主，国产化设备多用于改性过程。未来如何进一步提高国内设备的加工水平和精度，同时紧跟高产化、智能化等发展趋势，是国内装备企业应该重点考虑的问题。

中国聚碳酸酯行业发展蓝皮书

2021

第3章

聚碳酸酯主要原料与助剂

3.1 酚酮原料分析

苯酚（phenol）和丙酮（acetone）不仅是重要的基础化工原材料，同时也是合成聚碳酸酯最重要的上游原材料之一。苯酚和丙酮通常可以通过一套装置联产得到。

3.1.1 合成工艺

（1）异丙苯合成

异丙苯（cumene）主要采用苯和丙烯通过烷基化反应制备，反应方程式如式（3-1）所示。异丙苯的合成方法主要有三氯化铝法、固体磷酸法和分子筛法，目前主要采用分子筛法。反应过程通常采用过量苯，以减少多异丙苯（主要是二异丙苯）的生成，通常苯和丙烯的进料摩尔比约为（2～3.5）：1。反应为放热反应，反应热约为－23.4～－26.4 kcal/mol cumene。

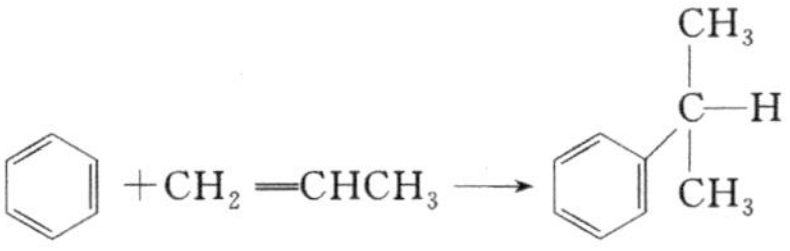

（3-1）

（2）酚酮合成

酚酮合成工艺的反应过程可分为异丙苯氧化生成过氧化氢异丙苯（CHP）和 CHP 分解生成苯酚、丙酮的两步反应。

第一步，氧化反应，反应方程式如式(3-2）所示。通常直接采用空气与异丙苯接触，氧化生成 CHP。氧化反应为放热反应，反应热约为－31.6 kcal/mol CHP。

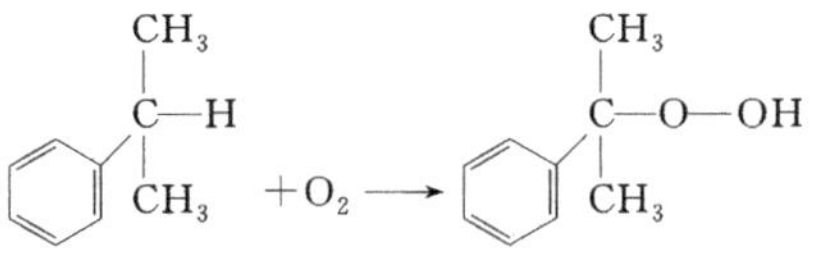

（3-2）

异丙苯与空气的氧化反应过程会同时伴随分解反应，降低苯酚和丙酮收率，增加副产物。CHP 的生成反应和分解反应速率都随 CHP 浓度的提高而上升，因此 CHP 有一最佳浓度值，各家技术有所不同，如 KBR 技术中氧化反应完成后的物料中 CHP 浓度约为 24%（质量分数）。

CHP 对酸敏感，高浓 CHP 遇酸会发生爆炸性分解，生成苯酚和丙酮。此外，高浓度 CHP 遇强碱或部分金属盐也会发生剧烈的爆炸性反应。

副产物 α-甲基苯乙烯（AMS）对氧化速率影响较大，氧化效率随着 AMS 浓度的提高而降低。

第二步，分解反应，反应方程式如式(3-3) 所示。CHP 的分解反应一般采用硫酸作为催化剂，通常采用两级分解工艺，分解生成苯酚和丙酮。分解反应为放热反应，反应热约为－53.5 kcal/mol phenol。

由于氧化反应过程中 CHP 的浓度控制较低，因此在分解反应前需进行提浓，分离未反应的异丙苯。

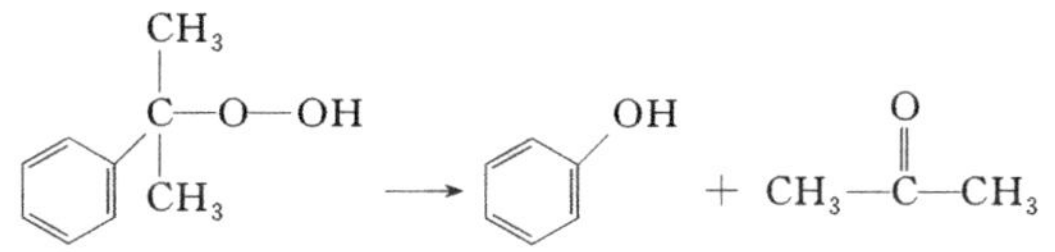

(3-3)

3.1.2 苯酚市场概况

(1) 全球苯酚供需分析

2020 年，全球苯酚总产能增长至 1349 万吨/年，同比增长 5.6%；苯酚产量为 1 082 万吨，同比减少 3.4%。2020 年全球苯酚装置平均开工率为 80%。

全球苯酚产能和产量都主要集中在东北亚、西欧和北美地区，产能占比分别为 46.7%、19.2%和 18.1%，产量占比分别为 48.6%、17.4%和 18.7%。

2020 年受疫情影响，欧美地区苯酚下游需求缩减，其开工亦存在一定程度的下降。东北亚地区因中国疫情控制较好，且有新增装置投产，尽管新增装置产能释放有限，但整个地区开工未有明显下降，整体产量呈增长趋势。欧美地区，一方面受疫情影响，另一方面部分装置检修，导致开工降幅高于东北亚，以致在全球产量中的占比有小幅减少。

全球苯酚主要消费区域为东北亚、西欧和北美地区，2020 年在全球总消费量中的占比分别为 49.9%、18.0%和 17.7%。

东北亚是全球最大的苯酚消费地区，2020 年区域消费量高达 539.5 万吨，占全球消费量的 49.9%；下游双酚 A 及酚醛树脂行业不断发展，推动了东北亚对中东、东南亚乃至其他地区苯酚的进口。

全球范围内苯酚下游消费主要应用于双酚 A 和酚醛树脂等的生产。2020 年双酚 A 和酚醛树脂在全球消费中占比分别为 47.8%和 28.2%，此外苯酚还可用于生产尼龙 KA 油（注：环己醇和环己酮俗称 KA 油，是用于制备尼龙材料的己二酸和己内酰胺的重要中间体）、烷基酚、PPO/邻苯二酚等产品。

(2) 中国苯酚供应分析

2020 年国内苯酚产能达到 346 万吨/年，同比增长 25.82%。2016—2020

年苯酚新增产能共计 93 万吨/年，新投产的装置主要采用异丙法工艺，投产时间主要集中在 2018 年和 2020 年，尤其是 2020 年。2018 年，中海壳牌 22 万吨/年苯酚装置顺利投产，但因不可抗力因素，停车三月。2020 年苯酚新增产能 71 万吨/年，分别是浙江石化 40 万吨/年、利华益维远二期 22 万吨/年及宁波台化 9 万吨/年苯酚装置，其中浙江石化是目前国内单套产能最大的装置。

2016—2020 年国内苯酚供应情况如表 3.1 所示。

表 3.1 2016—2020 年国内苯酚供应情况

年份	产能/(万吨/年)	产量/万吨	开工率/%
2016 年	253.00	167.85	66.34
2017 年	253.00	171.59	67.82
2018 年	275.00	179.96	65.44
2019 年	275.00	241.44	87.80
2020 年	346.00	237.02	68.50

进口方面，2016—2020 年中国苯酚进口量呈增长趋势，2020 年苯酚进口总量为 71.0 万吨，较 2019 年 46.8 万吨同比增长 51.8%。主要是因为 2020 年 4—6 月国内酚酮生产企业集中检修，在国货供应减少的预期下，二三季度苯酚进口量不断创新高；此外，大型新建酚酮装置投产延期，国外疫情影响终端需求，中国作为多国苯酚的理想出口地，多国争相以价格优势介入中国市场。

（3）中国苯酚需求分析

2016—2020 苯酚表观消费量整体呈递增趋势，2019 年增速尤为明显，同比增长 32.3%，主要是因为下游双酚 A 领域新增产能释放，此外其他下游行业稳步发展。2020 年，国内苯酚表观消费量为 306.4 万吨，同比增长 6.6%。

2016—2020 年中国苯酚表观消费量如表 3.2 所示。

表 3.2 2016—2020 年中国苯酚表观消费量

年份	表观消费量/万吨	自给率/%
2016 年	187.12	89.70
2017 年	202.42	84.77
2018 年	217.43	82.77
2019 年	287.56	83.96
2020 年	306.41	77.35

中国苯酚主要下游产品双酚 A 的消费区域集中在华东地区，对苯酚的消费量在 103.6 万吨，区域内双酚 A 生产企业共计 6 家，对苯酚消费量占比高达

76.1%；其次是华北地区，区域内双酚A生产企业仅有2家，对苯酚的消费量为29.5万吨，占比21.7%；华南地区双酚A对苯酚的消费量最少，该区域内仅1家双酚A企业且产能较小。

苯酚下游主要行业为双酚A和酚醛树脂，其中双酚A行业受下游PC行业的拉动，2020年国内企业数由8家增至9家。国内酚醛树脂工厂企业数众多，高达上百家，但产能在万吨以下的占据半成略高，其面临的统一问题是环保，故行业面临逐步整合发展的预期。

酚醛树脂作为苯酚的第二大消费市场，主用应用于电子行业、铸造业、模料模具、木材制品、摩擦材料、耐火材料等领域，特别是近年来工业建筑对轻质高硬、防潮防腐、绝缘耐油、高温防火等方面的要求越来越高，酚醛树脂及其新型复合材料的应用将更加广泛。

2020年中国苯酚需求端行业占比如表3.3所示。

表3.3 2020年中国苯酚需求端行业占比

产品	需求量/万吨	需求量占比/%
双酚A	136.08	44.41
酚醛树脂	125.38	40.92
环己酮	9.22	3.01
壬基酚、烷基酚	11.67	3.81
医药中间体	12.91	4.21
其他	11.15	3.64

3.1.3 丙酮市场概况

（1）全球丙酮供需分析

2020年，全球丙酮产能达865万吨/年，同比增长5.4%；产量约674.7万吨，同比下降7.7%；装置开工率同比下降11个百分点，降至78%。

2020年全球新增丙酮产能主要集中在东北亚，东北亚新增装置主要分布在中国，新增产能44万吨/年，其中浙江石化25万吨/年、利华益维远二期13万吨/年及宁波台化6万吨/年丙酮装置，其他地区暂无丙酮新增产能。

2020年全球丙酮产能延续传统分布格局，主要集中在东北亚、北美、西欧地区，产能占比分别为45.1%、19.2%和18.7%。

全球丙酮消费区域主要集中在东北亚、北美和西欧地区，2020年在全球总消费量中的占比分别为49.4%、19.9%和17.3%。

东北亚地区是丙酮最大的消费地，2020年的消费量达到333.6万吨，占全球消费量的49.4%。尽管该地区也是丙酮产能的主要集中地，但仍然需要部分进口货源补充。另外随着中国、印度需求的不断提升，东北亚对东南亚地区的输出量加大。

北美地区对丙酮的需求呈下降的趋势，2020年消费量约134.5万吨，是全球第二大丙酮消费地区，约占全球总消费量的19.9%。

西欧地区丙酮需求量也有减少，2020年该地区丙酮消费量在117.0万吨，是全球第三大丙酮消费地区。

全球丙酮下游消费用于溶剂、甲基丙烯酸甲酯（MMA）、双酚A、甲基异丁基酮（MIBK）等的生产。其中，直接用于溶剂占丙酮消费总量的36.3%，是丙酮最大的消费领域；其次是生产MMA，占消费总量的25.4%；用于双酚A生产的比例在21.2%；此外，MIBK的需求量也占到消费总量的8.4%。

受下游衍生物发展速度不同的影响，2020年全球丙酮的消费结构发生变化，直接应用于溶剂的量同比提升0.6%，而MMA对丙酮的需求量也有走低，占消费结构的比重同比下降1.0%。双酚A对丙酮的需求增速放缓，占消费结构的比重同比下降0.9%。MIBK对丙酮的需求量也有回落，占消费结构的比重同比下降0.5%。

（2）中国丙酮供应分析

2015—2020年中国丙酮产能呈现递增的趋势，年均增长率在8.1%。产量及表观消费量在2020年均呈现走低的趋势，年均增长率分别为5.3%和7.0%。

2016—2020年丙酮新增产能57万吨/年，新投产的装置全部采用异丙苯工艺。2016年中国丙酮装置155万吨/年，持续两年之后，2018年5月中海壳牌13万吨/年装置投产，丙酮装置达到168万吨/年的水平，2019年酚酮装置暂无增加。2020年随着浙江石化、利华益维远二期、宁波台化三套装置，合计产能44万吨/年的投产，丙酮装置产能达到212万吨/年。

2016—2020年中国丙酮供应情况如表3.4所示。

表3.4　2016—2020年中国丙酮供应情况

年份	产能/(万吨/年)	产量/万吨	开工率/%
2016年	155.00	119.85	77.32
2017年	155.00	111.57	71.98
2018年	168.00	118.12	70.31
2019年	168.00	150.89	89.82
2020年	212.00	147.24	69.45

尽管中国酚酮装置不断扩能，供应量不断增多，但自给率提高的状态下，

丙酮进口量依旧维持高位。2016—2019 年丙酮进口量呈现逐年递增的趋势，2019 年进口量达到近年来高点，而 2020 年略有回落至 70.7 万吨附近，进口依存度依然达到 32.4%。

2020 年丙酮进口总量 70.7 万吨，较 2019 年 77.9 万吨同比下降 9.3%。整体来看，丙酮月均进口量在 5.9 万吨。年度内丙酮进口量高点出现在 9 月，达 7.9 万吨，进口量最低值出现在 12 月，仅 3.9 万吨。2020 年丙酮进口量下降主要原因是泰国、沙特装置在上半年均有检修，运抵中国的货源减少。下半年韩国 LG、日本三菱装置停车，欧美部分装置因不可抗力导致供应紧张，东北亚货源去欧美套利，因此导致中国进口量呈现下降的趋势。

（3）中国丙酮需求分析

2020 年，中国丙酮表观消费量在 217.6 万吨，同比下降 4.7%。需求高点出现在二季度，主要因为二季度国外疫情集中爆发，丙酮下游异丙醇可以直接用作消毒液，出口量大增，因此对于原料丙酮的需求量也顺势增多。需求最低的时间段在一季度，此时下游行业开工负荷偏低，加之物流运输受限，对丙酮的需求量甚少，导致 2020 年表观消费量呈现下降的趋势。

2016—2020 年中国丙酮表观消费量如表 3.5 所示。

表 3.5　2016—2020 年中国丙酮表观消费量

年份	表观消费量/万吨	自给率/%
2016 年	166.58	71.95
2017 年	158.78	70.27
2018 年	185.52	63.67
2019 年	228.60	66.01
2020 年	217.92	67.57

丙酮下游行业为直接用在溶剂、BPA、MMA、异丙醇、异丙胺、MIBK、医药中间体等，其中 BPA、异丙醇、MMA 等行业均有新增装置，2020 年中国丙酮下游领域企业数量逐渐增加。

2020 年浙江石化 9 万吨/年的丙酮氰醇法 MMA 装置于 7 月投车试料，24 万吨/年 BPA 装置投产试车，MMA 和 BPA 生产企业数进一步提升。

2020 年中国丙酮需求端行业占比如表 3.6 所示。

表 3.6　2020 年中国丙酮需求端行业占比

产品	需求量/万吨	占比/%
其他溶剂用	76.19	34

续表

产品	需求量/万吨	占比/%
MMA/丙酮氰醇	35.59	18
异丙醇	31.80	15
BPA	41.26	19
MIBK	7.76	4
制药	11.32	5
异丙胺	10	5
合计	217.92	100

3.2 双酚A原料分析

不论是界面缩聚法还是熔融缩聚法，双酚A（bisphenol A，简称BPA）都是合成聚碳酸酯的最主要原料，每生产单位质量聚碳酸酯就需消耗近0.9的双酚A单体。

3.2.1 合成工艺

双酚A是由两分子苯酚、一分子丙酮缩合而成。反应采用酸性催化剂，工业上获得应用的催化剂主要有硫酸、氯化氢和阳离子交换树脂，这些不同类型的催化剂在工业上的应用也构成了双酚A合成技术发展的不同阶段，见图3.1。依据不同催化剂体系，双酚A的合成技术可分为硫酸法、氯化氢法和离子交换树脂法。

（1）硫酸法

传统双酚A的生产方法采用硫酸为催化剂。但硫酸法选择性差，生成的杂质有40多种且很难分离，导致双酚A质量较差。同时，硫酸消耗量大，形成大量的废酸和含酸、含酚废水，环境污染严重。因此，硫酸法工艺路线已被淘汰。

（2）氯化氢法

美国最早利用氯化氢作催化剂生产双酚A。用过量苯酚及丙酮按摩尔比（4～10）：1与氯化氢在60～65℃和常压下反应数小时，产物蒸去苯酚，在真空条件下进一步分离副产物，在130～360 Pa下蒸馏出双酚A，经重结晶精制后得到高品质双酚A，以丙酮计转化率可达95%以上。目前仍有部分双酚A生产装置采用此工艺路线。

(3) 离子交换树脂法

离子交换树脂法最早由美国联碳公司于 20 世纪 60 年代初实现工业化。该工艺以强酸性阳离子交换树脂为催化剂，在 75 ℃左右使苯酚和丙酮反应生成双酚 A，反应混合物经结晶、离心分离、薄膜蒸发脱酚等工序实现双酚 A 的分离与精制，同时对催化反应过程中形成的杂质、异构体经高温催化裂解生成轻组分加以回收利用。反应方程式如式(3-4) 所示。

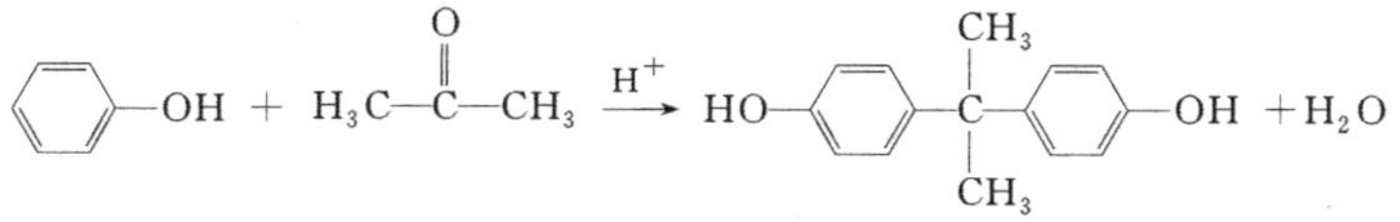

(3-4)

采用阳离子交换树脂为催化剂，避免了使用强腐蚀性的酸类，无需耐腐蚀设备和特殊材质。过程中副反应少、选择性高，简化了产品精制过程，减少了操作费用。由于使用固体催化剂，反应产物与催化剂分离简单，简化了催化剂回收系统。工艺产生的废水、废渣较少，仅分别为氯化氢法的 40％和 80％。该法生产的产品质量高、色泽好。离子交换树脂法的不足在于催化剂一次装填量较大，费用较高，丙酮的单程转化率低，需增加丙酮回收系统，对原料苯酚要求高。

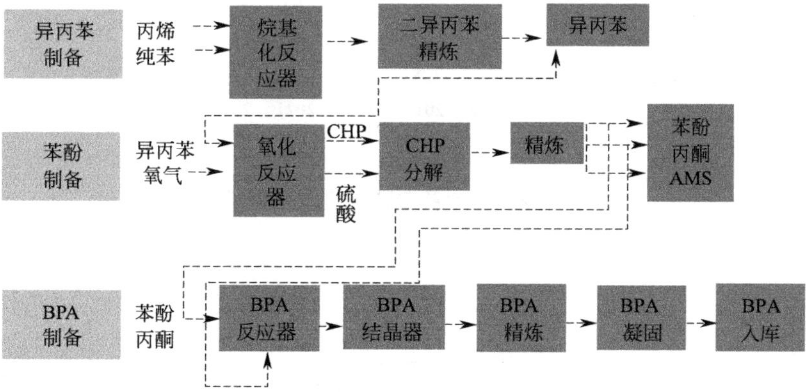

图 3.1 苯酚、丙酮及双酚 A 生产工艺流程

3.2.2 全球市场概况

从消费端分析，2018 年全球双酚 A 总消费量为 654 万吨，同比增长 4.5％；而 2019 年分别为 659 万吨及 0.8％。到 2020 年末全球双酚 A 消费量约为 616 万吨，同比下降 6.5％；国际间贸易流通量 94.8 万吨，同比下降 5.3％。

从应用端分析，应用于聚碳酸酯合成方面过去五年的年均增长率为 5.3%，2019 年达到了 395 万吨，占双酚 A 总消费量的 67%；应用于环氧树脂合成方面过去五年的年均增长率为 2.0%，2019 年达到了 195 万吨，占双酚 A 总消费量的 30%；应用于阻燃剂等其他用途方面过去五年的年均增长率为 1.7%，2019 年达到了 21 万吨。2020 年受疫情影响，全球汽车销量和建筑业投资均呈不同幅度的下降，双酚 A 下游聚碳酸酯和环氧树脂市场需求受此影响也呈下降趋势，虽然国内风电补贴政策影响，特别是在四季度行业增速大幅增长，带来环氧树脂需求爆发性增长，但全球总的双酚 A 消费量还是有所下降。预计 2021 年疫情影响逐渐消除之后将维持 3%～5%的增长率。

全球双酚 A 消费量、开工率及消费结构如图 3.2～图 3.4 所示。

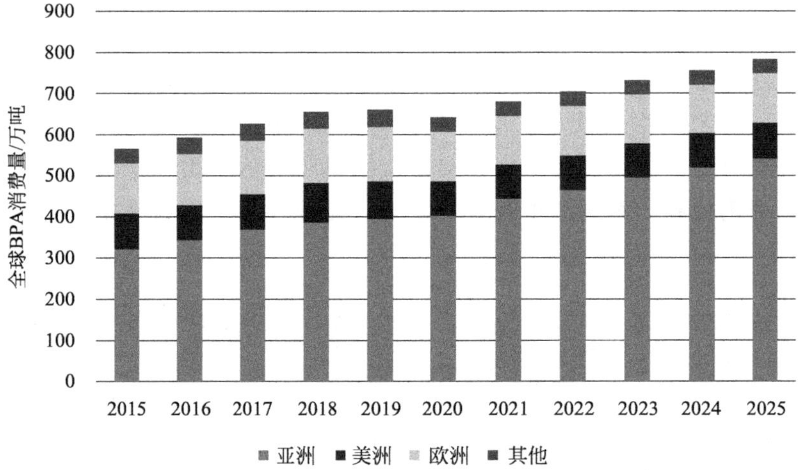

图 3.2 全球各地区双酚 A 消费量

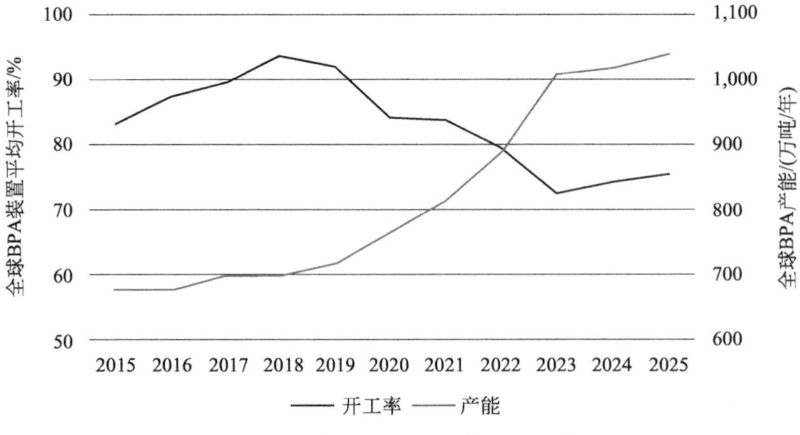

图 3.3 全球双酚 A 产能及开工率

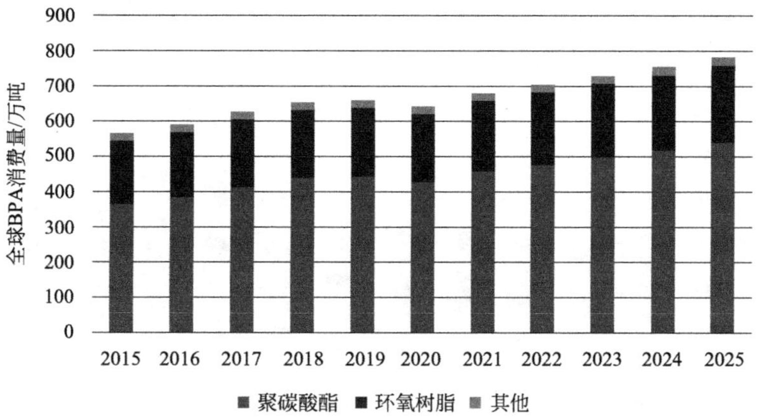

图 3.4 全球双酚 A 消费结构

对照数据，全球双酚 A 消费增长的动力主要来自以中国为代表的亚洲各国经济成长的牵引，特别是面向汽车、电子电气方面的需求增加。过去五年亚洲地区的双酚 A 年均增速达到了 5.9%，远高于欧洲的 1.9%和美国的 0.8%。2019 年亚洲地区的双酚 A 消费量达到 395 万吨，比上年增加了 2.2%，占全球双酚 A 总消费量的近 60%。受新增聚碳酸酯产能影响，这一比例在未来还将进一步升高。预计 2022 年前，亚洲地区还将维持 7.8%的消费增速，达到 464 万吨。美洲、欧洲地区则由于受中国聚碳酸酯产能释放影响，预计将维持零增长，甚至不排除负增长。

亚洲地区的双酚 A 消费量和消费结构如图 3.5、图 3.6 所示，其增长主要受益于中国聚碳酸酯增产的影响。2020 年中国双酚 A 消费领域仍主要集中在环氧树脂及 PC 两大行业。近年来 PC 行业大幅扩能，对双酚 A 需求量提升明显。2020 年中国 PC 行业发展举步维艰，虽然部分 PC 企业因成本压力较大开工不足，但作为世界最大的聚碳酸酯消费市场，中国 PC 产能继续扩张，对双酚 A 的需求维持增长态势。2020 年 PC 对双酚 A 的消耗量最大，约占总消费比重的 49%。而另一下游环氧树脂，2020 年受到终端风电产业“赶装潮”的刺激，液体环氧树脂产量大幅提升，行业盈利状况保持良好态势，也进一步助推双酚 A 需求的提升。2020 年环氧树脂对双酚 A 的消费占比约在 47%。四溴双酚 A 等行业对双酚 A 的消费占比约在 5%左右。中国整体的双酚 A 需求已达 213 万吨以上，比上年增长了 9.8%。从图 3.7 中可以更加清晰地看到，中国大陆地区用于制造聚碳酸酯的双酚 A 占总双酚 A 消耗的比例，从 2015 年的约 35%迅速提升至 2019 年的约 58%，2020 年受疫情、原料双酚 A 成本压力及风电“赶装潮”的影响，消耗比例略有下降，但预计到 2025 年国内消耗的双酚

A 中将有超过 70%的比例用于制造聚碳酸酯。

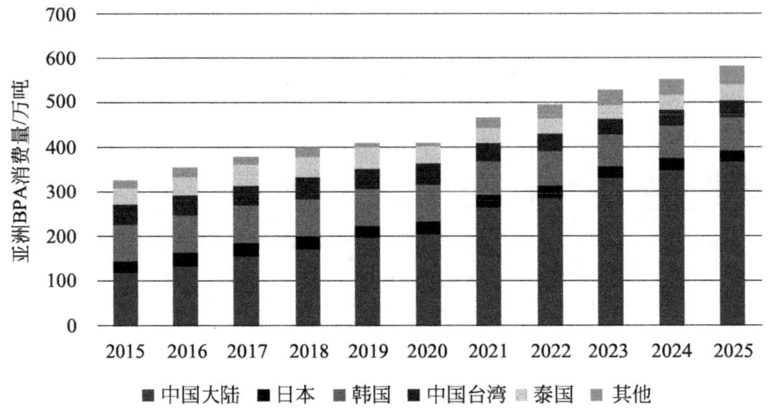

图 3.5 亚洲各地区双酚 A 消费量

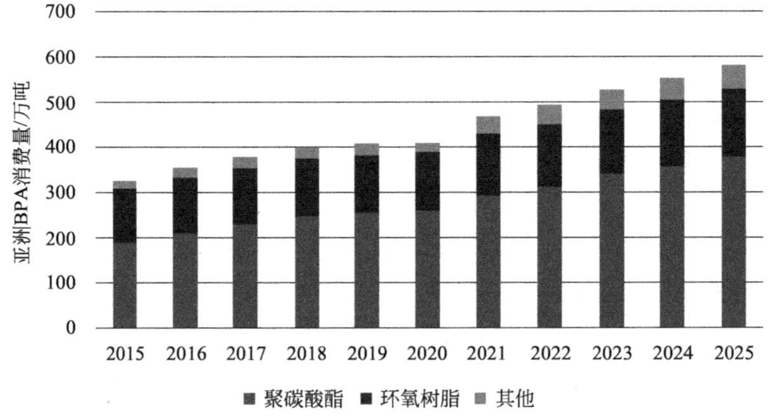

图 3.6 亚洲双酚 A 消费结构

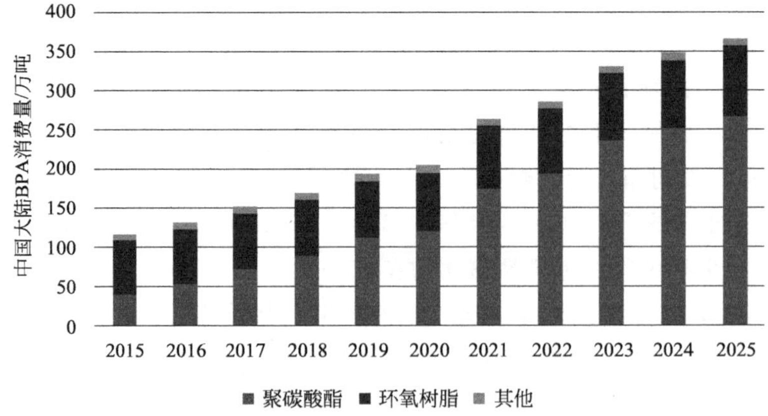

图 3.7 中国大陆双酚 A 消费结构

从供给端分析，如表3.7所示，目前全球总的双酚A产能达到766.5万吨/年，较2019年增长4%。尤其是亚洲双酚A产能增速较快，截止到2020年底，亚洲双酚A产能提升至513.5万吨/年。近几年产能增长主要来自于中国双酚A新增产能的释放以及韩国部分双酚A装置的扩产。从全球范围来看，产能主要分布在亚太地区，占比达到将近70%，近几年来，全球双酚A产能的增加主要也是来自亚太地区。从2018年至2020年末全球的双酚A投/扩产主要集中在中国大陆地区，近两年国内新增产能约40万吨/年。

表3.7 全球双酚A产能一览表

地区	国家和地区	公司	产能/(万吨/年)
美洲	美国	SABIC	42
		Covestro	24
		Hexion	14
		Dow	11
		Sunoco	11
欧洲	德国	Covestro	30
		Dow	15
	比利时	Covestro	21
	西班牙	SABIC	21
	荷兰	SABIC	34
		Hexion	16
	其他	其他	14
亚洲	中国	中石化三井	12
		南通星辰	15
		中石化三菱	18
		Covestro	50
		长春化工	40.5
		南亚塑胶	15
		利华益维远	24
		浙江石化	24
		惠州忠信	4
	日本	三井化学	7
		三菱化学	22
		新日铁化学	10
		出光兴产	8

续表

地区	国家和地区	公司	产能/(万吨/年)
亚洲	韩国	锦湖	43
		LG 化学	45
		三养	15
	泰国	Covestro	28
		PTT	15
	中国台湾	南亚塑胶	43
		信昌化工	8
		长春化工	27
	新加坡	三井化学	16
	沙特	Saudi Kayan	24
合计	—	—	766.5

3.2.3 国内市场概况

2016—2020 年中国双酚 A 产能年均增速在 9.76%。2016—2018 年新增产能有限，2019 年产能增长相对集中，主要来自长春化工（江苏）三期装置、利华益维远二期装置以及科思创（上海）扩产，新增产能共计 42.5 万吨/年。截至 2020 年，中国双酚 A 总产能 178.5 万吨/年，新增产能主要来自科思创（上海）扩产 5 万吨/年。浙江石化 24 万吨/年双酚 A 装置于 2020 年四季度投产，年内装置运行尚不稳定，其产能不计入 2020 年中国双酚 A 总产能中。

国内双酚 A 产能及配套情况见表 3.8。从表中可以看出，目前国内双酚 A 生产企业发展较为成熟，装置一体化程度相对较高。当下上下游均有配套的双酚 A 产能占比达到 57%。未来双酚 A 行业一体化趋势将更加明显，新增产能多以配套为主。

表 3.8 国内双酚 A 产能及配套一览表

区域	企业	产能/(万吨/年)	地址	企业性质	装置一体化配套情况
华东	上海中石化三井化工有限公司	12	漕泾	合资	上游 40 万吨/年酚酮装置
	科思创聚合物(中国)有限公司	50	漕泾	外资	下游 45 万吨/年聚碳酸酯装置
	南通星辰合成材料有限公司	15	南通	国企	下游 16 万吨/年环氧树脂装置

续表

区域	企业	产能/(万吨/年)	地址	企业性质	装置一体化配套情况
华东	长春化工(江苏)有限公司	40.5	常熟	外资	上游48万吨/年酚酮装置,下游常熟10万吨/年环氧树脂装置以及盘锦5万吨/年环氧树脂装置
	南亚塑胶工业(宁波)有限公司	15	宁波	外资	上游台化兴业(宁波)48万吨/年酚酮装置,下游南亚电子材料(昆山)24.8万吨/年环氧树脂装置
	山东利华益维远化学有限公司	24	东营	民营	上游35万吨/年酚酮装置,下游13万吨/年聚碳酸酯装置
华北	中石化三菱化学聚碳酸酯(北京)有限公司	18	燕山	合资	上游燕山石化26万吨/年酚酮装置,下游6万吨/年聚碳酸酯装置
华南	惠州忠信化工有限公司	4	惠州	外资	上游30万吨/年酚酮,下游番禺和江苏环氧树脂装置
合计	178.5				

根据海关数据统计，如表3.9所示，2020年中国双酚A进口量最大的国家和地区为韩国，占总进口量的35%。2020年受疫情影响，以及韩国当地计划及意外停车双酚A装置较多，对中国出口量同比下降12.4%。中国台湾位居第二名，进口量同比增加14.4%。泰国、新加坡排名第三、四位，进口量同比均有所下降。2020年远洋地区双酚A进口量出现大幅增长，荷兰进口量通同比增加996.4%，主要生产企业为瀚森，双酚A生产能力18万吨/年。

表3.9　2020年中国双酚A进口统计（产销国和地区）

产销国和地区	进口量/吨	进口量同比/%
韩国	207257.25	−12.42
中国台湾	118663.40	14.44
泰国	117527.50	−7.77
新加坡	100305.00	−5.20
日本	33983.15	49.21
荷兰	12370.00	966.38
巴西	2110.00	194.08
沙特阿拉伯	1536.74	−74.22
国(地)别不详	510.01	−61.36
美国	468.64	−30.15

根据海关数据统计，如表 3.10 所示，2020 年一般贸易双酚 A 进口量最多，同比增加 3.5%，占总进口量的 56%。进料加工贸易排名第二，占总进口量的 34.3%，同比减少 0.2%。海关特殊监管区域物流货物占比 10.3%，同比减少 43.2%。

表 3.10　2020 年中国双酚 A 进口统计（贸易方式）

贸易方式	进口量/吨	进口量同比/%
一般贸易	332834.54	3.51
进料加工贸易	207289.99	−0.24
海关特殊监管区域物流货物	35538.00	−43.18
保税监管场所进出境货物	18499.00	40.72
来料加工贸易	570.00	−51.28

据统计，2021—2025 年中国双酚 A 拟在建项目产能合计 414 万吨/年，见表 3.11。2021—2023 年新增项目目前多处于建设阶段，有部分新增产能处于规划阶段，具体投产时间暂不详。除表 3.11 中显示的企业外，建滔集团、中海油壳牌等企业也有双酚 A 新增项目规划。

表 3.11　2021—2025 年国内双酚 A 拟在建产能一览表

企业名称	地址	产能/(万吨/年)	在建成计划投产时间
浙江石化(一期)	浙江舟山	24	2021 年 1 月
中沙(天津)	天津市	24	2021 下半年
海南华盛(一期)	海南东方	24	2021 下半年
科思创(上海)	上海市	5	2021 年
2021 年合计		77	
南亚塑胶工业	浙江宁波	17	2022 年
江苏瑞恒新材料	连云港徐圩	48	2022 年
平煤神马	河南平顶山	13	2022 年
浙江石化(二期)	浙江舟山	24	2022 年
海湾化学	青岛董家口	24	2022 年
鲁西化工	山东聊城	24	2022 年
科思创(上海)	上海市	5	2022 年
华谊新材料	广西钦州	20	2023 年
万华化学	山东烟台	48	2023 年
海南华盛(二期)	海南东方	24	时间不详

续表

企业名称	地址	产能/(万吨/年)	在建或计划投产时间
长春集团	福建古雷	30	时间不详
三木集团	山东滨州	30	时间不详
龙江化工	黑龙江大庆	21	时间不详
营口佳孚	辽宁营口	13	时间不详
沧州大化	沧州临港	20	时间不详
合计	414		

2016—2020 年中国环氧树脂行业产能先降后增，整体呈现下降趋势，年产能由 2016 年的 225 万吨/年减少到 2020 年的 221 万吨/年，年均增速-0.45%，主要是在过去五年部分中小企业退出行业，但部分工厂产能有扩张计划，行业整体供应能力趋于集中。2020 年中国环氧树脂总产能较去年增长，主要因为开元化工 4 万吨/年树脂装置重新开车稳定供应市场，山东三岳化工 5 万吨/年环氧树脂于四季度试车。

2020 年中国环氧树脂新产能投放较少，而下游风电需求大旺，导致市场现货供不应求。未来几年国内环氧树脂新增产能详见表 3.12。

表 3.12　国内环氧树脂新增产能一览表

企业	地址	计划新增产能/(万吨/年)	计划投产时间
巴陵石化	湖南	3	2021 年
珠海宏昌	广东	3.8	2021 年
山东德源	山东	2～3	2021 年
长春盘锦	辽宁	5	2021 年
上海元邦	浙江	5	2021 年
河北林源	河北	1	2021 年
三木集团	山东/广东/陕西	15	2021—2022 年
南通星辰	江苏	4	2021 年
江苏扬农(瑞恒)	江苏	18	2021 年
张家港衡业	江苏	4	2021 年
浙江豪邦	浙江	20	2021 年部分投产
大连齐化	辽宁	1.5	2021 年
上海元邦	浙江	5	2021 年
福清科麟	福建	30	2021—2022 年
黄山恒泰	安徽	10	2021—2022 年
建滔集团	广东/湖南	10	2021—2022 年
合计	137.3		

未来五年内，下游聚碳酸酯及环氧树脂需求仍保持增长趋势，中国双酚 A 行业发展将迎来新的周期，国内供应能力预期大幅提升。除此之外，伴随大型炼化一体化企业的加入，中国双酚 A 行业一体化的趋势将愈加明显。

3.3 碳酸二甲酯原料分析

在聚碳酸酯合成工艺章节中介绍了熔融酯交换缩聚工艺是采用碳酸二苯酯（DPC）和双酚 A 在催化剂存在下，于高温和高真空条件下经酯交换和缩聚反应得到聚碳酸酯。实际的生产过程中，采用苯酚与碳酸二甲酯（dimethyl carbonate，简称 DMC）通过酯交换反应合成 DPC 的装置 DPC 合成装置通常与 PC 装置配套建设，从而实现原料苯酚的循环利用。由于 DPC 的下游应用几乎全部用于合成聚碳酸酯，因此商品化的 DPC 产品非常少。

DPC 的合成工艺路线如 2.2 节所述，目前主要采用苯酚与 DMC 通过酯交换反应制备。DMC 是一种商品化的、具有广泛应用的原料，并且目前国内新建 PC 装置中，有多套装置采用外购 DMC 路线，因此有必要对 DMC 的整体情况做一个系统介绍。

3.3.1 合成工艺

碳酸二甲酯的合成工艺主要有光气甲醇法、甲醇氧化羰基化法、酯交换法、尿素醇解法、甲醇与二氧化碳直接合成法等。

（1）光气甲醇法

光气甲醇法是 DMC 最早的合成方法，采用光气和甲醇为原料反应生成 DMC 和 HCl。反应方程式如式(3-5)、式(3-6）所示。

$$COCl_2 + CH_3OH \longrightarrow ClCOOCH_3 + HCl \tag{3-5}$$

$$ClCOOCH_3 + CH_3OH \longrightarrow (CH_3O)_2CO + HCl \tag{3-6}$$

光气甲醇法工艺复杂，操作周期长，副产盐酸具有腐蚀性，环境污染严重，已逐步淘汰。

（2）甲醇氧化羰基化法

甲醇氧化羰基化法主要采用甲醇、一氧化碳、氧气等为原料直接氧化羰基化合成 DMC，根据实际工艺过程的不同又可细分为液相淤浆法、气相间接法和气相直接法三种工艺路线。

① 液相淤浆法　液相淤浆法以氯化亚铜（CuCl）为催化剂，在 100～

130℃、2～3 MPa 压力下，通过多级串联的淤浆反应器反应合成。反应过程通常分两步进行：第一步为氧化反应，氯化亚铜被氧化为甲氧基氯化铜，如式(3-7) 所示，反应活性和选择性都较高；第二步为还原反应，甲氧基氯化铜与一氧化碳反应生成 DMC 和氯化亚铜，如式(3-8) 所示，还原反应较难进行，需在较高的一氧化碳分压下反应。通常反应过程中甲醇和一氧化碳都需过量，而氧气的浓度必须严格控制，以防止爆炸风险。

$$2CH_3OH+1/2O_2+2CuCl \longrightarrow 2Cu(OCH_3)Cl+H_2O \tag{3-7}$$

$$2Cu(OCH_3)Cl+CO \longrightarrow (CH_3O)_2CO+2CuCl \tag{3-8}$$

此工艺路线的产品收率高，但甲醇的单程转化率只有 30%左右，游离氯也会影响催化剂的质量和寿命，且腐蚀设备，产物中水的存在使催化剂的寿命和选择性降低，副产二氧化碳较多，容易导致 DMC 分解。

近年来，有通过对氯化亚铜进行螯合制备催化剂应用于该工艺路线以解决催化剂使用寿命短及设备易腐蚀等问题的技术。目前该技术已经工业化，但尚未大规模应用。该技术的使用可以有效提高液相淤浆法装置的连续化运行水平并明显降低设备投资。

② 气相间接法　又称为亚硝酸酯法，其制备 DMC 的显著特点是采用了两个气相反应分步进行。第一步以甲醇、氧气、一氧化氮为原料反应生成亚硝酸甲酯和水，如式(3-9) 所示，反应较易进行且放出大量热量。第二步中亚硝酸甲酯再与一氧化碳在催化剂作用下发生羰基化反应生成 DMC 并放出一氧化氮气体，如式(3-10) 所示。

$$2NO+2CH_3OH+1/2O_2 \longrightarrow 2CH_3ONO+H_2O \tag{3-9}$$

$$2CH_3ONO+CO \longrightarrow CO(OCH_3)_2+2NO \tag{3-10}$$

此工艺路线避免了“甲醇-水-DMC”之间形成共沸物而难以分离。另外水和催化剂不直接接触，避免了水对催化剂性能的影响，保持了催化剂的活性。但第一步反应极快，且放出大量反应热，必须及时移走热量，并将反应气体组成控制在爆炸极限之外。

③ 气相直接法　与液相淤浆法的反应原理基本相同，以甲醇、一氧化碳、氧气为原料，在固定催化剂的固定床反应器中进行，如式(3-11) 所示。

$$2CH_3OH+1/2O_2+CO \longrightarrow CH_3O(CO)OCH_3+H_2O \tag{3-11}$$

此工艺路线由于是气固两相反应，既避免了液相淤浆法中催化剂分离的问题，又避免了气相间接法中有毒气体一氧化氮的使用，近年来对气相法的研究较多。

(3) 酯交换法

酯交换法是由碳酸乙烯酯或碳酸丙烯酯（EC/PC）与甲醇进行酯交换反应

合成 DMC 并副产乙二醇或 1，2-丙二醇（EG/PG）。此工艺路线反应条件温和，产品收率高，但原料不易得到，因此在实际生产过程中通常从环氧乙烷（EO）或环氧丙烷（PO）开始合成。

第一步为羰基化反应，采用 EO/PO 与二氧化碳在高温高压和催化剂作用下进行羰基化反应生成碳酸乙烯酯或碳酸丙烯酯，如式(3-12）所示。

第二步为酯交换反应，碳酸乙烯酯或碳酸丙烯酯在催化剂作用下进行酯交换反应生成 DMC，并副产乙二醇或 1，2-丙二醇，如式(3-13）所示。由于此反应为可逆放热反应，需在反应过程中不断脱除反应产物使反应平衡向产物方向移动，提高转化率，一般采用反应精馏工艺。

$$EO/PO + CO_2 \longrightarrow EC/PC \tag{3-12}$$

$$EC/PC + CH_3OH \rightleftharpoons DMC + EG/PG \tag{3-13}$$

（4）尿素醇解法

尿素醇解法是利用尿素和甲醇在催化剂作用下进行醇解反应合成 DMC，主要有直接醇解法和间接醇解法两种工艺。

① 尿素直接醇解法　尿素直接醇解合成 DMC 是在高压和催化剂作用下，甲醇和尿素液相一步合成 DMC，尿素直接醇解是一个微吸热反应，热力学上是不利的。DMC 合成过程无水生成，避免了“甲醇-水-DMC”共沸物的形成，使后续分离提纯简化。

② 尿素间接醇解法　反应过程分两步进行：第一步中丙二醇与尿素反应合成碳酸丙烯酯，放出氨气，如式(3-14）所示；第二步中碳酸丙烯酯与甲醇反应生成 DMC 和丙二醇，如式(3-15）所示，丙二醇循环使用。

$$CO(NH_2)_2 + C_3H_8O_2 \longrightarrow PC + 2NH_3 \tag{3-14}$$

$$PC + 2CH_3OH \longrightarrow DMC + C_3H_8O_2 \tag{3-15}$$

此工艺路线的原料价廉易得，整个工艺过程几乎不对外排放物质，是符合现代化工发展方向的清洁生产工艺。反应中无水生成，避免了上述多种工艺路线中“甲醇-水-DMC”共沸体系的分离问题，节省投资，经济性好。

（5）甲醇与二氧化碳直接合成

甲醇与二氧化碳在催化剂作用下直接反应生成 DMC，如式(3-16）所示。

$$CO_2 + 2CH_3OH \rightarrow (CH_3O)_2CO + H_2O \tag{3-16}$$

此工艺路线的生产工艺简单，成本低，主要副产物是水，几乎可以实现零排放，对环境危害极小，但该工艺路线目前尚未实现大规模工业化生产。

3.3.2 市场概况

（1）主要应用

① 溶剂 DMC 作为优良溶剂广泛应用于涂料等领域，因其环保低毒的特性，主要用于新型水性涂料的调配。但由于多数溶剂特性相近，在市场价格与其他类溶剂相差较大时，会出现相互替换的情况，主要变动因素是溶剂之间的价差。例如在涂料配方中，碳酸二甲酯价格往往与醋酸乙酯、甲苯、二甲苯等溶剂价格进行比较，相互替代。随着国家对环保要求的逐渐提高，加上国内消费市场的逐步升级，市场对环保型溶剂的需求也将增加 DMC 的用量。

② 碳酸二苯酯原料 目前熔融酯交换缩聚工艺合成聚碳酸酯的主要路线就是采用 DMC 合成 DPC 后再用 DPC 与双酚 A 合成聚碳酸酯。随着国内多套采用此工艺路线的聚碳酸酯装置的投产，对原料 DMC 的需求也将出现显著增长。

③ 显影液 用于生产四甲基醇胺（TMAH)。TMAH 是 P 型光阻显影液，在大规模高级集成电路光刻工艺中用作光致抗蚀剂显影液。

④ 电池电解液 随着国家对新能源汽车发展的扶持，国内对电池的需求快速增长。而电池电解液主要由碳酸丙烯酯、碳酸乙烯酯、碳酸二甲酯、碳酸甲乙酯等有机溶剂构成。该行业对碳酸二甲酯的需求近几年增长很快。

⑤ 医药及日化品用途 碳酸二甲酯可用于生产环丙沙星等原料药，也可用于牙膏、沐浴乳等日化品，但该领域需要生产企业通过严格认证才可进入，存在一定门槛，相对应用比例也不大。

⑥ 调油用途 DMC 可用于调油，提高汽油的辛烷值，替代甲基叔丁基醚(MTBE)，但由于多数炼厂均有 MTBE 装置作为配套，该行业虽市场巨大，但发展限制也非常大。

（2）国内生产现状

目前国内现有的 DMC 装置几乎全部采用酯交换工艺，总产能在 70 万吨/年左右，其中近 54%的产能集中在山东地区。DMC 的生产企业中以民营资本为主，约占 65%的产能份额。

2019 年国内 DMC 装置开工率较高，平均开工率在 80%左右，相比 2018 年基本持平。2018 年，随着 DMC 下游特别是聚碳酸酯应用的快速增长，价格维持较高水平，利润可观。2019 年随着中盐红四方投产，对市场有明显冲击，价格下行，利润缩减 65%左右。2020 年 8 月，中科惠安投产。2020 年四季度，浙江石化 20 万吨/年 DMC 装置投产。随着多套未配套 DMC 的聚碳酸酯装置相继投产，预计国内 DMC 装置的开工率将随聚碳酸酯装置开工率变化，详见

表 3.13。

表 3.13　国内 DMC 产能情况

地区	企业名称	企业性质	生产工艺	产能/(万吨/年)	装置数量
山东	石大胜华	民营	酯交换法	10	4
	海科新源	合资	酯交换法	8	2
	维尔斯	民营	酯交换法	5.5	2
	德普化工	民营	酯交换法	5	2
	顺新新材料	民营	酯交换法	4	1
	兖矿国宏	国企	酯交换法	5	1
华东其他地区	浙石化	民企	酯交换法	20	1
	铜陵金泰	国企	酯交换法	9	2
	浙铁大风	国企	酯交换法	4	1
	中盐红四方	国企	甲醇气相氧化羰基化法	5	1
	扬州奥克	民营	酯交换法	2	1
陕西	云化绿能	民营	酯交换法	5	2
山西	中科惠安	民营	尿素醇解法	5	1
重庆	重庆万盛	民营	甲醇液相氧化羰基化法	6	1
产能合计	93.5				

（3）未来发展趋势

DMC 目前在调油行业上开拓较慢，而在溶剂上的应用则受价格限制，一旦价格过高，替代品较多，市场空间有限，导致目前市场整体不太景气，生产厂家受装置本身及市场因素影响，开工率不高。

此外，国内 DMC 合成工艺以环氧丙烷路线的酯交换法为主，受副产 1，2-丙二醇市场空间影响，该技术的发展也受到一定制约。

未来 DMC 的主要增长市场是用于 DPC 的合成，在熔融酯交换缩聚法聚碳酸酯工艺中每合成 1 吨聚碳酸酯大约需要消耗 0.37 吨 DMC，目前在建的聚碳酸酯装置中约有 104 万吨产能（浙江石化、中沙天津、海南华盛）采用此工艺路线，意味着将增加约 38 万吨的 DMC 需求，这几乎将增加 DMC 市场消费量六成。当然，也必须注意到绝大部分采用熔融酯交换缩聚工艺的聚碳酸酯生产企业也都配套了 DMC 装置。另外，立项和正在可研的吉林星云、中海壳牌等聚碳酸酯项目仍有加入的可能性。

目前在建的 DMC 产能达到 40 万吨/年，其中 10 万吨/年装置配套有下游 DPC 和 PC 装置，详见表 3.14。

表 3.14　国内 DMC 在建和规划产能

企业名称	企业性质	生产工艺	产能/(万吨/年)	进展
扬州奥克	民企	酯交换法	20	2022 年投产
中盐红四方	国企	甲醇氧化羰基化法	5	2021 年投产
石大胜华	国企	酯交换法	5	2021 年投产
中沙(天津)	中外合资	甲醇氧化羰基化法	10	2021 年投产

3.4 碳酸二苯酯原料分析

如 3.2 节所述，碳酸二苯酯（diphenyl carbonate，简称 DPC）可与双酚 A（BPA）在催化剂存在下，于高温和高真空条件下得到聚碳酸酯。国内 DPC 的下游应用几乎全部用于合成聚碳酸酯，仅有少量用于其他用途的商品化 DPC 产品。

目前国内配套 PC 装置的 DPC 产能和在建的 DPC 装置主要采用酯交换工艺，由苯酚与碳酸二甲酯反应制备 DPC。

3.4.1 合成工艺

碳酸二苯酯的合成工艺主要有光气法、酯交换法、草酸酯脱羰法等。

（1）光气法

合成 DPC 最初采用苯酚与光气反应。在催化作用下，苯酚和光气合成 DPC，反应方程式如下：

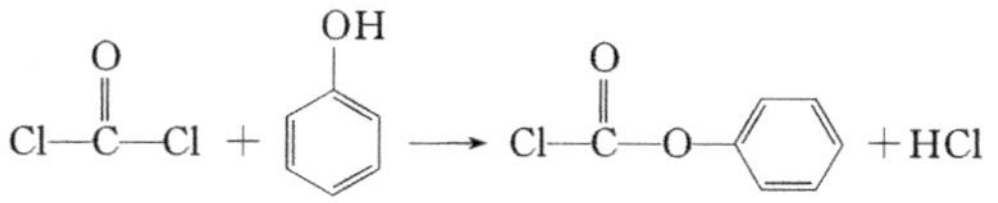

(3-17)

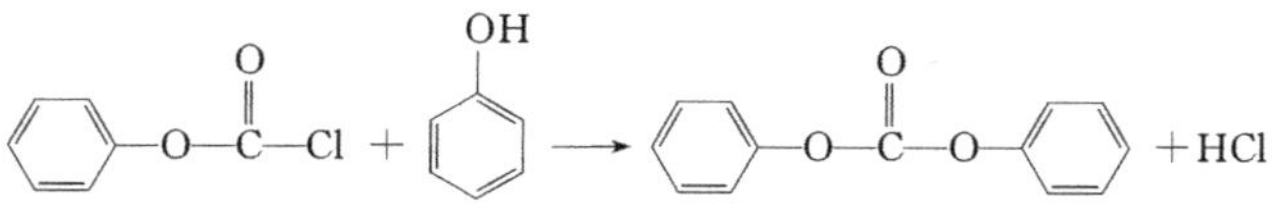

(3-18)

也有生产工艺先将苯酚与氢氧化钠反应生成苯酚钠，苯酚钠再与光气反应生成碳酸二苯酯。

通过光气法生产的反应产物通常需要精馏或重结晶提纯，DPC 纯度高。产品中除 DPC 外，还有少量苯酚、有机氯化物、无机氯化物等杂质。

光气法工艺流程复杂，而且光气和产生的盐酸严重腐蚀设备管道并产生大量废水，环保处理量大。

(2) 酯交换法

酯交换法合成DPC通常采用碳酸二甲酯（DMC）与苯酚在催化剂作用下通过减压精馏的方式进行反应，反应分为两步进行：第一步，苯酚与DMC反应转化为甲基苯基碳酸酯（MPC），如式(3-19)；第二步，MPC再与苯酚反应得到DPC，如式(3-20)，或MPC歧化反应得到DPC和等摩尔的DMC，如式(3-21)。

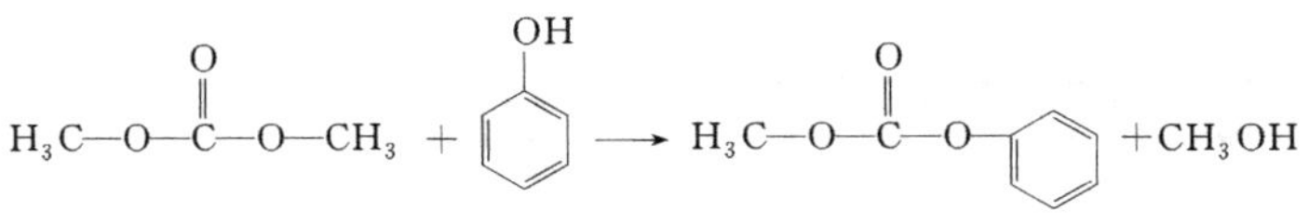

MPC合成 (3-19)

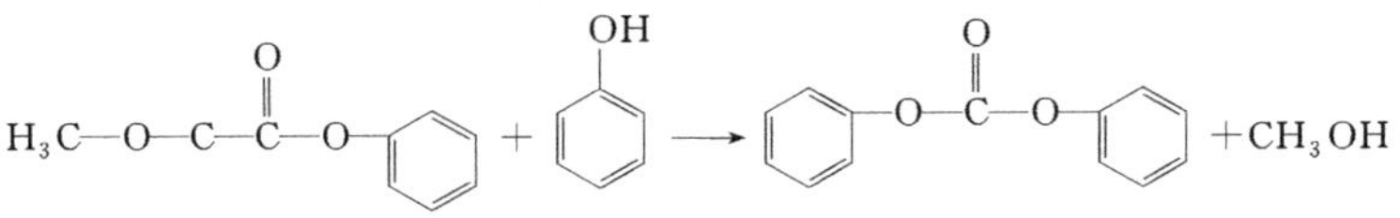

DPC合成 (3-20)

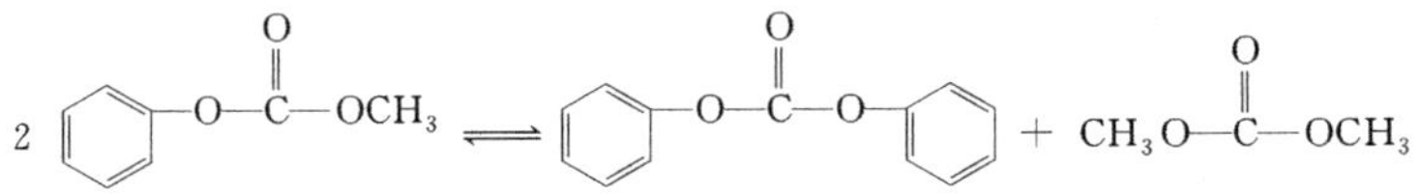

歧化反应 (3-21)

酯交换法工艺流程短，易于操作且没有含酚废水及废气产生，更加安全与环保，但由于使用均相催化剂，催化剂与产品不易分离。

目前也有规划中的装置将采用新的酯交换法工艺生产DPC，新的工艺流程与传统的酯交换法类似，但其采用碳酸二乙酯（DEC）与苯酚通过非均相催化剂体系催化反应，产物为DPC与乙醇，乙醇可返回DEC合成装置循环使用，提高了整体的原料利用率；同时催化剂易与产品分离且可再生重复使用。

(3) 草酸酯脱羰法

草酸酯脱羰法分两步进行：第一步，由草酸二甲酯（DMO）和苯酚反应生成草酸二苯酯（DPO），如式(3-22)；第二步，由草酸二苯酯（DPO）脱羰基生成DPC，如式(3-23)。

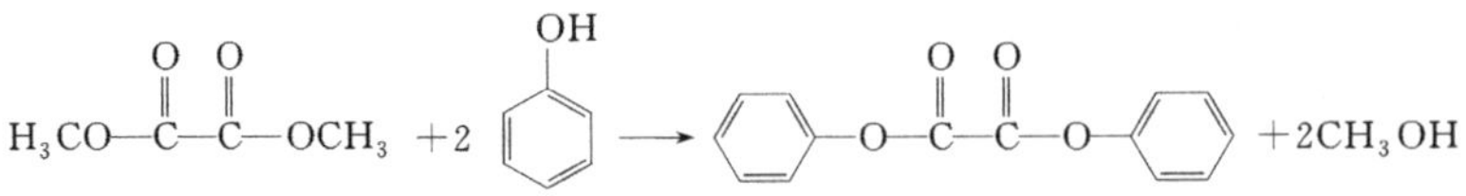 (3-22)

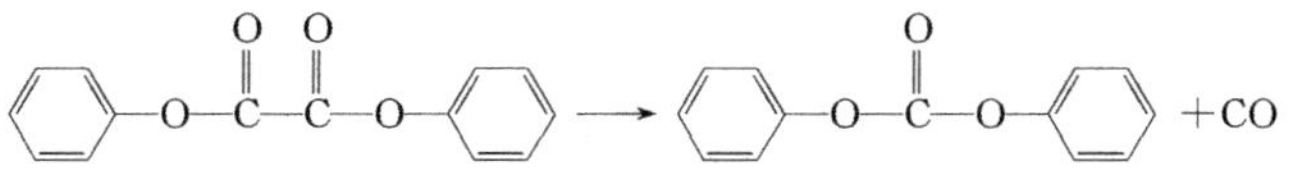

(3-23)

其中，第一步产生的甲醇可以用于生产草酸二甲酯（DMO），而且由于体系中其他主要组分不与甲醇形成共沸物，更有利于甲醇的分离和回收。

3.4.2 市场概况

（1）主要应用

① 生物药品合成　DPC 可用于生物药品的合成，有报道 DPC 与 5′-*O*-MMTr-胞嘧啶核苷反应合成 5′-*O*-MMTr-胞嘧啶阿戊糖。

② 高分子材料合成　DPC 可用于合成许多高分子材料，是一种重要的工程塑料中间体，主要用于塑料工业，制造聚碳酸酯、聚对羟基苯甲酸酯、液晶高分子（LCP）及单异氰酸酯等，也可作为增塑剂和溶剂使用。

③ 农药及有机化合物　DPC 无毒、无污染，在一定条件下可发生水解、氨解等反应，苯环上的氢还可以被硝化、卤代，可以合成很多重要的有机化合物。如在农药上主要用于合成异氰酸甲酯，进而制备氨基甲酸酯类杀虫剂克百威。

（2）国内生产现状

2020 年，国内现有的 DPC 装置总产能在 100 万吨/年左右，如表 3.15 所示。国内 DPC 的下游应用几乎全部用于合成聚碳酸酯，中国石化北京三菱聚碳酸酯用 DPC 配套进口，仅有少量包括重庆长风化学和进口 DPC（总量不足 1 000 吨/年）用于其他用途。国内 DPC 装置开工率随聚碳酸酯装置开工率变化而变化。

表 3.15　国内主要 DPC 产能情况

地区	企业名称	企业性质	生产工艺	产能/(万吨/年)	装置数量
上海	科思创	外资	光气法	40	3
浙江	浙铁大风	国企	酯交换法	10	1
浙江	浙江石化一期	民营	酯交换法	22.4	1
山东	利华益维远	民营	酯交换法	10	1
四川	中蓝国塑	国企	酯交换法	10	1
湖北	甘宁化工	国企	酯交换法	6.5	1
河南	盛通聚源	国企	酯交换法	13	1
重庆	长风化学	国企	光气法	0.2	1
产能合计	104.1				

(3) 未来发展趋势

DPC的应用依然无法离开双酚A型聚碳酸酯的配套，目前在建的聚碳酸酯装置中约有119万吨/年产能（浙江石化、中沙天津、海南华盛和科思创等）采用DPC酯交换工艺，意味着将增加约104万吨/年的DPC需求。其他类型的聚碳酸酯用DPC也有一定的发展，医药、农药也有增加，但几乎可以忽略不计。另外，立项和正在可研的吉林星云、中海壳牌等聚碳酸酯项目仍有加入的可能性。

目前在建的DPC产能达到82万吨/年，绝大部分都配套有下游PC装置，详见表3.16。

表3.16　国内DPC在建产能

企业名称	企业性质	生产工艺	产能/(万吨/年)	进展
科思创	外资	光气法	13.5	扩产项目
浙江石化二期	民营	酯交换法	22.4	建设阶段
中沙(天津)	中外合资	酯交换法	22.4	建设阶段
海南华盛	民营	酯交换法	22.4	建设阶段
长风化学	国企	光气法	1.3	建设阶段
合计	82			

3.5 聚碳酸酯助剂体系

聚碳酸酯作为五大工程塑料之一，具有优异的力学、光学和阻燃等性能，但其本身不耐紫外线、不耐强碱。在聚碳酸酯各种不同的下游应用中对其各项性能提出了很多具体的要求，为了满足这些要求，除了对聚碳酸酯本身进行结构改变外，还可以通过加入各类助剂进行针对性改善。

3.5.1 抗氧剂

聚碳酸酯的主要降解温度区间在480～560 ℃，聚碳酸酯的降解和键离解能与碳酸酯键的水解和醇解相符。由于键离解能较低，分子结构中亚异丙基的甲基易受氧化形成烷基自由基，烷基自由基在空气中被氧化形成过氧自由基，过氧自由基会继续夺取聚碳酸酯中的氢形成氢过氧化物。氢过氧化物不稳定，会分解成羟基自由基和芳烷基自由基，从而使聚碳酸酯分子量断裂，分子量下降。聚碳酸酯本身聚合度和结构的不同也会导致端酚基含量不同，从而影响不同规格聚碳酸酯在高温下的色变能力。此外，聚碳酸酯在高加工成型温度，尤其是在大于 300 ℃的加工温度下，很容易引起热氧降解，使聚碳酸酯发生黄变。

解决上述问题的方法之一是加入抗氧剂（耐热老化助剂）。对应用于聚碳酸酯的抗氧剂选择应满足以下两点：① 由于聚碳酸酯的加工温度高，应选择自身热稳定性好且对加工过程保护好的抗氧剂；② 需选择对聚碳酸酯长效热稳定好的抗氧剂。

抗氧剂按机理可分为：主（或初级）抗氧剂（过氧化自由基捕捉、碳自由基捕捉）、辅（或次级）抗氧剂（氢过氧化物分解）、金属钝化剂等。按分子结构可分为：受阻酚类、亚磷酸酯类、硫代类、羟胺类、受阻胺、苯并呋喃酮及金属钝化剂等。

受阻酚抗氧剂属于主抗氧剂，其主要作用机理是与塑料中因氧化产生的氧化自由基（ROO·）反应，中断活性链的增长。受阻酚抗氧剂按分子结构可分为单酚、双酚、多酚、氮杂环多酚等品种。多酚抗氧剂 1010、1076、1098、3114 等是当下塑料抗氧剂的主导产品。但常规的受阻酚型主抗氧剂聚碳酸酯高温加工老化时，其自身也可能产生显色醌基，导致产品轻微色变，此时也可选用半受阻酚类抗氧剂，如：245、1790 等，以避免形成显色基团。

亚磷酸酯抗氧剂和含硫抗氧剂同为辅助抗氧剂。辅助抗氧剂的主要作用机理是通过自身分子中的磷或硫原子化合价的变化，把塑料中高活性的氢过氧化物分解成低活性分子。亚磷酸酯抗氧剂的代表性产品有：168、618、626、P-EPQ、PEP-36、9228 等，其中，P-EPQ 和 PEP-36 在抑制聚碳酸酯树脂多级挤出造粒导致的色变、熔体流动速率提高、抗冲击强度下降等方面表现突出。国内生产的含硫抗氧剂按分子结构可分为硫代酯抗氧剂（如：DLTDP，DSTDP 等）、硫代双酚抗氧剂（如：TBM-6）和硫醚型酚三类。由于气味和对透明性的影响，硫代酯抗氧剂在聚碳酸酯中较少应用。此外，若聚碳酸酯的下游应用对高温高湿有要求时，应适当减少辅助类抗氧剂的用量，以避免辅助类抗氧剂在特殊环境下产生的酸性物质对聚碳酸酯结构的破坏，从而造成物性的下降。

羟胺类、受阻胺类与苯并呋喃酮均属于主抗氧剂，其作用机理是通过捕捉碳自由基，消除氧化降解链式反应，实现抗氧化作用。羟胺类和受阻胺类很少用于聚碳酸酯，添加苯并呋喃酮类抗氧剂到聚碳酸酯中可大大提高高温加工下的熔融稳定性。

金属钝化剂主要通过与金属离子，特别是铜离子，生成稳定的配位化合物，降低由于金属离子导致聚合物催化降解的可能性。适用于体系接触金属或金属离子的场合，如电缆料等。目前，金属钝化剂尚未应用在聚碳酸酯中。

聚碳酸酯中通常会同时添加主抗氧剂和辅助抗氧剂，复配使用，发挥协同效应。特别是在解决聚碳酸酯的加工色变方面，辅助抗氧剂的使用比例应高于主抗氧剂。主抗氧剂可尽量选用半受阻酚结构，以利于颜色稳定。此外，聚碳酸酯中还可选用一些新型多功能抗氧剂，如同时含有酚和亚磷酸结构的抗氧剂。主辅抗氧剂在同一结构上，不仅耐温性能优良，而且抗氧化效率更高。

3.5.2 光稳定剂

聚碳酸酯在光、氧、热等作用下会发生降解，导致制品黄变，力学性能下降。聚碳酸酯的光氧化机理一般认为有两种，第一种是芳香族发色基团吸收波长在 254 nm 的紫外线后，聚碳酸酯分子受激，诱发 CO—O 键断裂，生成两个游离基，接着发生光击重排反应，生成的基团吸收可见光，使聚碳酸酯发生变色。引起光击重排反应的最有效波长为 280 nm，极限波长为 310 nm，在波长大于 310 nm 的光激发下，直接发生 O—CO—O 键断裂。聚碳酸酯光老化的另一种机理与前一节中描述的异亚丙基键断裂机理相同。

为了提高聚碳酸酯的光稳定性，需要加入光稳定剂（耐光老化助剂）。光稳定剂的主要作用为：屏蔽光线、吸收并转移光能量、猝灭或捕获自由基。对应用于聚碳酸酯的光稳定剂选择应至少满足以下三点：① 聚碳酸酯下游多为透明制品，需加入色污小的光稳定剂；② 聚碳酸酯加工温度高，需加入热稳定性好的光稳定剂；③ 聚碳酸酯的敏感波长在 280～310 nm，需加入在此波段吸收强的光稳定剂。

光稳定剂一般按作用机理可分为紫外线吸收剂、光屏蔽剂、猝灭剂和受阻胺光稳定剂四类。

紫外线吸收型光稳定剂通称为紫外线吸收剂，这类光稳定剂是利用自身分子结构，将光能转换成热能，避免塑料发生光氧化反应而起到光稳定作用。

紫外线吸收剂由含有共轭 π 电子体系的结构与能够进行氢原子移动的结构组成。其分子结构内至少含有一个邻位羟基苯基取代基，这类化合物由邻位羟基与氮原子或氧原子形成螯合环，吸收紫外线后，氢键断裂发生分子异构，分子结构发生热振动，氢键破坏，螯合环打开，分子内结构发生变化，将吸收的紫外光能转换为热能散发出去，从而保护材料在受到紫外光激发时不易发生降解。在这个过程中分子内形成螯合环是其具有紫外线吸收功能的关键，打开此环的能量敏感范围正好为 290～400 nm 的紫外线能量范围。另外，作为紫外线吸收剂还必须能在紫外光作用下不发生光化学反应，热稳定性好，挥发性小，对高分子材料的相容性好，不容易被溶剂萃取等。

聚碳酸酯中常使用紫外线吸收剂，主要是其添加量少，耐温好，对聚碳酸酯透明性和力学性能影响小。紫外线吸收剂根据分子结构不同可分为：二苯甲酮类、苯并三唑类、苯并三嗪类、苯亚甲基丙二酸酯类等。由于苯并三唑类对UV-A有效吸收效果很好，苯并三唑类紫外线吸收剂的代表性产品有：329、234、360等，其中329和234在高温下的色污较小，而360在280～310nm的吸收比较强。苯亚甲基丙二酸酯类、苯并三嗪类对短波长的UV-B效果更明显。苯亚甲基丙二酸酯类、苯并三嗪类紫外线吸收剂的代表性产品有：1577、3030。因此，通过将不同分子结构的紫外吸收剂复配使用，可得到高效的耐光老化聚碳酸酯树脂。

改善聚碳酸酯耐光性的另一种方法是在聚碳酸酯表面涂覆高紫外线吸收剂含量的涂层，或直接加入高紫外线吸收剂含量的聚碳酸酯母粒与其共挤出。

光屏蔽剂主要是指炭黑、钛白粉、氧化锌等，由于价格相对低廉，在一般的塑料光老化改性上应用较多。特别是纳米技术的工业化应用，大幅提高了光屏蔽剂在塑料中的耐光和耐候性能，但由于对聚碳酸酯的透光性和力学性能影响明显，因此较少使用。

猝灭剂是通过转移光能而达到光稳定的目的，可与塑料中因光照而产生的高能量、高化学反应活性的激发态官能团发生作用，转移激发态官能团的能量。猝灭剂的工业产品是二价镍的络合物，其分子中含重金属镍，从保护环境和人体健康方面考虑，欧洲、北美洲等发达国家和地区已停止或限制使用猝灭剂。此外，镍的络合物一般呈墨绿色，会影响聚碳酸酯的成品颜色，该产品本身也不适用于聚碳酸酯。

受阻胺光稳定剂（HALS）是一类具有空间位阻效应的有机胺类化合物，因其具有分解氢过氧化物、猝灭激发态氧、捕获自由基且有效基团可循环再生的功能，是国内外用量最大的一类光稳定剂。但HALS一般不用于聚碳酸酯中，主要是因为其偏碱性的特性，对聚碳酸酯结构的稳定性有不利影响。建议试用低限碱性的光稳定剂产品，目前市场上应用效果比较好的光稳定剂的代表产品为：5050H。

3.5.3 润滑剂

润滑剂体系一般可分为：脂肪酸及其盐，如硬脂酸钙；脂肪酸酯，如单甘酯、季戊四醇硬脂酸酯（PETS）、蜡酯；脂肪酰胺，如芥酸酰胺、EBS等；各类蜡，如PE蜡、PP蜡、褐煤酸蜡、蒙旦蜡等；有机硅/氟化合物等。此外，超支化聚合物的出现，也为润滑剂体系带来新的品种。

聚碳酸酯体系用润滑剂常常选用 PETS，熔点为 60～65 ℃。主要是因为 PETS 在高温下具有良好的热稳定性和低挥发性，良好的脱模和流动性能。PETS 突出的热稳定性使它可用于聚碳酸酯体系的加工过程，不用担心发生降解（热分解温度大于 300 ℃）。此外，在玻璃纤维增强改性的聚碳酸酯材料中使用，可明显改善浮纤现象。PETS 在聚碳酸酯色母粒中使用也有极好的分散效果。

PETS 按酯化度不同，一般可分为 PETS-3 和 PETS-4，常用 PETS-4，即四个硬脂酸与季戊四醇酯化反应。由于季戊四醇自身缩合反应控制难度较大，目前国产 PETS 的凝胶物含量较高，质量参差不齐。

聚碳酸酯体系中也可使用有机硅类化合物作为润滑剂，提高加工流动性，同时，对韧性也有一定提高，但此类产品对聚碳酸酯的透明性有一定影响。此外，添加聚硅氧烷（硅酮）母粒除增加聚碳酸酯的加工流动外，还可提高聚碳酸酯的脱模性和阻燃性能，其聚硅氧烷母粒具有良好的稳定性和耐迁移性。

含氟类化合物主要用于防止口模积垢、鲨鱼皮等现象，可用于聚碳酸酯片材加工中。

国内近些年出现的超支化或树枝状聚合物，在聚碳酸酯上也可用作润滑和加工助剂，特别是应用到聚碳酸酯色母粒的生产中，可有效提高色粉分散性和流动性。

3.5.4 增韧剂

聚碳酸酯一般采用核壳结构的 MBS 或丙烯酸酯类（ACR）粉体进行增韧。其中，丙烯酸酯类增韧剂的耐候性要优于 MBS 类产品。具有核壳结构的有机硅增韧剂，由于增韧效果和耐候效果均优于 MBS 或 ACR，在聚碳酸酯中也有较多应用。

近些年，通过将有机硅结构共聚到 PC 分子中得到的共聚 PC 树脂，本身具有优良的韧性。此类共聚 PC 也可作为增韧剂，添加到普通 PC 树脂中，提升韧性。不仅如此，还可以提高 PC 耐溶剂开裂的能力。

此外，通过添加扩链剂也可以提高聚碳酸酯的韧性。常见的扩链剂包括：环氧官能化、马来酸酐官能化、多异氰酸酯类、噁唑啉类扩链剂等，而一般用于聚碳酸酯的扩链剂是环氧官能化的扩链剂。它通过多环氧官能团与多个聚碳酸酯分子链的端基反应，提高聚碳酸酯的分子量和相关力学性能。

3.5.5 阻燃剂

阻燃剂是赋予聚合物难燃性的功能性助剂，按使用方法分为添加型阻燃剂和反应型阻燃剂。

反应型阻燃剂是作为一种单体直接参与聚合反应，使聚合物本身含有阻燃成分。添加型阻燃剂是通过机械混合方法加入聚合物中，使聚合物具有阻燃性。添加型阻燃剂主要分为有机阻燃剂和无机阻燃剂，也可根据是否含有卤素分为卤系阻燃剂和无卤阻燃剂。

（1）溴系阻燃剂

溴系阻燃剂中的十溴二苯乙烷产品较少用于聚碳酸酯中，主要是因为其严重影响聚碳酸酯制品的透明性、流动性、抗冲击强度和断裂伸长率，除非为了降低阻燃聚碳酸酯的成本考虑。

溴化环氧树脂也可用于聚碳酸酯中，但会严重影响透明性。因其与聚碳酸酯相容性一般，但与ABS有较好的相容性，目前主要用于PC/ABS合金中。

溴化聚碳酸酯低聚物是一类常见的聚碳酸酯用含溴阻燃剂，对聚碳酸酯制品的韧性、加工流动性和透明性影响最小，溴含量一般在50%以上，可用于透明阻燃制品。

此外，溴化聚苯乙烯也可用于聚碳酸酯中，其对韧性、加工流动性影响小，但也不透明。

在聚碳酸酯溴系阻燃体系中，一般不添加三氧化二锑（Sb_2O_3），除了不透明外，主要是Sb_2O_3会催化聚碳酸酯降解。

（2）含磷类阻燃剂

有机磷酸酯类阻燃剂（如：BDP、RDP）是含磷化合物阻燃聚碳酸酯的典型产品，添加8%就能实现1.5mm V0阻燃等级，价格不高，应用较为广泛。但由于对热变形温度降低明显，也在一定程度上限制了其应用。

磷腈类阻燃剂是一类含—P=N—结构的氮磷系阻燃剂，按结构可分为环状磷腈（如：六苯氧基环三磷腈、烷氧基环三磷腈）和线型聚磷腈。环状磷腈产品的磷含量较高（P%：13%，N%：6%），具有优异的耐热性（350℃以上）和耐水解性，熔点高（约110℃），对流动性和力学性能影响小，可用于聚碳酸酯及其合金（如PC/ABS、PC/PBT等）。

（3）磺酸盐类阻燃剂

全氟磺酸盐（perfluorosulfonate）、二苯基砜磺酸盐（KSS）、PES、HES等盐类，由于可催化聚碳酸酯燃烧成炭，很少添加量即可实现阻燃，在聚碳酸酯无卤阻燃中得到广泛应用。采用此类阻燃剂可制备无卤阻燃透明聚碳酸酯产品，其典型配比如表 3.17 所示。

表 3.17　无卤阻燃透明聚碳酸酯典型配比　　单位：%

种类	3.2mm V0 (MI=3)	2.6mm V0 (MI=10)	1.6mm V0 (MI=20)
PC	99.8	99.4	95.4
KSS	0.2	0.4	0.6
甲基苯基硅氧烷	—	0.25	4.0

（4）硅系阻燃剂

硅系阻燃剂是一种新型的无卤阻燃剂，具有高效、无毒、低烟、防滴落、无污染等优点。聚碳酸酯中的硅系阻燃剂以硅树脂为主，其阻燃机理主要是迁移阻隔机理，即在燃烧过程中，硅系阻燃剂迁移至表面。新型有机倍半硅氧烷阻燃剂，与 PTFE 和含氟磺酸盐等助剂复配使用，可获得薄壁阻燃聚碳酸酯产品（0.45mm V0）。

（5）新型无卤阻燃剂

目前，新出现的一款含磷-硫结构的无卤阻燃剂，成为近期 PC 阻燃的一个亮点。它主要发挥气相阻燃的机理，而非凝聚相阻燃，在低添加量情况下（4%～6%），即可实现 PC 的薄壁透明阻燃效果。

3.5.6 其他助剂

（1）光扩散剂

向聚碳酸酯中添加光扩散剂可改变光线的传播方向，通过多次折射达到透过光光线柔和的效果。光扩散剂主要为无机或有机球状粉体，多用于聚碳酸酯的 LED 照明灯管、灯罩及液晶光扩散板等领域。

球形二氧化硅、PMMA、PS、有机硅树脂等均可用作光扩散剂，其本身的折射率与聚碳酸酯的折射率（1.59）差别较大，且自身透明，对透光率影响较少。目前聚碳酸酯中的光扩散剂一般选用有机硅树脂球状微粉，且一般粒径在 0.5～5 μm 之间。有机硅树脂球形微粉光扩散剂的优势主要体现在：一方面其耐热性能好；另一方面有机硅树脂微粉的光扩散效率（指偏离垂直入射光方向 70°的透过光通量所占百分比）高，对透光度影响小。

（2）抗静电剂

用聚碳酸酯制品制作电子产品时，对表面静电耗散（ESD）有一定要求，

表面电阻率在 $10^{6}\sim10^{12}\ \Omega\cdot cm$ 之间，这就需要添加抗静电剂。抗静电剂一般分为内添加型与外添加型，前者通过改性添加到聚碳酸酯树脂中，后者直接涂覆到聚碳酸酯制品表面。

内添加型主要为离子型高分子的抗静电剂，除抗静电性能外，还具有环境湿度非依赖性、持久性、无迁移性以及着色性等特点，但只能用于不透明产品中，且由于添加量大（10%～20%，质量分数），对冲击韧性影响严重。近期，一些纳米导电粉体（如：纳米氧化锡锑），由于添加量少（～1%，质量分数），粒子尺寸小，对聚碳酸酯的透明性和力学性能影响较小，也开始用作聚碳酸酯的抗静电剂。

外添加型抗静电剂，主要为磺酸盐阴离子型小分子物，常用于聚碳酸酯片材的外涂抗静电中。

（3）着色剂

通过向聚碳酸酯及其合金材料中添加各类着色剂，获得不同颜色的产品，是其重要应用之一。特别是近些年免喷涂类聚碳酸酯产品的兴起，由于没有表面涂层处理工序，直接注射成型即可得到色彩艳丽的效果，不仅环保、低成本，而且颜色更持久。免喷涂体系也对着色助剂的选用提出了更高的要求。

聚碳酸酯用着色剂主要分为无机颜料、有机颜料、有机染料三大类。

无机颜料是传统塑料着色剂，虽然着色力差，但其耐热性、耐候性、耐迁移性优越，价格低廉。因此，尽管其通常有重金属残留问题，导致用途受限，但目前在塑料着色领域中仍占据重要地位。按化学结构，无机颜料着色剂又可进一步分为：金属氧化物（二氧化钛、氧化铁、氧化锌等），炭黑，金属硫化物（硫化锌等），铬酸盐（铬黄、铬橙等），以及其他如群青、铁蓝、锰颜料、钴颜料、钼红及钒酸铋等。

无机颜料中，增白最常用的是钛白粉，常选用金红石型钛白粉，但添加钛白粉对于聚碳酸酯的缺口冲击强度影响很大。在一些要求高韧性的应用场合，为了调整白度，还可以添加荧光增白剂、群青之类的颜料来消除黄色，提高肉眼白度。无机颜料中，着黑色通常使用色素炭黑。色素用炭黑一般根据着色能力分为三类：高色素炭黑、中色素炭黑和低色素炭黑。不同粒径的色素炭黑，着色效果也不同，经细炭黑着色会出现蓝色色调（偏蓝相），会给人黑度更高的感觉；如果炭黑颗粒粗大，则相应地呈现棕色色调（偏红相）。

有机颜料由于品种繁多、色光鲜艳、着色力高、应用性能优良，是重要的塑料着色剂。按结构类型不同，可分为：不溶性偶氮颜料、色淀类颜料、酞菁类颜料（酞菁蓝和酞菁绿）、杂环与稠环酮类、喹吖啶酮类、吡咯并吡咯二酮类颜料（简称 DPP 颜料）、二噁嗪颜料、异吲哚啉酮颜料等。此外，还有一些如咔唑类、苝系、喹酞酮类、蒽醌类、苯并咪唑酮类颜料等。由于有机颜料众多，各自特性不同，在对聚碳酸酯着色时，需针对性选用。

有机染料是指可溶于溶剂的有机着色剂。为了使聚碳酸酯着色制品保持原有的高透明度，通常会选用具有高溶解度的染料进行着色。

着色剂一般为粉状，但由于颗粒状色母粒具有着色效果好、便于自动计量和运输、污染小等优点，在聚碳酸酯及其合金材料中被普遍应用。近年来，由于液体色母粒具有着色均匀、可对光学聚碳酸酯着色、对抗冲击强度影响小等优点，在聚碳酸酯染色产品上得到较大发展，值得关注。

CNPCA 观察：

随着近两年聚碳酸酯价格的大幅回落，聚碳酸酯的利润空间已被大幅压缩，甚至出现大面积亏损的局面，预计未来聚碳酸酯将长期处于这样的困境。因此，未来的市场竞争必然会从单一聚碳酸酯产品的竞争转变为产业链综合优势的比拼，上游原料的配套将成为产业链竞争的重要一环。

酚酮是聚碳酸酯上游的重要原材料，是合成双酚 A 的主要原料，随着国内聚碳酸酯产能的不断扩张，国内酚酮的消费量也将大幅攀升。苯酚、丙酮不仅用于合成双酚 A，还被大量应用于酚醛树脂、溶剂等其他领域，同时酚酮合成技术成熟，单体装置规模巨大，从长期看，未来酚酮的供应不会出现短缺状况。此外，越来越多的聚碳酸酯生产企业向上配套建设酚酮装置，势必将大幅提升其产业链的综合竞争力。

近几年越来越多的聚碳酸酯企业开始配套双酚 A 装置，部分原双酚 A 生产企业也纷纷扩建产能，因此，未来双酚 A 的供需平衡将不会成为制约聚碳酸酯产业发展的主要问题，但双酚 A 价格的大幅波动将会对没有配套双酚 A 的聚碳酸酯生产企业带来巨大的经营风险。此外，目前聚碳酸酯工厂所采用的双酚 A 几乎都采用国外引进技术生产，采用国内自有技术生产的双酚 A 尚未在聚碳酸酯行业形成大规模应用，因此提高国内的双酚 A 合成技术水平和产品品质也是支撑未来聚碳酸酯行业发展的重要一环。

国内酯交换法 DMC 合成技术相对成熟，聚碳酸酯生产企业普遍倾向于自建 DMC 装置，因此未来 DMC 的供需不太会出现问题。但同时也要看到，国内的 DMC 技术以环氧丙烷酯交换路线为主，副产品 1,2-丙二醇的市场空间非常有限。可喜的是，随着国内环氧乙烷路线酯交换技术和氧化羰基化技术的逐步成熟，国内 DMC 的产业化合成工艺将引来新的技术突破。

由于DPC的下游几乎全部应用于熔融缩聚法合成聚碳酸酯，DPC产业的发展与聚碳酸酯产业的发展紧密结合。如同异丙苯之于酚酮，DPC已成为熔融缩聚法生产聚碳酸酯装置中的一环。但目前DPC主要采用DMC酯交换工艺路线，虽然技术成熟，但DMC和DPC均存在高能耗、流程长等问题，因此发展新型合成技术也应成为DPC发展的重点方向之一。

聚碳酸酯由于结构与应用特性，其助剂选用与一般塑料不同，需认真考量。也希望随着新型结构或新作用机理助剂的出现，能进一步提升聚碳酸酯的产品性能。

中国聚碳酸酯行业发展蓝皮书

2021

第4章

聚碳酸酯应用

4.1 电子电气
4.2 汽车
4.3 板材/薄膜
4.4 光学
4.5 医疗/包装
4.6 新应用——5G
4.7 其他

聚碳酸酯作为一种综合性能非常优异的热塑性工程塑料，由于其突出的耐热性能、高透明度和高抗冲击的特性，本身就具有非常广泛的应用，而采用聚碳酸酯共混改性的产品更是兼具了聚碳酸酯和其他共混材料的特性，进一步拓展了聚碳酸酯的应用领域。并且随着性价比的优势越来越明显，聚碳酸酯的应用范围和规模得到进一步扩大。

聚碳酸酯由于拥有高抗冲和高耐热的特性，改性后大量应用于电子电气、汽车等市场；由于拥有高透明和高抗冲的特性，大量应用于板材、薄膜、光学、消费品等市场；由于拥有高透明和高耐热的特性，大量应用于汽车车灯、医疗等市场。

4.1 电子电气

随着工业化水平的不断提高，电子电气产品在我们的生产和生活中发挥着越来越重要的作用，包括家用电器、消费电子、办公器材、低压电器、电工设备等在内的一系列产品。在电子电气产品的各种应用场景中，塑料都发挥着举足轻重的作用，与其说是电子电气产业的快速发展为塑料带来了巨大的增长需求，不如说是塑料的出现和发展推动了电子电气产业的快速发展。

聚碳酸酯材料在较宽的温度和湿度范围内具有良好而稳定的电绝缘性，是一种优良的绝缘材料。再加上优异的抗冲击性、良好的环保阻燃性、尺寸稳定性以及满足 CMF（color，material，finishing，即颜色、材料、工艺）设计要求的丰富色彩和光泽表现力，使聚碳酸酯及其合金材料成为应用于电子电气产品的理想材料。

针对电子电气领域的应用特点，通常需要对聚碳酸酯材料进行针对性的阻燃、增韧、增强、填充、耐候以及合金化改性（PC/ABS、PC/ASA、PC/PBT、PC/PET、PC/TPU 等），以满足电子电气产品的特殊应用需求。

国内市场上应用于电子电气领域的聚碳酸酯树脂在 80 万～90 万吨/年，大量的聚碳酸酯树脂及其改性材料被广泛应用于电子电气产品的外壳、视窗、机体、支架等部件。

4.1.1 家用电器

中国是全球最大的家用电器消费市场和制造中心。随着人均可支配收入的不断提高，人们的消费理念也在不断调整，大家电消费升级，小家电逐步普及。但近年来，由于受到房地产行业低迷、中国家庭家电保有量趋于饱和的影响，家电市场表现也愈发疲软。根据国家统计局数据显示，2020年上半年，家电行业受新冠肺炎疫情影响较为明显，进入下半年后，随着海外订单的大幅增长，部分产品的产量出现显著增长。2020年全年，中国家电行业主营业务收为1.48万亿元，同比下降1.06%；利润为1157亿元，同比下降5.61%。尽管如此，大家电中，除了空调外，冰箱、冷柜、洗衣机在2020年依然都实现了产量正增长，而家电产业中一些新兴品类也不乏亮点和机会，人们的关注点慢慢从一些传统家电转向新兴品类家电。2020年全国的新冠肺炎疫情使健康家电的关注度上升。其中微波炉、空气净化器、新风系统、洗碗机、干衣机等产品在疫情过后，反而迎来消费者的更多关注。

随着家电产业的蓬勃发展，塑料已成为家电行业中用量增长最快的材料，是家电产品中使用量仅次于钢材的第二大类原材料。聚碳酸酯作为一款高耐热、高强度、高韧性并且具有高透明性的综合性能优异的工程塑料，在家电领域也得到越来越广泛的应用。聚碳酸酯的难燃性、低烟性等优异的阻燃性能，也正好契合家电行业对塑料阻燃性的高要求。除此之外，2018年后聚碳酸酯价格的下行，让其在家电市场具有更大的竞争优势。

（1）电视机

电视行业作为最为传统的黑电，近几年市场均出现不同程度的下滑。根据中国家用电器研究院和全国家用电器工业信息中心联合发布的《2019年中国家电行业年度报告》显示，2019年电视机市场下滑最为严重，同比下滑10.6%，零售额约为1 282亿元，所占家电市场规模也出现相应的下滑为16%。电视市场的下滑很大一部分原因是因为中国家庭的闲余时间越来越多地被小屏（手机等）所占据，消费者购买电视的欲望愈加减弱。不过随着电视机时尚化、个性化和智能化的发展，大屏幕仍然是时代潮流。尽管2020年下半年面板价格大幅上涨，但并不阻碍产品结构向上升级的进程，超大尺寸的份额仍然在增加，65英寸（in，1in＝2.54cm）的台数份额占整体市场的比重为16.5%，较2019年同期提升2.5个百分点；75英寸的台数份额占整体市场的比重为3.7%，比2019年同期提升2.0个百分点；目前多个品牌已在80英寸以上尺寸段进行布局，未来必将形成新的增长极。大屏电视的外观结构件要求更薄、稳定性更高并且要求成本更低。为了满足超薄化、窄边化及大屏幕对电视机外壳用工程塑料的要求，具有更流动性、更高强度和刚性的聚碳酸酯改性材料受到越来越多的关注。

电视机通常应用到聚碳酸酯材料的部件包括电视机的前框、后盖、底座和LED模组胶框等，据估算国内电视机市场每年消耗的聚碳酸酯总量超过10万吨。一台 50 英寸的电视机大约需要用 6kg 塑料，其中使用量最大的部件为电视机的前框和后壳。电视机类产品的应用场景主要要求材料具有良好的韧性、阻燃性和加工性。良好的韧性可以保证电视机外壳在受到撞击或跌落时，不会发生破碎；电视机通电工作的情况下，塑料材料在受热或者电接触情况下容易燃烧引起火灾，为保证其安全使用，要求所使用的材料具有环保阻燃性（UL 94 V0）；电视机外壳属于大型薄壁制品，材料良好的流动性才能保证顺利充模。

最初，外壳材质以 ABS 和 HIPS 为主，其机械强度高，收缩率小，加工流动性良好；但二者都属于易燃材料，着火时燃烧速度快，还会放出大量毒气，为了能够达到阻燃要求，改性过程中必须加入适量阻燃剂，并且以有卤阻燃剂为主。随着环保意识越来越强，家电中对卤素含量的控制越来越严格，有卤阻燃 ABS 或 HIPS 的应用越来越受到限制。

无卤阻燃 PC/ABS 合金，既具有聚碳酸酯树脂优良的耐热性、尺寸稳定性和抗冲击性能，又具有 ABS 树脂优良的加工流动性，更重要的是该材料不含卤素，对环境友好，可以满足更高的使用需求。此外，玻璃纤维或矿物增强的无卤阻燃 PC 或 PC/ABS 合金在强度和模量上都有大幅提高，使电视机外壳的设计厚度从之前的 3mm 降低到 1mm，为大尺寸和薄壁化的设计带来了巨大的便利。并随着快速冷热成型技术（RHCM）的发展和不断成熟，增强后的 PC 及 PC/ABS 合金制件的外观也能达到良好的镜面效果，解决了增强 PC 及 PC 合金材料在应用过程中的外观工艺问题。经过多年的应用和发展，电视机外壳的选材方案已经比较成熟，前框材料以玻璃纤维或矿物增强的无卤阻燃 PC 或 PC/ABS 合金为主，后盖则应用无卤阻燃 PC/ABS 合金较多，而电视机的底座材料，则主要采用玻璃纤维增强 PC。

此外，随着人们生活水平的提升，对外观方面的设计也愈加重视，全面屏材料应运而生。全面屏电视指采用“GOP（group of pictures，画面组）”与“D-LED（直下式 LED）贴合”技术，将原本放置在两侧的驱动电路隐去，侧边直接粘贴在背光模组的中框上，省去面框的空间，实现左、右、上三个方面无边框的高屏占比电视。

（2）音响

根据中国电子音响行业协会统计，全球电子音响市场产值从 2010 年至 2019 年整体规模呈增长趋势，2019 年全球电子音响行业产值约为 4 728 亿元。

中国音响行业在过去 30 多年中取得了长足发展，目前中国已发展成为世界音响设备的生产和出口大国。自 1999 年开始，我国电子音响产值以平均每年超过 30%的速度增长，至 2006 年产值已达 2 069 亿元。但受用工成本增加、原材料价格上涨、人民币汇率波动等因素综合影响，我国主要电子音响产品产值增速从 2006 年开始放缓。近几年随着物联网的快速发展，智能音响作为 IoT（internet of things，物联网）的主要入口之一，又迎来了良好的发展势头。据中国电子音响行业协会统计，2019 年我国电子音响主要产品总产值约为 3 431 亿元，较上年增长 2.6%，主要产品产量约占全球的 80%以上（产值与产量数据包含真无线耳机市场）。

根据音响使用场合的差异可分为多媒体音响、家庭影院、汽车音响、专业音响及扬声器等多个种类。在整个行业向着小型化、无线连接、绿色环保、外观时尚以及智能化的方向发展时，材料的选取和更迭显得十分重要。

常见音响从使用材料角度进行大致划分，可分为壳体结构、喇叭振膜、喇叭支架等几部分，如图 4.1 所示。在音响发展历程中，木材材质外壳是音响材料的首选，这是因为木质结构密度较塑料大，箱体振动较小，声音的还原度更高。此外，木质结构由于其特殊的纤维化和发泡结构，使得其对声音的反射更强，且木材的封闭性能也很出色，信号可有效通过箱体内空气振动传递出来。正因为木质材料的以上优点使其在音响发展过程中占据了领导地位。

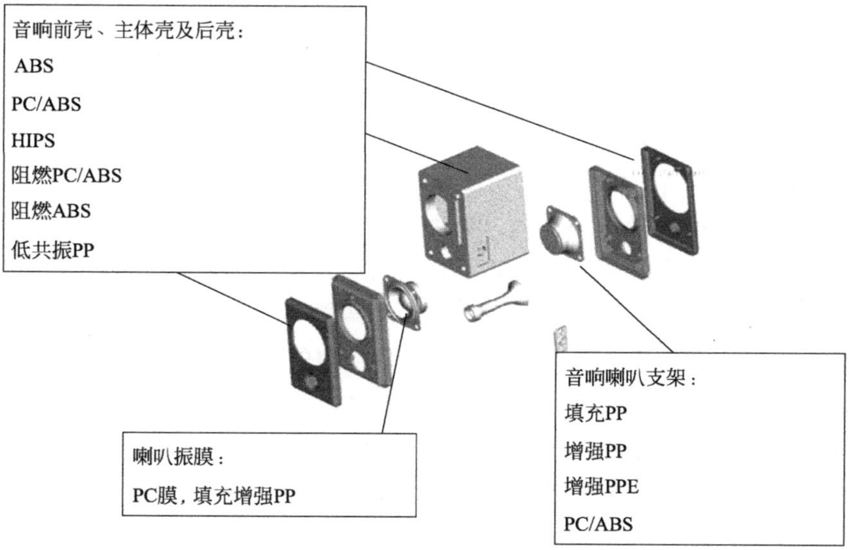

图 4.1 常见音响结构及使用材料

随着一些多媒体音响、个人音响以及车载音响的快速发展，木质结构音响难成型、重量大、成本高的劣势与发展趋势相悖，因此很多音响生产商纷纷寻找替代材料。在众多材料中，塑料材料由于其成本低、重量轻、比强度高、易成型等特点，受到众多生产商的推崇。除了在一些大型的、对音质要求极高的专业音响领域仍大量使用木质材料外，在便携的多媒体音响中使用塑料材质的音响已逐步成为主流。

在塑料材质的音响中，不同部位使用的材料也有所差异。在音响外壳部分使用的材料有低共振 PP、HIPS、ABS、PC/ABS 及 PC/聚酯材料，其中低端产品使用 PP 及 HIPS 较多，中高端产品使用 ABS、PC/ABS 及 PC/聚酯材料较多。喇叭振膜框使用填充增强 PP 较多，也有使用 ABS 和 PC/ABS 的情况。音响喇叭支架使用填充 PP、增强 PP、增强 PPE、增强 PC 以及 PC/ABS 材料较多。对比上述提及的几种音响中常用塑料，聚碳酸酯及聚碳酸酯类合金在强度、韧性、表面光泽度、阻燃性、耐热性能方面均具有明显优势，但其价格相对 PP、HIPS 和 ABS 较高，因此聚碳酸酯及其合金材料主要在中高端音响产品中应用较多，例如 BOSE、哈曼、超声、VIZO、Sharp 和 TCL 的音响产品中都大量使用了聚碳酸酯类材料。此外，由于纯聚碳酸酯具有很高的透光度，JBL 公司还生产过一款颇具创造性的透明水晶音响。

随着 5G 通讯的推广以及物联网的普及，作为连接终端重要的一环，智能音箱行业也迅猛发展。根据 Canalys 数据，2018 年全球智能音箱销量在 7 000 多万台，2019 年全球智能音箱出货量达到 1.25 亿台。2019 年在主要的智能音箱品牌企业中，亚马逊的出货量达到 3 730 万台，全球市场份额为 29.9%；第二位谷歌的全球市场份额为 19.1%；第三位百度的全球市场份额为 13.9%，出货量从 2018 年的 360 万台增长到了 2019 年的 1 730 万台。而第四、第五位的阿里巴巴和小米的出货量也分别达到了 1 680 万台和 1 410 万台。在选材方面，亚马逊智能音箱壳体主要使用阻燃 PC/ABS，材料需要高 RTI（relative thermal index，相对温度指数）和薄壁阻燃等性能。国产的小度（百度）、天猫精灵（阿里巴巴）以及小爱（小米）音箱等则主要以无卤阻燃 ABS 和 PC/ABS 为主。综上，随着人民经济水平和消费能力的快速提升，对音响的消费也会越来越多，中高端市场具有很大的增长潜力，而在该部分市场中对音响轻量化、薄壁化、高强度的要求越来越高。塑料材质尤其是聚碳酸酯材料的优势也日益凸显，相信未来聚碳酸酯及其合金材料会在音响领域获得更多的应用。

（3）空调

空调是使用塑料材料占比最大的家电之一，其内机外壳、底座等均是用 ABS 或者 HIPS，电控盒外壳用阻燃 ABS，内机的贯流风叶和外机的轴流风叶用的 SAN+GF（玻璃纤维），等等。所以说空调行业的飞速发展，也很大程度地带动了为其配套的塑料行业的发展。

2020年受疫情、南方水灾和凉夏等多重因素的影响，空调市场表现最差，仍然延续2019年下降趋势，甚至出现了两位数的降幅。根据中国家用电器协会发布的信息显示，2020年前三季度，空调销量为4 154万台，同比下降13.2%；零售额为1 222亿元，同比下降23.4%。同时，各大空调厂商为了应对“寒冬”，纷纷打起了价格战，2019年空调均价相比2018年下降了200多元。另外，根据2020年7月1号开始实行的GB 21455—2019《房间空气调节器能效限定值及能效等级》强制性国家标准，空调必须按照标准做出能效升级。面对新的空调行业大环境，对空调用塑料也提出了更低成本和更高性能的要求。随着PC的成本愈加接近ABS，而性能远优于ABS，PC及其合金材料在空调上的应用也会越来越广泛。

由于阻燃剂环保趋势的影响，空调的电控盒外壳材质逐渐采用安全性能更高的无卤阻燃PC/ABS合金来替代原有的阻燃ABS。随着空调耐热要求的提高，空调的导风板、出风格栅等部件处也有使用聚碳酸酯及其合金材料。图4.2所示制件即为PC/ABS合金成型的空调出风格栅。

图4.2 空调出风格栅

PC/ABS合金具有优异的力学性能、耐温性能和尺寸稳定性，同时又具有优良的流动性和成型加工性，因此特别适合制作成型薄壁大尺寸制件。填充或增强聚碳酸酯具有高模量、抗翘曲性和尺寸稳定性，在一些高端品牌的空调导风板中也有应用，也是未来在高刚高强领域选材应用的发展趋势。此外，随着空调更高性能的要求，聚碳酸酯及其合金材料的功能化也是成为其在空调行业应用的一大趋势。由于市场对空调防凝露、卫生健康、低噪声的需求，应用聚碳酸酯及其合金材料具有更好的隔热、疏水、抗菌防霉、防异响等效果。

尽管空调在城市中的普及率已经很高，但是每年仍有大量用户更换新的产品，以提升自己的生活品质。随着空调行业的竞争越来越激烈，对产品的健康化、智能化、艺术化提出了更高的要求，塑料作为空调行业的重要原材料之一，对其功能性和美观性的要求也在不断升级中。

同时，随着环保要求越来越高，塑料制件表面喷漆的成本及可实施性都面临巨大挑战，免喷涂塑料的设计方案逐渐成为了空调行业设计的主要发展趋势。免喷涂方案主要是指从塑料粒子到部件为一次成型，大幅减少了加工工序，避免了喷漆程序，是一种真正的绿色方案。此类产品在空调面板、视窗等部件上有广泛应用，并且发展前景也会越来越好。

（4）暖风机

随着人民生活品质的不断提高，在冬季使用暖风机的需求也越来越大。而由于对暖风机的便携性要求越来越高，其外壳及一些支撑件也开始大量使用塑料。但暖风机作为发热电器，使用过程的安全性和稳定性十分重要。

根据暖风机行业相关标准及客户对制件性能外观的要求，该行业对材料的要求主要集中在以下几个方面：

① 阻燃方面要求 1.5mm 的 UL 94 V0 和 850℃的灼热丝燃烧指数（GWFI），澳洲和欧美市场甚至提出了 850℃灼热丝起燃温度（GWIT）全程不起燃的苛刻要求，实际耐热温度一般需要 100℃以上；

② 长期使用的颜色稳定性、抗跌落测试、耐湿热以及成型性能方面的要求；

③ 部分市场会对材料的表面光泽度和免喷涂等提出更高要求。

由于暖风机材料对高耐热的要求是硬性需求，因此只有通过耐热改性的通用塑料或高耐热的工程塑料才能满足要求。在满足耐热要求的工程塑料中，聚碳酸酯由于其综合性能优异，外观光泽度高，着色性能佳，且其合金化设计能达到的性能范围跨度大，具有很强的行业适用性和较高的性价比。因此聚碳酸酯类材料在该行业被广泛使用，如格力、美的、艾美特等基本都选用了无卤阻燃 PC/ABS 合金作为暖风机的外观件，并且随着暖风机朝着轻量化方向发展，聚碳酸酯在该行业的优势会更加凸显。

（5）厨房电器

根据中国家用电器协会发布的信息显示，2020 年前三季度，厨房电器销售额为 370 亿元，同比下降 13.9%。其中洗碗机延续了 2019 年趋势实现了逆势增长，前三季度累计销售 127 万台，销售额为 57 亿元，同比增长 32.9%。厨房电器相对于其他的家电而言，大多以金属为主，塑料用量相对较少，但是在一些装饰条和电控盒上面也会采用一些塑料。而厨房电器往往会有较高的耐热要求，聚碳酸酯及其合金材料在这部分产品的塑料件也有较广的应用范围。

由于厨房电器特殊的油烟环境，耐油性是塑料件的第一特性要求，所以应用在厨房电器上的聚碳酸酯及其合金材料往往会经过耐油改性。除此之外随着厨房电器多功能化，一些特殊功能的改性也是厨房电器领域用塑料的一大趋势，例如抗菌防霉改性、耐紫外改性（带紫外消毒功能的厨房电器要求）。另外聚碳酸酯及其合金材料的玻璃纤维增强塑料也是未来厨房电器领域以塑代钢选材趋势。

（6）其他传统家电

除上述应用外，聚碳酸酯树脂也被广泛应用于电冰箱、洗衣机等传统大家电领域。

2020 年家电行业销售量中，电冰箱是表现最好的大白电之一，根据中国家用电器协会统计，2020 年前三季度电冰箱零售量达到 2 395 万台，降幅收窄至 1.9%；零售额为 630 亿元，同比下降仅为 4.1%。电冰箱是人们日常生活中的重要家电，在电冰箱的生产中，塑料的应用非常广泛。一般来说，普通电冰箱产品中塑料总质量能够占到总部件质量的 70%左右。聚碳酸酯也是电冰箱生产中较为常见的塑料原材料，在电冰箱的灯罩、显示面板，冰箱内搁架、继电器等部件上应用较为广泛。

原来洗衣机上应用较多的是 ABS 和 PP，二者在价格和加工性方面优于聚碳酸酯。而聚碳酸酯以其透明性和优异的抗冲击性，主要在洗衣机盖板、显示板等部位应用较多。随着洗衣机的智能化、高端化，以及加工成型技术的发展，对塑料材料的要求也是越来越高，给聚碳酸酯及其改性的应用提供了更大的空间，将是未来聚碳酸酯类材料应用的一个重要领域。

（7）新兴小家电

随着我国经济的发展，小家电产品作为高生活品质的象征，迅速进入消费者家庭，越来越受到中国消费者的喜爱。我国的小家电行业正处于茁壮成长期，行业扩张速度快，产品种类多，更新换代快。特别是 2020 年疫情使得生活类小家电需求更加旺盛。这一行业的兴起也为塑料行业的发展带来了巨大的机遇与挑战。

目前，小家电的种类众多，主要包括微波炉、电饭煲、电磁炉、电火锅、电热水壶、电熨斗、电暖器、吸尘器、电风扇、电吹风、饮水机、空气加湿器、电动剃须刀、豆浆机、榨汁机、咖啡机等。不同类型的产品根据其使用特点，对材料的功能性、美观性提出了更高的要求，大量微创新的改性塑料产品得到了广泛应用，其中聚碳酸酯及其改性材料具有十分重要的地位。

改性聚碳酸酯根据其性能特点，在小家电行业的应用主要包括外观件、结构件和透明装饰件等。利用聚碳酸酯耐热性好、韧性好的特点，可以用于电吹风、电熨斗等小型电器的壳体材料；小家电上还有一些透明的装饰件，聚碳酸酯因其透明性和耐老化性，在这一部分也有应用，例如吸尘器、加湿器、豆浆机等设备上的透明部位制件。

对于体积较大的电器，例如电暖器、微波炉的壳体材料，可以选用玻璃纤维增强的聚碳酸酯或者聚碳酸酯合金。例如 PC/聚酯合金在小家电领域也有应用，常见的种类有 PC/PBT 和 PC/PET 合金。PBT 和 PET 均为结晶型热塑性树脂，合金既保持了结晶材料 PBT、PET 的耐化学品性及易于成型等特点，又兼备了非结晶材料聚碳酸酯的韧性和尺寸稳定性，并且最重要的是具有较高的抗高温形变能力，这些特性对体积较大的家电外壳类材料的应用具有重要的意义。而对于电暖器出风格栅、微波炉把手旋钮、料理机底座以及电水壶等结构复杂的制件，在要求抗冲击和耐热的同时，对塑料流动性的要求也很高，这些部位采用改性 PC/ABS 合金更能满足使用需求。

小家电上应用的塑料，常会进行一些后加工处理，包括电镀和喷涂等，既增加工序，又增加成本，因此免喷涂聚碳酸酯及其合金也是一种理想的选择，而且效果更加多样化。此外，由于聚碳酸酯优异的光学性能，特殊效果的改性聚碳酸酯应用也十分广泛，例如光扩散聚碳酸酯，其透光率高、雾度高并且耐候性好，可以使透过聚碳酸酯的光线更柔和，目前应用于高端小家电产品的灯罩材料，透光而不透明，可以隐藏光源，实现更好的用户体验。

此外，随着人们健康意识的提高，抗菌防霉材料的需求越来越多。抗菌聚碳酸酯以及聚碳酸酯合金作为一种新型的功能塑料，在保持自身优良性能的同时，又具有高效、长效、广谱的性能，可以改善细菌感染问题，避免小家电在使用过程中存在的一些健康隐患。例如，抗菌聚碳酸酯在小家电的按钮、内部件等容易滋生细菌部位上的使用，可达到抑菌防霉的效果。此外，透明的抗菌聚碳酸酯能够同时满足透光度、耐热、耐冲、抗菌防霉等要求，为小家电的外观和功能性设计提供了更多的可能。

（8）未来发展趋势

家电行业高端化的趋势将深刻影响聚碳酸酯在家电市场的应用：

① 外观更加亮丽、环保　聚碳酸酯易着色，天生高透明，同时改性产品可实现高光多彩免喷涂，不仅在美观上具有先天优势；而且可以解决塑料制件表面喷漆带来的成本增加和环保挑战。免喷涂塑料的设计方案逐渐成为了家电行

业设计的主要发展趋势，利用聚碳酸酯自身的透明性和高强度高韧性的特点，可以实现多种效果如闪烁和金属效果，并且还可以达到喷涂无法达到的效果和质感，例如半透效果、大理石效果以及木纹效果等，同时与喷涂方案相比又可以大大缩减成本。

② 阻燃要求持续提升　传统大家电的安全防火标准逐步升级，同时越来越多的新兴智能电器在有限的体积内要求兼容更多功能，小家电领域便携可充电也成为热门卖点，这更要求材料在阻燃的同时还要满足低烟、无卤、低毒性等要求，聚碳酸酯材料由于自身良好的阻燃性，可通过改性得到高阻燃性、低毒性的环保材料。另外，特别由于家电和电子的融合，智能家电的推广升级，使得我国在参考 IEC 家电国际标准时，还必须考虑电子相关的要求，简单地说就是 IEC 62368-1 的相关要求，这就对材料的阻燃性能有了更多的约束。目前 HB 等级的材料还在家电外罩上普遍使用，而小家电方面由于充电功率越来越高，对插头、充电器的外壳阻燃要求越来越明显，HB 等级的材料已经不能满足要求。这就给聚碳酸酯材料的发展带来了更大的机遇。

③ 轻量化　轻量化逐步由汽车过渡到家电，聚碳酸酯经改性后可得到具备一定刚性和韧性的复合材料，减薄产品壁厚的同时保障其安全性。

④ 功能化　越来越多的家用电器产品除了要求常规的外观、物理力学性能以及加工性能之外，对聚碳酸酯及其合金产品的附加功能也提出了新的要求。例如，抗菌、防霉、防蟑螂、防辐射等。

⑤ 低成本　降低成本是行业永恒的主题，随着通用聚碳酸酯的大宗化趋势，未来价格势必也将更加亲民且波动变小，其在家电上应用的比重将逐步提高。

4.1.2 消费电子

（1）手机

作为最重要的移动终端，手机在人民生活中扮演着越来越重要的作用。聚碳酸酯及其合金材料在手机终端上的典型应用包括：手机电池后盖、手机中框、手机前框以及锂电池的电池框等。

由于聚碳酸酯易着色，抗冲击性能优异，且易于成型，在手机电池后盖上得到广泛应用。手机电池后盖通常采用经过超韧改性的聚碳酸酯材料，可满足手机后盖高强度、高韧性的需求，同时具备金属或陶瓷材料所没有的简便的加工性和易装饰性。从最初的诺基亚、摩托罗拉等手机产品逐步开始使用聚碳酸酯及其合金材料作为外壳，到苹果 iPhone 5C，聚碳酸酯系列材料见证了手机产品的整个发展过程。近几年来，用户对于应用质感方面的需求提升，金属、陶瓷和玻璃等材料逐渐成为主流，但在功能机领域仍广泛使用聚碳酸酯材料作为外壳。

手机中框也是聚碳酸酯在手机上的主要应用之一，因对尺寸稳定性要求高，又有刚性需求，主要使用玻璃纤维增强聚碳酸酯（PC＋GF）材料。改性过程不仅需要针对玻璃纤维加入后造成的韧性下降等进行优化，同时还要考虑喷涂性能和耐溶剂要求以及低温跌落性能。

手机市场方面，根据国际数据公司（IDC）公布的数据，2019 年全球智能手机出货量共计 13.71 亿台；根据工业和信息化部（以下简称工信部）公布的数据，2019 年中国智能手机出货量为 3.89 亿台；根据中国产业信息网公布的数据，2017 年全球功能机的出货量为 4.24 亿台，其中绝大部分在中国生产。基于当前功能机型的前框、中框、后盖等基本选择聚碳酸酯及其合金材料，而大部分的智能手机机型仍然在选择聚碳酸酯类改性材料，根据手机出货量数据可大致估算手机行业聚碳酸酯树脂的年消费量在 5 万吨左右。

2018 年以来，国产龙头手机企业推出的旗舰产品都紧扣人工智能等新技术，5G、人工智能等新技术发展将为手机行业发展带来新的机遇。2019 年工信部正式发放 5G 牌照，即将全面到来的 5G 时代给手机厂商带来了更大的机遇和挑战。

聚碳酸酯材料的特定介电常数对 5G 通信的信号传输速度、信号损失、信号延迟等有明显影响。研究和提升改性材料的相关性能，降低改性塑料的介电常数，对提高 5G 通信终端信号传输具有重大意义。改性聚碳酸酯在 5G 时代可用于设备的外框、键盘、后盖、中框、支架等部件，具有外壳包覆、装饰、支撑和连接等作用。因 5G 所采用的 MIMO（multi-input multi-output）技术使得手机中需要部署大量天线，选用金属后壳材料会对信号产生干扰。

聚碳酸酯在 5G 手机上的一个典型应用是手机后盖。5G 时代需要更好的信号透过，2018 年起主要手机厂商就开始为 5G 积蓄材料储备，手机后盖去金属化趋势加快，无线信号屏蔽较少的塑料、3D 玻璃和陶瓷渐渐成为主流的背板材料。其中因为成本原因，价格相对低廉的塑料重新成为中低端手机的背板首选材料。与以往的塑料注塑外壳不同，PC＋PMMA 这样的复合板材成为此次塑料趋势的主流选择。

PMMA 和 PC 都具有优异的透明性，其中 PMMA 具有较好的硬度和耐磨性但韧性较差，而聚碳酸酯具有良好的韧性但是不耐磨，将两种材料通过共挤方式制成外层为 PMMA 内层为 PC 的复合板材，再对外层 PMMA 进一步进行硬化涂层处理将表面硬度提升至 4H～6H，将耐磨性提升至 0000# 钢丝绒、负荷 1kg、1cm×1cm 磨头，5000 次完好。

PMMA/PC 复合板材不仅抗冲击和耐磨等物理性能可以达到手机背板的要求，经过 UV 转印、镀膜、印刷、高压成型等工序做出与 3D 玻璃近似的外观效果，在较低的成本下大大提升了手机背板的设计性。

此复合板目前满足包括我国在内的世界主要国家正在部署的 Sub-5G（6GHz 以下）通信网络，而符合毫米波频段的手机背板材料所要求的低介电等要求目前还无法满足，还有待材料改性技术的进一步创新。

基于以上思路，通过熔融共混工艺制备 PC/PMMA 合金，并结合分段注射成型工艺制作高硬度的手机后盖也是近几年研究的热点。

（2）笔记本电脑

笔记本电脑也是聚碳酸酯材料的一个重要应用场景，包括常规笔记本电脑的 A、B、C、D 盖和键盘、鼠标等在内的许多零部件都有用到聚碳酸酯材料。相比铝合金和碳纤维复合材料等，聚碳酸酯材料具有成型方便、高韧性、价格便宜等优势。

由于笔记本电脑具有结构紧凑、移动性强、使用环境多变等特点，因此要求机壳材料具备机械强度高、耐刮擦、耐高低温冲击、耐热、阻燃、轻量化、易加工成型、可电镀和造价低等特点。现有商品化的笔记本电脑塑料质外壳多使用聚碳酸酯改性材料，如玻璃纤维改性聚碳酸酯、碳纤维改性聚碳酸酯、矿粉增强改性 PC/ABS 合金和碳纤维改性 PC/ABS 合金等。

传统的笔记本材料使用较多的 PC/ABS 合金材料，这种材料既具有 PC 树脂的优良耐热耐候性、尺寸稳定性和抗冲击性能，又具有 ABS 树脂优良的加工流动性。所以应用在薄壁及复杂形状制品，能保持其优异的综合性能和优良的加工性能，因此在笔记本行业有着广泛的应用，比如笔记本的 B 件和 C 件。

近年来，随着笔记本行业朝着轻薄化发展，其对材料刚性要求越来越高，传统的 PC/ABS 合金在注塑轻薄制件时，出现了强度低、变形大等问题，难于满足其对材料刚性的要求，必须进行增强改性，常见的增强方式有玻璃纤维、碳纤维、滑石粉、硅灰石增强等。通过加入不同含量的增强材料，材料的模量可以从纯 PC/ABS 材料的 2400MPa，提升到 12000MPa 左右，同时还具有非常好的抗冲击强度、耐热性、尺寸稳定性和抗蠕变性等，并能在高负荷下也具有较好的抗形变能力，尤其适用于制作小于 1mm 的薄壁制件。

与手机及其他电子设备一样，笔记本电脑外壳材料的一项重要测试指标是跌落测试。整机跌落测试是模拟不同的棱、角、面，在不同的高度跌落，从而了解产品受损情况，评估产品包装组件在跌落时所能承受的跌落高度及抗冲击强度。整机跌落标准的测试方法在国家标准中有明确规定，参见《电工电子产品环境试验 第2部分：试验方法 试验Ed：自由跌落》(GB/T 2423.8—1995)。一角、三边、六面的整机跌落测试要求笔记本电脑外壳选择的聚碳酸酯及其合金材料具有优异的刚韧平衡性能。

笔记本电脑外壳用途的改性聚碳酸酯还需满足阻燃要求，部分制品需具有较高的硬度或较好的耐刮擦性能等。目前每年用于笔记本电脑市场的改性聚碳酸酯（主要为阻燃PC/ABS合金）超过5万吨。

(3) 电源及周边

电源及周边行业可以涵盖包括手机充电器、笔记本电源适配器、充电宝、开关插座、插排、不间断电源（UPS）等所有用电设备需要的供电装置的应用领域。

由于这些产品通常会带电工作，其外壳或内部绝缘部件普遍需要良好的外观性能、力学性能、电性能和耐热性能。聚碳酸酯材料由于其具有优异的抗冲击性、耐热性、光泽度、阻燃性和绝缘效果，主要应用于制件的外壳和内部绝缘件上。

当然，每个行业根据具体制件应用环境和行业需求的不同，对聚碳酸酯材料也提出更加具体的性能需求。下面将重点介绍充电器和充电宝两个细分行业中聚碳酸酯的应用，聚碳酸酯在开关插座、插排等细分行业中的应用将在后续章节中介绍。

① 电源适配器　通常是指为设备提供能量的装置，电源适配器在各个领域有着广泛的应用，如手机、平板电脑、数码相机、路由器、消防灯等，其中尤以手机电源适配器应用最多，手机电源适配器也称为手机充电器。

随着智能手机的快速发展，全球手机产量以较快的速度增长。通常一部手机出货即意味着需要搭配至少一个手机充电器，聚碳酸酯材料通常被用于制作电源适配器外壳，一个充电器外壳的单重在15～20g（根据不同形状重量略有不同，随着快速充电技术的发展，充电器外壳有增大趋势），预计全球手机电源适配器对聚碳酸酯材料的年需求量大概在2万～3万吨，再加上其他电子设备的电源适配器需求，预计我国用于电源适配器的聚碳酸酯材料年度总消费量在5万吨左右。

手机作为人体直接接触的电子设备对安全性能具有很高的要求，同样，对手机充电器也有很高的安全检验要求，这就对作为充电器外壳材料的聚碳酸酯也提出了一定的要求。目前对于手机充电器产品的认证多而繁杂，主要包括

CCC 认证、CE 安全认证、UL 认证、RoHS（电气、电子设备中限制使用某些有害物质指令）等。行业内不同厂家对手机充电器的检测要求会根据具体结构和功能的不同以及对制件安全标准的不同而略有差异，表 4.1 为手机充电器行业内部比较通用的检测项目。

表 4.1　手机充电器检测标准

测试项目	测试条件	要求
温度冲击检测	−40℃/85℃/各 2h/15 次循环	充电器正常工作
	上升及下降时间在 5min 以内，放在恒温 3h 后(电源 off)	外观无异常
高温高湿工作检测	40℃，95%/48h 最大负荷 AC 85～264V	充电电压：满足基本性能要求
低温工作检测	0℃，/48h 最大负荷 AC 85～264V	充电电压：满足基本性能要求
跌落测试	高度：120cm 降落/各面 2 次	无开裂现象
球压测试	125℃/2h	$D\leqslant$2mm
阻燃测试	UL 94	V0

这些检测标准中不仅包含了对内部电子元器件的安全标准，同时也对外壳材料提出了一定的要求：a. 由于充电器在使用过程中存在跌落风险，测试中便对制件材料的韧性提出了一定的要求；b. 由于充电器在工作过程中会有电流经过内部电子元器件，产生大量的热量，因此对材料有一定的耐热要求，行业内要求通过 125℃的球压测试，球压痕最外沿直径不能超过 2mm，甚至部分手机终端厂商对球压痕的要求已经提高到不超过 1.5mm；c. 充电器外壳需要有一定的阻燃能力，目前行业内需要外壳达到 UL 94 1.5mm V0、1.0mm V1，并且这些外壳通常需采用环保阻燃材料；d. 目前市场上的手机充电器通常为镜面高光泽外观，对材料的光泽度和成型性能也提出了一定的要求；e. 除了性能的要求外，在制件标示方面需要材料有良好的激光打标效果同时在装配方面可实现超声波焊接。根据这些具体要求，充电器行业外壳材料的选材大部分都是环保阻燃聚碳酸酯材料。

基于当前智能手机的发展，快速充电技术的革新以及终端市场用户群体对充电器外观和性能要求的提高，充电器行业对外壳用聚碳酸酯材料也提出了一些新的要求，如充电器的轻量化和薄壁化要求材料具有更好的薄壁阻燃等级；内部电路的集成化要求材料具有更高的耐热性能；白色充电器长期使用外观一致性要求材料具有更高的耐候效果，以及对护手霜、汗渍等化学物质具有更好的耐受性能。

② 充电宝　近年来，智能手机、平板电脑等便携移动式消费类电子产品在国内快速兴起，而由于这类数码电子产品功能的增加和电池自身体积及容量的限制，造成了其续航能力严重不足，因此衍生出了可为智能移动产品续航的充电宝。充电宝需求快速增长的同时也给相关的塑料行业带来了机会。

在充电宝行业中塑料材质主要用来制作外壳和电路板骨架，其对树脂材料的要求主要集中在阻燃、跌落和成型等方面。外壳材料中，低端品牌多使用ABS，中高端品牌则多使用聚碳酸酯及其合金材料。尤其是在轻量化、薄壁化和美观化的趋势下，聚碳酸酯材料的薄壁无卤阻燃和高冲击性能受到了越来越多的青睐。目前，小米、罗马仕、海陆通、魅族、海翼等品牌中都广泛使用了聚碳酸酯及其合金材料作为外壳和内部骨架，在共享充电宝品牌中同样也有广泛应用。

（4）耳机

多功能耳机是近几年取得爆发式增长的一块市场。2015 年全球耳机出货量 2.5 亿个，2023 年将达到 4.6 亿个，年均复合增长率 3.9%。在全球耳机出货量稳速增长的情况下，耳机行业正在逐步升级，主要表现为无线耳机替代有线耳机，蓝牙耳机占比提升，同时耳机走向智能化。作为多功能耳机的外壳材料沿用了原来常规耳机产品的选材，主要是聚碳酸酯或者聚碳酸酯合金（包括 PC/ABS，PC/PBT 等）。主要基于：①材料综合性能较好，抗冲击强度较高，改性后耐化学品性能好，电性能优良；②与 PMMA 的熔接性能良好，适合双色塑件，且表面可以进行电镀和喷涂处理；③高耐热、环保阻燃等；④适合于制作高白度或者色彩鲜艳的产品。

综上，聚碳酸酯材料在未来消费电子市场的应用中存在很多共性需求。如移动终端产品轻薄化不断加强，对聚碳酸酯材料的流动性、强度与韧性的均衡性、耐化学品性以及抗翘曲性等也提出了更高的要求。移动终端产品的超薄化和多孔位设计，对于聚碳酸酯材料的残余应力消除也是一个重要挑战。因此，针对移动终端产品的特殊应用要求，对高流动改性的增韧聚碳酸酯、增强改性聚碳酸酯、耐化学品性改性的聚碳酸酯以及聚碳酸酯合金材料等的系统性研究是聚碳酸酯材料在该领域应用研究的重要方向。

新兴技术方面，随着手机信号逐渐朝高频、超高频方向发展，低介电常数和低介质损耗的高频高速基材作为移动终端产品的外壳材料是未来的一个重要发展趋势，改性聚碳酸酯材料可以作为 FPC（flexible printed circuit，柔性电路板）和金属中框手机天线的理想替代材料。随着 5G 时代的来临，手机后盖去金属化和陶瓷化趋势也在加快，例如 PC+PMMA 复合板材就兼具了聚碳酸酯高强度、高耐热的特点和 PMMA 高光泽、高表面硬度的优势，可采用各种高压和高温的模内装饰（IMD）和模内嵌片（FIM）成型工艺，适合于制成具有各种绚丽效果的超薄外壳产品。

此外，如表 4.2 所示，聚碳酸酯的介电常数虽然略高于 PP、PTFE 等，但透波性也还算良好，成本又相对较低，易加工，且满足阻燃、耐候、轻量化等需求。因此，聚碳酸酯也成为现有 Sub-5G（6 GHz 以下）移动电子设备产品外壳主体材料的主流选择。

表 4.2　主要树脂的电性能

树脂	体积电阻率/(Ω·m)	击穿强度/(kV/m)	介电常数	介电损耗角正切值
HDPE	10^{14}	26～28	2.2～2.4	0.05
PP	$\geq 10^{14}$	30	2.0～2.6	0.001
PS	10^{12}～10^{15}	24	2.5	0.005
PVC	10^{12}～10^{15}	15～25	3.2～3.6	0.04～0.08
PA6	10^{12}	22	4.1	0.01
PA66	10^{12}～10^{16}	15～19	4	0.014
PC	10^{14}	17～22	3	0.006
PTFE	10^{16}	25～40	2.0～2.2	0.0002
PSU	10^{14}	16～20	2.9～3.1	0.01～0.006

随着移动互联网、物联网、人工智能等技术的进一步渗透和发展，聚碳酸酯在消费电子行业中的用量也将逐步增长。

4.1.3 办公设备

聚碳酸酯在办公设备上主要应用于打印机、复印机、投影仪、碎纸机、扫描仪等外壳部件。由于功能集中化的需求，目前打印机、复印机、扫描仪的功能已经整合到一台设备中。2020 年受新冠肺炎疫情影响，网络授课、居家办公以及视频会议等需求的快速增加也带来了办公设备需求的显著增长。

打印机是计算机的输出设备之一，用于将计算机处理结果打印在相关介质上。近年来，随着移动设备的日益普及和企业办公无纸化的发展趋势，传统打印的需求量在逐年下降。2019 年全球打印设备的出货量约为 0.9 亿台，销量每年逐步降低，其中约 60%的打印机为喷墨打印机。未来全球打印设备市场规模和全球打印设备出货量仍将继续保持小幅微跌状态。

打印设备外壳多使用塑料材质，低端应用通常采用 ABS，其优良的外观和成型加工性能受到很多厂商的青睐。但 ABS 偏软，耐黄变和薄壁阻燃性能不足，且力学性能相对较差，在碰撞、搬运过程中易出现开裂等问题。PC/ABS 由于具有高机械强度、良好的外观和优异的加工成型性能，是高端打印设备厂商首选的外壳塑料材质。

打印机用聚碳酸酯材料以阻燃 PC/ABS 为主，这类材料具有无卤高阻燃、优异的力学性能、良好的耐化学品性、高流动性以及可喷涂（电镀）等优点，可提高制品的设计自由度，满足大型制件的薄壁化要求，主要应用在面板、外壳、压盖和送纸托盘等部位，年用量在 15 万～20 万吨。另外，打印机的一些内部件中也用到增强阻燃 PC 或增强阻燃 PC/ABS 等材料，性能上要求具备高刚性、低翘曲、较好的耐油墨溶剂性能和尺寸稳定性以及优良外观等。近年来，为满足厨房打印机和餐厅打印机等对耐溶剂性能的特殊要求，阻燃 PC/聚酯的应用也越来越广泛，这类材料具备更高的耐溶剂、耐油和耐应力开裂性能。在功能性方面，对高光免喷涂、耐刮擦、抗静电类材料的关注度和需求会越来越高。打印机塑料材料选择及趋势如表 4.3 所示。

表 4.3　打印机塑料材料选择及趋势

材料		FR-ABS	FR-PS	GF-ABS	ABS	FR-PC	FR-PCABS	POM	PET	趋势
外观件	前面板	●			●					耐候，耐溶剂，EPEAT 化①
	上端盖					●				高外观要求，耐溶剂性
	右盖板						●			高外观要求，耐溶剂性
	左盖板						●			高外观要求，耐溶剂性
	主进纸托架						●			耐热性
	透明挡托板						●			耐热性
	导纸盖						●			抗静电
	分页器				●					耐热，抗静电
	分页器托						●			耐热性
	纸盒	●			●					抗静电，高节拍

续表

材料			FR-ABS	FR-PS	GF-ABS	ABS	FR-PC	FR-PCABS	POM	PET	趋势
内部件	硒鼓组件	鼓盒		●							无卤，耐热蠕变
		上盖		●							耐热蠕变，低瓦斯气
		封盖		●							耐热蠕变，低瓦斯气
	加热组件	盖板								●	耐热性
		扳手	●								耐候，耐溶剂
		基座								●	耐热性
	激光扫描	上盖	●								耐热蠕变
		下座			●						耐热
	拾纸组件	进纸器						●			抗静电
		传感器								●	耐热性，抗静电
		进纸杆								●	耐热性，抗静电
		出纸杆								●	耐热性，抗静电
		搓纸轮							●		耐热性，抗静电

① EPEAT：电子产品环境影响评估工具。

4.1.4 低压电器

低压电器是指用于交流 50Hz（或 60Hz）、额定电压 1000V 及以下、直流额定电压 1500V 及以下的电路内，起通断、保护、控制或调节作用的电器元件或组件。

近些年，中国低压电器市场房地产行业稳步增长、电网改造和新能源装机提速、5G 应用配套快速攀升的刺激下呈现出勃勃生机。2017 年我国低压电器市场规模在 800 亿元左右，2019 年市场规模已达 960 亿元，2020 年市场规模 1002 亿元。受固定资产投资回暖，下游发电、工业、房地产，5G 应用等市场高速增长驱动，预计低压电器行业产值在 2021 年将维持 5%左右的增速。

中国海关数据显示，2020 年中国低压电器出口 173.8 亿美元，同比上涨 7.0%，进口 149.5 亿美元，同比上涨 2.3%，贸易顺差 24.3 亿美元，较 2019 年增长 8.0 亿美元；从月度看，12 月当月出口 19.2 亿美元，同比大幅增加 19.5%。全行业出口迅速从一季度的低迷中复苏，自 4 月起更是连续 9 个月实现正增长。

聚碳酸酯在低压电器产品中使用时，根据电工标准要求，大多需要在阻燃、耐应力开裂、耐电痕化指数等方面进行改性以满足电子电器产品特性的要求。本章节中讨论的低压电器市场主要包括开关插座、插排、电表等。

（1）开关插座和插排

开关插座和插排是家居装饰的功能产品，从20世纪80年代采用热固性塑料的拉线开关、按钮开关，发展到今天采用聚碳酸酯材料的智能开关，不仅体现了电工产品技术的快速升级，也反映出材料应用技术的不断进步。

材料选择方面，阻燃改性的聚碳酸酯材料是低压电器开关插座和插排外壳的理想材料，包括罗格朗、西门子、公牛、正泰等主要生产企业均大量使用阻燃聚碳酸酯材料作为墙壁开关、家用插座等产品的外壳材料。

材料性能要求方面，低压电器开关插座和插排产品不但要求所选材料具有优异的抗冲击性能，更重要的是由于这一应用环境存在长期接触电流风险，在使用过程中必须能绝对确保用电安全，对材料的阻燃（灼热丝）性能、耐热性能以及耐电痕化（CTI）性能等都有较高要求。

为了规范这部分产品的应用安全性能，国家标准陆续出台了《家用和类似用途固定式电气装置的开关》（GB 16915.1—2014）、《家用和类似用途插头插座》（GB 2099.1—2008）。在塑料领域，《塑料：家用和类似用途电气装置用阻燃聚碳酸酯专用料》（HG/T 5511—2019）作为第一个电器PC专用料的行业标准为墙壁开关、电源插座等应用领域的聚碳酸酯系列材料性能，包括阻燃聚碳酸酯、玻璃纤维增强聚碳酸酯等提供了材料规范。

未来插座、开关将不断向“智能化”升级，电子领域的国际电工标准IEC 62368-1渐渐成为插头插座也必须要遵守的规范要求。由于V1、V0等级的材料，不但能基本满足灼热丝燃烧要求，还能符合IEC 62368-1的阻燃防火要求，为降低风险，知名的国内外企业纷纷倾向选用V1、V0等级材料。

开关插座和插排用聚碳酸酯材料存在应力开裂的风险，成品在装配、运输、储存和使用过程往往会出现开裂现象，特别是在卡扣、自攻螺钉/栓的柱台周边等应力集中区域发生频率最高。因此，需在产品设计和生产，尤其是材料配方中对聚碳酸酯的耐应力开裂缺陷进行改善。对于产品设计而言，需要在产品设计中避免造成应力集中结构，在生产过程中要尽量射速均匀，充填均衡，在装配过程中也应避免过度过盈配合而引起应力集中。此外，聚碳酸酯接触的化学品种类对诱发开裂的风险也很高，如：润滑脂、防锈油、充油橡胶垫片等，主要是由于此类化学品对于聚碳酸酯有溶胀或溶解作用，诱发装配产品受力部位发生开裂。开关插座和插排用各种竞争材料性能对比见表4.4。

表 4.4　开关插座和插排用各种竞争材料性能对比

材料品种	密度/(g/cm^3)	耐开裂	长期尺寸稳定性	耐候性	灼热丝/℃	潮湿条件下的电器绝缘性	耐热球压温度/℃
ABS	1.06	好	好	差	650	好	70
ABS+FR	1.18	好	好	差	850	好	70
PC/ABS	1.15	一般	好	一般	750	好	100
PC+FR+UV	1.20	差	好	好	850	好	125
PP+矿物+FR	1.00	好	差	好	850	好	125
PA+GF+FR	1.30	好	差	差	850	差	125
PBT+GF+FR	1.50	好	差	中	850	好	125

市场容量方面，最近几年，随着城市化、新农村建设的推动，房地产市场持续高增长，开关插座和插排的需求增长迅速。2019 年国内开关插座和插排专用改性阻燃聚碳酸酯用量超过 20 万吨，但由于 2020 年疫情和国家房地产调控影响，导致国内和出口市场均出现负增长，2020 年实际增长约-8%。实际用量约 18.4 万吨。开关插座和插排市场情况见表 4.5。

表 4.5　2020 年开关插座和插排市场情况

项目	开关插座	移动插排
生产方式	注塑	
使用部位	开关面板、中板、后座	插排外壳、后座
应用特点	利用聚碳酸酯良好电绝缘性、耐高温性、阻燃性、染色性、刚性和韧性平衡	
市场情况	开关插座国内生产企业 2 000 余家，主要分布在华东、华南，聚碳酸酯用量约 16.6 万吨/年	插排国内生产企业 1 500 余家，主要分布于华东、华南，聚碳酸酯用量约 1.8 万吨/年
使用材料比例	约 90%为 PC，其余 10%为 PA、ABS、PVC、PBT、POM 等	非铜件接触插排外壳：ABS30%，PP55%，PC 约 15%；铜件接触插排外壳和后座：PC 和 PC/ABS 约 80%，其他如 PA、PP 约 20%

我国开关插座和插排生产主要集中在华东和华南地区。如图 4.3 所示，华东地区是主要的生产加工基地，约占 30%，生产企业包括公牛、正泰、德力西、飞雕、鸿雁、泰力、西蒙等；华南地区约占 20%，主要生产企业包括美的、罗格朗、福田、狮盾、欧普、佛照等；此外，华北、华中地区也有部分生产加工企业。中国开关插座和插排行业不仅满足国内消费需求，还有大量产品出口到欧洲、美洲、东南亚等地区。

由于多方面因素的综合影响，目前国内生产的开关插座和插排中，高端产品以全新合成聚碳酸酯染色改性为主，中低端产品则以再生聚碳酸酯改性为

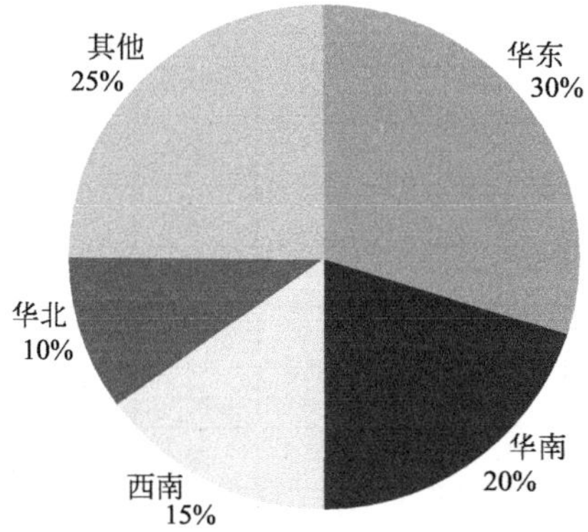

图 4.3　国内开关插座和插排生产分布

主。改性聚碳酸酯的质量水平与改性厂的原料渠道、配方设计、生产装备、品控体系等直接相关。随着中国生态环境部等四部门 2018 年 4 月 19 日发布关于调整《进口废物管理目录》的公告，将工业来源废塑料等 16 个品种固体废物，从《限制进口类可用作原料的固体废物目录》调入《禁止进口固体废物目录》，自 2018 年 12 月 31 日起执行。国内再生料处理开始转移到国外，但是随着亚洲各国对废塑料的政策的收紧，聚碳酸酯再生料渠道逐渐萎缩。与此同时，国内聚碳酸酯合成出现爆发式增长，再生料和全新料的性价比差距逐渐缩小，当前国内墙壁开关用聚碳酸酯改性材料，新料所有比例已远超再生料原料，整体产品质量也在不断提升。

未来发展趋势方面，改性塑料企业逐步转变经营理念，以为客户提供材料的整体解决方案为目标，配合下游客户的市场定位、模具设计针对性地开发改性材料，从而达到材料的最高性价比，比如 2020 年流行的抗菌墙壁开关 PC，抗紫外消毒或辐照消毒特种墙壁开关 PC。开关插座和插排的生产企业随着工业自动化技术的发展，纷纷引进先进的加工生产流水线，对材料的稳定性要求也日趋提高，如：注塑模具采用热流道，减少浇口浪费；一模多腔以及自动机械手辅助等，生产效率大大提高。

此外，多元化需求也刺激开关插座和插排在外观设计方面更多体现个性化需求，喷漆产品已成长为一个很大的市场。而免喷涂聚碳酸酯开关插座专用料可以免去喷漆环节，节能环保也已成为改性聚碳酸酯的一个新方向。

（2）电表

智能电表是智能电网的智能终端，除了具备传统电表基本的用电计量功能外，为了适应智能电网和新能源的使用，还具有用电信息存储、双向多种费率计量、用户端控制、多种数据传输模式的双向数据通信、防窃电等智能化功能。智能电表代表着未来节能型智能电网最终用户智能化终端的发展方向。我国智能电表产销量连续多年稳居世界第一，出口全球近 150 个国家和地区，主要集中在亚洲、欧洲和非洲。2019 年电表出口 1895 万只，出口金额为 3.12 亿美元，电表进出口顺差 2.97 亿美元。国际能源署估计，2020 年全球智能电表覆盖超 80%，全球将安装 20 亿台智能电表，电表行业将迎来爆发期。

随着中国智能电网进入全面建设阶段，对智能电表产生了巨大的市场需求，而作为智能电表外壳的改性树脂材料的需求量也在逐年激增。同时随着国家电网的智能化改造升级和个人家庭生活用电量的激增，国家电网对于智能电表外壳用树脂材料的性能要求也在不断提升。

智能电表外壳目前主要使用玻璃纤维增强聚碳酸酯和耐候改性聚碳酸酯材料，是聚碳酸酯在电子电气行业的一个典型应用。聚碳酸酯经玻璃纤维强改性后，可提高其疲劳强度、拉伸强度、抗弯强度、弹性模量等力学性能，显著改善其耐应力开裂性能，较大幅度提高耐热性能，降低成型收缩率，电性能、耐化学品性能仍维持相同水平，但抗冲击强度有所下降。玻璃纤维含量对增强聚碳酸酯的性能影响很大，一般当玻璃纤维含量小于 10%时，材料的力学强度增强效果不显著，但弯曲模量等刚性数据可提升 30%～40%；当玻璃纤维含量大于 40%时，制品脆性太大，而且熔融流动性差，给成型加工带来困难，所以目前玻璃纤维增强聚碳酸酯中的玻璃纤维含量大多控制在 10%～40%。

国家电网公司企业标准 Q/GDW 1355—2013 中明确要求智能电表的表座、表盖采用 PC+（10%±2%）GF 材料，不允许使用回收料；材料需耐腐蚀、抗老化、有足够的硬度，上紧螺钉后不变形。透明视窗采用透明度好、阻燃、防紫外线的聚碳酸酯，同样不允许使用回收料，与上盖无缝紧密结合。电表端子国内大多数选用 PBT+30%GF 和 PC+20%GF 两种材料，而国外基本都采用 PC+20%GF。相比传统电表外壳用的 ABS、PC/ABS 等材料，PC+GF 的耐温、耐候性能等都有明显改善，其优良的阻燃性能对智能电表的安全性也起到了一定的保障作用。

2009 年国家电网开始招投标安装智能电表，至 2020 年已经安装 5.7 亿只，使用改性聚碳酸酯材料约 33 万吨。2020 年由于疫情影响和国家房地产调控，使用改性塑料需求降低 10%。根据当前国家电网、南方电网的电表招投标量，改性聚碳酸酯的需求量约 3.6 万吨/年。

随着国内电表市场趋于饱和，电表企业纷纷开始开拓海外市场，中国智能电表已出口到全球 132 个以上的国家和地区，非洲、欧洲、南美洲、东南亚等地区已成为中国电表出口的主要目的地。而随着国内聚碳酸酯改性技术的不断成熟，在满足电表基本技术要求的前提下，之前电表用 PC＋10％GF 材料中 70％以上的聚碳酸酯可以采用回收料生产，具有很强的市场竞争力。2020 年电表出口企业需满足 IR46 法规要求，此标准要求，电表寿命由 8 年提高到 16 年，对 PC 材料耐黄变和长期湿热老化提出新要求，预计未来三年，出口电表需要改性聚碳酸酯约 2 万吨/年，年均增长 10％以上。

国内电表生产企业主要集中在江苏（林洋等）、浙江（华立、炬华、海兴、正泰、三星等）、广东（科陆、威盛、银河等）、河南（许继等）和山东（威斯顿等）等地，其中主要以华东为主，占总量的一半以上，如图 4.4 所示。

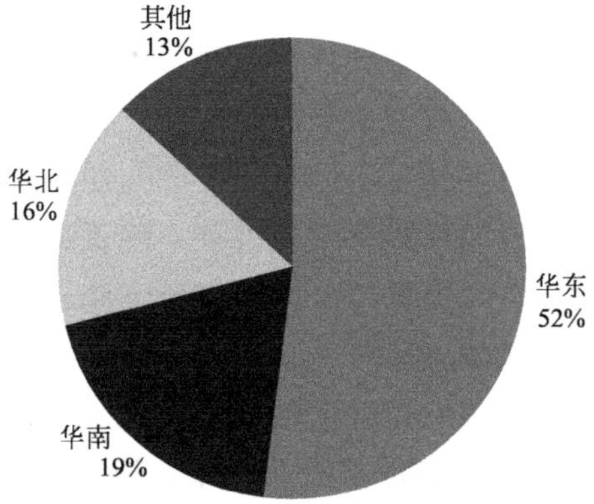

图 4.4　国内电表生产分布

未来智能电表材料的发展趋势主要有以下两方面：

① 当前电表外壳材料以 PC＋10％GF 为主，随着合金技术的不断进步，PC/聚酯合金密度轻，耐开裂更好，性价比更高，具有较大竞争优势。

② 耐候方面除了要求抗紫外线，还需满足高湿热环境下的使用要求，需要材料具有更高的耐水解性能，满足 85％相对湿度和 85℃温度下长期 1000h 测试将是电表用料一个技术研究方向。

4.1.5 电动工具

作为常见的应用工具之一，电动工具随处可见，如电钻、电锯、切割机、割草机等。电动工具应用范围非常广泛，是生产生活中的重要设备，对社会经济发展起着不可或缺的作用。

20 世纪 50 年代，随着世界经济的增长和电动工具技术的进步，电动工具开始在美国和欧洲快速兴起，自 20 世纪 90 年代以来，全球电动工具制造逐步转移至中国大陆地区。根据伊维经济研究院发布《中国电动工具市场白皮书（2020 年）》显示，2019 年全球电动工具出货量达到 4.63 亿台，中国电动工具总产量达到 3.81 亿台，占全球总产量的 82.3%。其中，中国电动工具出口 3.14 亿台，占国内总产量的 82.4%，说明国内电动工具市场主要还是以出口为主。

可以用作电动工具外壳的材料很多，热塑性塑料中玻璃纤维增强 PA、PC、ABS、PP、PC 合金等均有应用。其中，PA 的刚性高，耐温及耐有机溶剂性好；ABS 韧性好，表面光泽度高，耐有机溶剂及化学品性能好，但耐温及耐有机溶剂性能较差；PP 耐溶剂性能优异，但刚性及耐磨性不如 PA。

聚碳酸酯类产品由于具有良好的强度、韧性、阻燃、绝缘性、着色性和耐热性等，受到众多电动工具厂商的青睐。改性聚碳酸酯因其韧性好，耐候性优异，一般应用于外壳部件。应用于电动工具外壳部件的改性聚碳酸酯主要以增韧聚碳酸酯和 PC/ABS 合金为主。

增强聚碳酸酯因其强度高，尺寸稳定性远优于 PA 和 PP，在一些精密部件，如砂掌机打磨片、砂轮护罩等上面有广泛应用，主要以玻璃纤维增强为主，其玻璃纤维添加量从 10%至 40%不等，可根据部件对材料刚性和稳定性要求选择不同玻璃纤维含量的增强聚碳酸酯。在众多电动工具品牌中，使用聚碳酸酯较多的电动工具品牌包括牧田、博世、TTI 等。

4.2 汽车

自 2009 年起，中国已连续 11 年成为全球最大的汽车产销国，据中国汽车工业协会统计，2020 年中国汽车产销分别 2 522.5 万辆和 2 531.1 万辆，同比分别下降 2%和 1.9%。乘用车共销售 2 017.8 万辆，其中，基本型乘用车（轿车）销售 927.5 万辆，运动型多用途乘用车（SUV）销售 946.1 万辆，多功能乘用车（MPV）销售 105.4 万辆，交叉型乘用车销售 38.8 万辆。

随着汽车保有量逐年增加，汽车能源消耗与尾气排放问题越来越突出，全球约 20%的石油被用于汽车燃油消耗，约 25%的二氧化碳排放来自公路交通，因此在汽车制造与使用过程中节能减排的要求也越来越迫切。汽车轻量化是提高燃油效率、降低尾气排放的重要方式之一，只要车重减轻 10%，燃油消耗便可降低约 5%；而车辆每减重 100 kg，二氧化碳排放便可减少约 5g/km。塑料具有轻质、环保、易加工成型等特性，增加塑料的使用量是汽车轻量化最有效的措施之一。

汽车领域是聚碳酸酯主要的下游应用市场之一，主要应用在汽车照明系统和汽车内外饰中。

4.2.1 汽车照明

汽车照明系统是聚碳酸酯极具代表性的一个下游应用市场，由于聚碳酸酯具有高耐热、高抗冲、高透明三大显著特性，进一步结合其低密度（相比玻璃）、良好的尺寸稳定性和易加工成型的特点，被广泛应用于汽车前大灯、雾灯、刹车灯、阅读灯、氛围灯等的灯罩、配光镜、导光条、饰圈、透镜等部件。

聚碳酸酯系列材料在汽车前大灯所用塑料类材料中占比达到50%左右（重量比），其中汽车前大灯灯罩是聚碳酸酯在汽车上获得广泛应用的最大单一部件，相比传统的玻璃材料，聚碳酸酯具有更低的重量和更加灵活的设计自由度，替代玻璃用于汽车前大灯灯罩后彻底改变了汽车的外观设计。但因为耐刮擦性较差，所以车灯灯罩量产使用聚碳酸酯时，都会在其表面进行硬化涂层处理。

根据中国产业信息网统计，目前全球汽车车灯市场规模约 1 880 亿元，中国汽车车灯市场规模约 520 亿元，其中 LED 大灯的市场占比迅速扩大，预计到 2020 年国内 LED 大灯的市场渗透率将达到 30%。不论是 LED 灯还是早先的卤素灯或氙灯，其灯罩、透镜、导光条等均大量采用聚碳酸酯材料，初步估计国内每年在汽车车灯上的聚碳酸酯用量超过 15 万吨。

聚碳酸酯在汽车车灯上应用的主要竞争材料是 PMMA，聚碳酸酯和 PMMA 都具有高透明度和良好的加工特性，但两者在具体的性能上有显著区别。聚碳酸酯的耐热性和抗冲击性能显著优于 PMMA，在耐热温度上，聚碳酸酯一般可以达到 130℃，而 PMMA 只有 100℃左右；聚碳酸酯的抗冲击强度是同等厚度 PMMA 的 30 倍，PMMA 受撞击易碎。PMMA 则具有比聚碳酸酯更好的透光性、耐候性、耐刮擦性和着色性。因此，两者在汽车车灯上的应用也有较大不同，一般情况下，前大灯的灯罩均采用聚碳酸酯，这主要是由于前大灯功率高，发热量大，且处于整车前方，易受冲击，因此需选用既耐热又能抗冲击的聚碳酸酯；后尾灯的灯罩在耐热和抗冲击性能上要求较低，但后尾灯一般都是各种信号灯的组合体，需要红色和透明双色相间，所以一般都会选择流动性更好、耐刮擦性更优的 PMMA。

汽车车灯主要应用于新车配套和维修改装两大市场，新车配套市场的需求量与新车产量直接相关。新车配套市场也占据着整个车灯市场的绝大部分份额。汽车市场的繁荣，也带动了汽车配件市场的快速发展。业界认为，未来我国汽车市场仍将保持比较稳定的发展态势，对汽车车灯的需求也将同步增长。

未来的车灯行业发展趋势是电子化和智能化。汽车光源经历了从白炽灯到卤素灯和氙灯再到 LED 灯的变化趋势，甚至激光光源目前也已开始在高端车型上使用。而随着自动驾驶技术的发展，包括自适应前照灯系统等新型的照明技术开始蓬勃发展，未来必然也会对车灯材料提出更高的要求，以下三点可能是车灯材料在未来需要加强和突破的重点：① 透镜材料要求更高的透光率和折射率，更低的色散；② 车灯的耐候性从 3 年逐步过渡到 5 年，要求材料（涂层）要具备更优异的耐候性和耐温性；③ 透波材料满足传感器集成的需求。

4.2.2 汽车车窗

汽车车窗是未来聚碳酸酯材料在汽车上的又一大新应用。面对国内每年近 3000 万辆的庞大汽车市场，聚碳酸酯一旦能够广泛进入车窗材料的选用范围，将意味着巨大的市场潜力。

汽车车窗玻璃属于安全性部件，是国家 3C 产品，安全性能尤为重要。随着中国相关法规标准的不断成熟，这类应用对聚碳酸酯的需求也将逐步提升。

无机玻璃具有良好的透光率以及优异的耐磨、抗刮擦和耐候性，一直是汽车安全玻璃的首选材料。传统车窗玻璃就是由玻璃原片二次加工而成，主要有钢化安全玻璃、夹层安全玻璃、塑玻复合、安全中空玻璃等。汽车前风窗玻璃通常采用夹层安全玻璃，前风窗以外的玻璃则一般采用钢化玻璃。然而，无机玻璃一个显著的缺点是易碎，一旦发生事故，碎玻璃往往带有尖锐的棱角，易对人体造成直接伤害。虽然夹层玻璃解决了碎裂的问题，可有效保护乘员的安全，但在设计自由度、力学性能等方面仍有欠缺。

此外，考虑到环保能效的问题，全球领先的汽车制造企业也一直在寻找集“安全性”“高透明”“不易碎”“可减重”“设计风格时尚”于一体的车窗材料，正因此，车窗玻璃的塑料化也演变成一个重要的发展趋势。

得益于聚碳酸酯强大的抗冲击性、高透明性和宽泛的设计自由度，以及比传统玻璃可减重一半等诸多优势，欧洲、美国、日本等地的相关企业从 20 世纪末就开始了聚碳酸酯车窗技术的研发，概念车型层出不穷。采用减重一半的聚碳酸酯车窗替代传统玻璃，往往可以带来几千克的轻量化效果，若替换的车窗面积尺寸更大，如全景天窗，则会有十几千克的减重效果，这不但可以有效提升燃油效率，还能提高操控性和行驶里程。

实际上，目前聚碳酸酯车窗已经在不少高端主流品牌车型上获得了应用。

德国保时捷卡雷拉赛车特别版的后窗、梅赛德斯-奔驰 C 级运动轿跑的透明车身面板、smart fortwo 的后窗、smart forfour 的全景天窗和后窗；法国标志 208 HYbrid FE 的车窗（非门窗）、雪铁龙 DS5 的后方窗；意大利布加迪威龙 16.4 Grand Sport 跑车的全景天窗；日本丰田汽车 86 GRMN 运动汽车特别版的后方窗，本田汽车多款思域汽车的后窗，日本电动汽车制造商 GLM 公司的电动跑车 Tommykaira ZZ 跑车的无 A 柱前风窗；美国通用汽车的新一代别克 GL8 的后侧固定车窗等，都采用了新型抗冲击聚碳酸酯材料。

由于国内汽车安全车窗的法规要求以及聚碳酸酯本身模量上的不足，导致目前汽车前风窗玻璃和可移动车窗玻璃（前侧窗）还不能使用聚碳酸酯材料。目前，聚碳酸酯材料多使用在后三角窗、固定侧窗、后挡风车窗、天窗和全景天窗以及车身上有深色调的玻璃质感的配件中。当然，在警用车方面，出于特殊的安全要求（防弹、抗冲击），聚碳酸酯也可以用在前风窗上。

但国外的车窗安全玻璃标准已在修改中，原先仅适用于玻璃的 Tabor 耐磨测试将会被三个替代试验所取代。届时，经过硬质涂层处理过的聚碳酸酯将同样能满足前风窗的耐磨要求。不仅国外，中国的法规标准也在不断修订和完善中（参见第 6 章聚碳酸酯相关法规政策之汽车行业相关标准）。因此，硬质塑料车窗在汽车车窗市场拥有巨大商机，前景十分光明。

4.2.3 汽车内外饰

不同于在汽车照明系统，特别是汽车前大灯灯罩上的集中应用，聚碳酸酯在汽车内外饰中的应用多种多样。

4.2.3.1 汽车内饰

（1）仪表板

汽车仪表板是汽车上的重要功能件与装饰件，是一种薄壁、大体积、上面开有很多安装仪表用孔和洞、形状复杂的零部件。在强度上，要求能承受各种仪表和音响设备以及管线接头的负荷，并能耐受前挡风玻璃透过来的太阳光辐射热和发动机散热引起的高温；在安全性上，要求仪表板具有吸收冲击能、防眩和难燃等性能。

仪表板是集安全性、功能性、舒适性和装饰性于一体的零部件，需要材料具有足够的刚性和抗冲击、耐高低温、耐老化磨损等性能。通常，硬仪表板主要采用 PP、PC、ABS、PC/ABS 等材料一次注射成型，常用于轻、小型货车和大货车、客车上。软质仪表板由表皮、骨架、缓冲层等构成，一般采用PVC/ABS或PVC表皮+ABS或PP骨架+发泡缓冲层。

随着智能化需求的提升，仪表板也不断朝着智能化的方向发展。例如，很多主机厂的新车都会包含抬头显示系统（HUD），而此部件主要使用聚碳酸酯类材料制成，要求尺寸稳定性、力学性能、耐热性好等特点，不易被其他材料取代。另外，仪表系统也有很强的智能化趋势，很多主机厂将内饰设计成智能表面，通过IMD（in-mold decoration）/INS（film insert molding）等工艺将薄膜与塑件结合。其中塑件大多为PC类材料，而薄膜层也有PC的应用。

（2）立柱装饰板

一般轿车车身单侧有3个立柱，前挡风玻璃和前车门之间的斜立柱为A柱（又称前柱），前车门和后车门之间的立柱为B柱（又称中柱），后车门和后挡风玻璃之间的斜立柱为C柱（又称后柱）。A、B、C柱不仅是撑起驾驶舱车顶的柱子，而且对驾驶舱内的成员有重要的保护作用，在车辆发生翻滚或倾覆时，A、B、C柱能够有效避免驾驶舱被挤压变形。例如一些高档车的A、B、C柱是和车身包括车架一体化的，安全性大大提高。另一个方面，A、B、C柱也是一些装置的“必经之路”，比如部分电器线路、安全带（B柱）、照明音响装置等，甚至安全气囊都可以安置在上面。A、B、C柱的立柱装饰板一般为PP材料，部分高端车型考虑到更高的安全要求（如立柱内安装安全气囊）会采用PC/ABS材料。

（3）门护板

门护板的主要功能是包覆金属门板，提供优美外观，满足人机工程、舒适性、功能性和方便性，在侧碰时提供适当的能量吸收保护，对车外噪声提供屏蔽作用。简单的门护板一般在经济型轿车和货车中较常见，由本体和必要的功能件如扶手面板、车窗升降开关等组成。这类门护板本体通常采用注射成型。较为复杂的门护板分为上门护板本体、下门护板本体、装饰条、内扣手、缓冲吸能块等。下本体通常采用注塑工艺，需要有足够的刚度和强度，以保持门护板总成的形状，安装点要均匀分布。上护板又分为硬质和软质，硬质通常也采用注塑工艺，软质上护板通常有表皮（针织面料、革或真皮）、发泡层、骨架组成。目前门板饰条、内门拉手及开关控制面板等主要选用电镀PC/ABS、PC/ABS、耐热ABS等。在降低噪声方面，车辆经老化测试后易产生“吱吱”异响，而低噪声PC/ABS可完美解决该问题，顾客的体验感进一步优化，此类低噪声材料也将会更多用于内饰零件。

4.2.3.2 汽车外饰

（1）格栅

散热格栅作为汽车的关键部件，不仅具有实现散热的要求，还要求表面流畅、美观大方。不同主机厂对散热格栅的外观设计和选材都有自己独特的要求，但优异的耐候性、耐刮擦性，平衡的耐热、韧性和加工性能是其不会改变的共同要求。

根据不同应用方式可分为电镀类、喷漆类、皮纹类及高光类格栅。电镀类格栅基材选用 ABS 或 PC/ABS，电镀后具有极佳的金属外观效果及优异的耐候性和耐刮擦性。电镀件的缺点在于成本高，不环保。喷漆类基材选用 ABS、PC/ABS 或 PC/PET，喷高亮漆或哑光漆后，赋予制件优异的耐候性能和耐刮性能，其中以高亮漆居多。喷漆件的缺点也主要在于成本高，不环保。皮纹类基材选用耐候性能优异的 ASA（丙烯腈-苯乙烯-丙烯酸酯共聚物）或 AES（丙烯腈-三元乙丙橡胶-苯乙烯共聚物），配合细皮纹的模具，省去成本高且不环保的电镀或喷漆工艺，低调的黑色亚光效果给人一种强烈的运动感。高光类基材选用耐候性能优异的经特殊设计的高光 ASA、高光 PMMA 合金和高光 PC，配合高度抛光的高光模具，可在满足耐候、耐刮擦、保证韧性的前提下，实现高光黑又亮的炫目感，非常符合当下对外观、环保和时尚的要求。主要高光免喷涂材料的性能对比如表 4.6 所示。

表 4.6 高光免喷涂材料性能对比

性　　能	高光 ASA	高光 PMMA 合金	高光 PC
光泽度	＋＋	＋＋＋＋	＋＋＋＋
黑度	＋	＋＋＋＋	＋＋＋
冲击韧性	＋＋	－	＋＋＋＋＋
加工性能	＋＋＋	＋＋＋	－
耐候性能	＋＋	＋＋＋＋	－

（2）保险杠

保险杠是汽车上较大的外覆盖件之一，作为一个独立的总成安装在汽车上，它对车辆的安全防护、造型效果、空气动力性等有着较大的影响。PP/EPDM 共混料由于其价格低廉、易加工成型和优良的柔韧性在汽车保险杠中应用最广，PC/PBT 合金因其吸能效果更佳也被用于部分高端汽车的保险杠部件。

(3) 扰流板

扰流板即汽车尾翼，安装在汽车尾部，可减少轿车在高速行驶时的空气阻力。汽车在行驶过程中会遇到空气阻力，由于车速与空气阻力的平方成正比，车速越快，空气阻力就越大。汽车扰流板体积大，质量重，挤出过程中熔体受热时间长，因此在吹塑成型中对原料的要求较高。普通的 ABS 材料在中空吹塑成型过程中熔体强度低、重复加工性差，易出现型坯、熔体强度不足及下垂快等问题，引起制品发黄变脆、壁厚不均和管坯破裂等缺陷。目前汽车扰流板部分车型已采用 PC/ABS、PC/ASA、PC/聚酯＋MD（无机矿物）等材料。

(4) 行李支架

汽车行李架指安装在车顶便于携带大件物品的支架，因此需保证行李架在各种复杂受力的使用情况下不被破坏。按尺寸大小和特点，汽车行李架可分为单层行李架、双层行李架、澳式行李架、豪华行李架等。要求材料有足够的耐疲劳强度，保证在汽车快速行驶及紧急刹车时，行李架不致有严重的疲劳损伤。汽车行李支架目前多使用 PC/PBT、PC/ASA、PC/ABS 等材料。

(5) 后视镜

汽车后视镜属于重要安全件，其质量及安装都有相应的行业标准，不能随意更改。后视镜镜体主要由壳体、镜面和固定盖板等部分组成，由于后视镜安装在汽车外，长期日晒雨淋，气候条件恶劣，汽车行驶过程中要经受颠簸冲击，因此后视镜的材料选用要综合考虑温度、湿度、强度与冲击、弯曲性能等方面的要求，同时还要求材料不易老化、耐腐蚀、注塑性能和喷漆性能好等。后视镜目前多选择耐热 ABS、PC/ABS、PC/ASA、ASA、PBT＋GF 等材料。

4.2.3.3 其他应用

实际应用中，上述每个饰件均有多个替代材料可供选择，各主机厂除了有自己的选材偏好外，在针对不同款车型中也常常会选用不同的材料，而选用原则主要还是根据材料本身的性能是否满足设计和使用要求，并综合考虑性价比等。因此，下面再从汽车内外饰中主要使用的聚碳酸酯合金材料角度进一步介绍其已有和潜在的应用。

(1) PC/ABS 合金

PC 与 ABS 共混可以综合 PC 和 ABS 的优良性能，提高 ABS 的耐热性、抗冲击性和拉伸强度，降低聚碳酸酯的生产成本和熔体黏度，改善加工性能，减少制品内应力以及抗冲击强度对制品厚度的敏感性。

根据车内各个部件的不同应用和后加工需求，车内常用 PC/ABS 通常包括：电镀级 PC/ABS、中等耐热级 PC/ABS、高耐热级 PC/ABS。分别通过后续电镀工艺和喷涂工艺处理后制作各种具有亮丽外观的汽车内外饰的装饰件。

PC/ABS 合金的热变形温度在 90～135℃（0.45MPa），完全可以满足热带国家炎热的夏天中午汽车在室外停放的受热要求，主机厂一般根据不同的应用场合及部件选择不同耐热等级的材料。PC/ABS 合金非常适用于汽车内饰件材料，多用于仪表罩、仪表板骨架、除雾格栅、空调出风口、副仪表板、手套箱等部件。

（2）PC/ASA（AES）合金

PC/ASA 合金以及 PC/AES 综合了 PC 的高耐热、高强度、高韧性和 ASA、AES 材料的耐候性、耐化学品性和加工性，相比于 PC/ABS 合金可显著提高材料的耐候水平，适合在户外直接使用。目前多用于汽车除雾格栅、行李支架等。免喷涂 PC/ASA 可用于汽车后视镜等。

（3）PC/聚酯合金

PC/聚酯合金包括 PC/PBT、PC/PET。PBT、PET 具有优异的力学性能、耐化学腐蚀性和易加工成型等优点，将聚酯与 PC 共混制得合金材料可以提高 PC 流动性，改善其加工性能和耐化学腐蚀性。由于 PBT、PET 是结晶聚合物，与 PC 共混时易发生相分离，界面黏结不好，冲击韧性不理想，通常需加入一定量弹性体以提高共混物的抗冲击强度。目前常规 PC/聚酯合金产品主要用于汽车保险杠、门扣手等，也有在汽车外门把手、扰流板等部件上的应用。

4.2.4 新能源汽车

随着全球能源和环境问题的不断突显，发展新能源汽车已经成为世界各国的共识，我国更是将其列入七大战略性新兴产业之中。国家针对新能源汽车的发展陆续出台了各种扶持培育政策，营造了良好的政策环境，新能源汽车的发展也步入了快车道。2019 年我国新能源汽车销售量达到 120.6 万辆，是全球最大的新能源汽车消费市场。

目前限制新能源汽车快速发展的一个重要问题在于充电桩等基础设施建设不完善。根据国家发改委颁布的《电动汽车充电基础设施发展指南（2015—2020 年）》，到 2020 年，我国需要建成 480 万个电动汽车充电桩以满足国内新能源交通的充电需求。但据国家能源局统计，截至 2017 年底，国内已经建成的充电桩数量仅有 45 万个。因此，在这一巨大的市场空缺下，电动汽车充电桩产业在未来几年将具有巨大的发展潜力。

国内相关企业也在积极参与制定相关的行业标准和技术规范，以促进新能源汽车充电系统材料的选用。具体包括中国质量认证中心牵头起草的《电动汽车充电设备非金属材料外壳技术规范》（CQC 1305—2016），中国电器科学研究院牵头起草的《工业用插头插座和耦合器》（GB/T 11918—2014）以及中国汽车技术研究中心牵头起草的《电动汽车传导充电用连接装置》（GBT 20234—2015）等。这些标准和技术规范都对各部件的通用性能提出了要求：

（1）机械强度

① 插拔力　交流充电接口，小于 100N；直流充电接口，小于 140N；

② 车辆碾压　插头用 P225/75R15 或同等负载的传统汽车轮胎以（5000±250)N 的压力，以（8±2)km/h 的速度进行车辆碾压试验后，防护等级、爬电距离、电气间隙和穿透密封胶距离、介电强度需符合要求且不得出现损坏迹象；

③ 低温冲击　（−25±2)℃冷冻室至少 16h 后进行冲击试验，冲击能量 2J（注：不会危及防触电保护或防潮保护的小碎片、裂痕和凹陷均忽略不计）；

④ 使用寿命　插拔循环 10000 次。

（2）耐温性能

① 耐老化性能　(80±2)℃/168h 后无裂痕，无发黏变腻；

② 耐热　(100±5)℃/1h；

③ 球压痕温度　(125±5)℃。

（3）电性能

① 绝缘电阻　用约 500V 直流（DC）电压测量，绝缘电阻不得小于 5MΩ；

② 耐电痕化　漏电起痕指数 CTI 175V；

③ 介电强度　在试验电压下不得出现击穿，如表 4.7 所示。

表 4.7　充电接口实验电压

充电接口的额定电压 U/V	试验电压/V
$U \leqslant 50$	500
$50 < U \leqslant 500$	2000
$U > 500$	$2U + 1000$

（4）阻燃特性

① 阻燃等级　UL 94 V0（1.5mm）；

② 灼热丝可燃性指数（GWFI）　850℃。

聚碳酸酯在新能源汽车上的应用除了上述提到的车灯、车窗和内外饰以外，在电池保护外壳和充电桩外壳等方面也有大量应用。电池保护方面，由聚碳酸酯制成的壳体，在极端寒冷和火焰情况下均可提供优良的保护。

新能源汽车充电桩产业的发展为聚碳酸酯材料的应用提供了巨大的发展空间。由于充电桩的特殊使用环境要求（日晒雨淋、高低温变化、腐蚀性物质接触等），对应用于充电桩上的工程塑料也提出了许多新的要求，需要材料具有良好的力学性能、环保阻燃性、长期耐候性、良好的绝缘性、耐高低温冲击性、良好的着色性等特点。由于聚碳酸酯及其合金材料良好的刚韧平衡性和优异的电器性能，经过阻燃改性的聚碳酸酯和聚碳酸酯合金材料是充电桩壳体和枪壳体的主要选择。

材料的长期耐候性和耐高低温冲击性能的优劣直接影响到充电桩的应用性能和使用寿命。经耐低温和阻燃改性的聚碳酸酯材料被广泛应用于充电枪壳体，而经阻燃改性的 PC/ABS、PC/ASA、PC/PBT 等合金材料被认为是替代现有大部分钣金外壳的理想材料。充电桩外壳产品以塑代钢的应用，将为该产品提供更加灵活的设计自由度，并大幅降低生产成本。

4.3 板材/薄膜

4.3.1 板材

聚碳酸酯具有良好的透光性、抗冲击性、耐候性和尺寸稳定性，以其为原料生产的聚碳酸酯板材分为中空板（又称阳光板）和实心板（又称耐力板）。中空板为中空结构，具有良好的抗冲击、隔热、隔声、采光、防紫外线、阻燃、轻量化等优点。实心板除了具备上述优点外，其力学性能更加优异，被称为“不碎玻璃”。经压制或挤出方法制得的聚碳酸酯板材，重量是无机玻璃的 50%，隔热性能比无机玻璃提高 25%，抗冲击强度是普通玻璃的 250 倍，在世界建筑业上占主导地位，约有 1/3 用于窗玻璃和商业橱窗等。

聚碳酸酯板材是交通运输业、广告照明业、工业制品、安全防护等诸多行业理想的塑料板材，近年来在建筑、现代农业等行业的使用也逐步成熟。目前已广泛应用在大型公共设施、屋顶采光、商业建筑、隔声屏障、电子电器、机械挡板、灯箱导向牌及其他工业配套等领域。初步估算 2019 年国内有超过 30 万吨的聚碳酸酯树脂用于制造各种聚碳酸酯板材。

4.3.1.1 建筑

建筑行业是聚碳酸酯板材的主要应用领域之一，下面从安全性、可加工性、设计性和节能环保等几个方面阐述聚碳酸酯板材在建筑行业的主要应用和性能特点[1]。

(1) 安全性

聚碳酸酯是热塑性工程塑料中抗冲击性最佳的一种，6mm 厚的聚碳酸酯中空板和 4mm 厚的聚碳酸酯实心板的抗冲击强度可分别达到 160N·m 和 400N·m（GB/T 14485—1993❶），分别约为普通玻璃的 80 倍和 200 倍、安全玻璃的 16 倍和 40 倍以上，具有打不破、敲不碎的特点，用 3 kg 落锤从 2 m 坠下冲击也毫无裂痕。并且，聚碳酸酯板不会像钢化玻璃那样易发生自爆，使用安全性更高。

此外，聚碳酸酯的密度为 1.20g/cm^3，只有玻璃密度的一半不到，质量轻，施工、安装方便，可节省运输、搬卸、安装以及支撑框架的成本，而且支撑龙骨小巧美观，可避免大量笨重结构杆件产生的凌乱线条和阴影，因此聚碳酸酯中控板和实心板特别适合于制作大型公共建筑中大跨度的屋顶、悬吊罩棚和幕墙等。可插接的多层板更适合于大面积有隐框要求的幕墙铺装。

聚碳酸酯板材已成功应用在很多国际大型体育场馆的建设中，建成的看台罩棚和外墙具有高透明度，可确保充足的日光照射。同时，由于可以最大程度地减少支撑结构，可为体育场馆营造出非同寻常的屋面和面墙造型。

(2) 加工性

聚碳酸酯板加工性强，可手工切割、钻孔、铣槽，不易断裂，施工简便，可冷弯或热弯，最小弯曲半径小（如 16mm 厚的三层加强型聚碳酸酯板的最小弯曲半径仅为 2800mm）。因此，可按设计图在工地现场采用冷弯方式，安装成拱形、半圆形等多种不同曲线结构。

(3) 设计性

聚碳酸酯板材易加工，可设计成各种复杂形状。同时，由于其颜色的选择性丰富，可根据需要选用不同颜色、不同透明度的产品。也可根据板材自身的结构，在中空板与实心板中做针对性选择，甚至可对板材表面的纹路进行设计，如 PC 磨砂板、PC 颗粒板、PC 棱镜纹板等。

(4) 节能环保

现代建筑的设计越来越重视环保、绿色和可持续性，注重材料的生态功能。从生态原理出发，运用技术手段关注材料的生态功能，塑造新型高技术建

---

❶ 该标准已于 2005 年作废，但行业内仍未有替代标准，因此仍按此标准方法测试。

筑空间，在设计中贯入生态理念和生态精神，通过技术将材料和空间结合。围护结构不仅能起到划分空间的作用，同时也是建筑内外能量交换的媒介，立面设计和节能概念最终体现在围护结构的采暖、降温设计及太阳能的利用上。聚碳酸酯板材料的热导率低，中空板的中空结构使其隔热性远优于其他实心建材，甚至优于中空玻璃，可减少取暖和制冷成本，提高能源利用率，是一种出色的节能材料。

聚碳酸酯板质量轻、抗冲击强度高、安全性高、安装简便，赋予了现代建筑物更大的设计空间。将聚碳酸酯的中空结构与智能化设计相结合，使光线选择性透过，可在获得更多可见光的同时，在高温季节减少热量进入，在低温季节减少热量散发，达到出色的节能效果，使工业和住宅建筑实现智能化和节能化解决方案成为可能。

此外，聚碳酸酯板材是完全可回收再利用的材料，可重复加工成型，废品和边角余料也能回收利用，不会造成环境污染，可以达到环保要求。因此，聚碳酸酯板材及其构件应用在建筑的屋顶和外墙等领域，能充分发挥其时尚、透光等特点，不仅能满足人们对现代建筑物艺术表现力的需求，而且可大幅降低二氧化碳排放，降低能源消耗，是一个可持续发展的解决方案。

4.3.1.2 现代农业

目前中国传统的温室主要还是使用玻璃、双层薄膜等作为温室培育的覆盖材料。经过多年实际应用发现，采用这些材料建成的温室存在温室能耗较高，遇冰雹、大雪等自然灾害时抵御能力较差，甚至大面积出现划破和粉碎等问题，使温室养殖、种植遭受损失。薄膜使用后还造成白色污染。

聚碳酸酯温室专用阳光板从根本上改变了传统温室的这种现状，常见的阳光板分双层或多层结构，20 世纪 70 年代在欧洲就已经被广泛应用在农业温室的建设上。聚碳酸酯温室专用阳光板的优势主要包括：重量轻、安装便捷、透光率高，表面的抗 UV 材质不仅能防止板材老化，还能隔绝紫外线照射，充分满足植物的光合作用需要，高抗冲击性能可有效抵御冰雹、风雪等自然灾害。能耗方面比玻璃温室节能 40%以上，使用期长，再加上良好的隔热、耐候、防结露、阻燃以及隔声和便于复合式加工等性能，使其逐渐成为现代温室建造的首选材料。

目前我国阳光板温室应用发展较快的地区主要集中在北方。阳光板温室在建造方面，有全部使用阳光板做为装饰材料的温室，也有山墙使用阳光板的温室，还有侧墙和山墙使用阳光板建造的温室。在功能方面，有以花卉种植交易为主的商业型温室，也有以生产为主的生产型温室，还有以农业观光为主的综合型温室、生态餐厅以及以科研为主的温室。上述温室中全部或部分使用聚碳酸酯阳光板，使温室的生态环境进一步得到改善。

近几年随着我国农业与能源的不断发展，兴起了光伏农业的热潮。作为一种新型的温室，光伏太阳能温室拥有传统温室所没有的优点。经过相关从业者多年的研究与推广，光伏太阳能温室已经在我国的很多省份获得推广与应用，很多地区也正在计划推广光伏太阳能温室。光伏太阳能温室按结构不同可分为两种：一种是传统的光伏太阳能温室，类似于传统的日光温室，拥有良好的保温性能和墙体；另一种类似于传统的连栋温室，屋顶的向阳面上安装有光伏太阳能电池板，墙体透明，通常以薄膜、玻璃或聚碳酸酯阳光板为主要墙体材料。

4.3.1.3 交通运输

随着高速公路、城市高架路和轻轨等的高速发展以及汽车的不断增多，城市噪声污染成为困扰周边居民的难题，降低和去除噪声成为当下及未来社会发展需要解决的重要问题。为解决这一问题，隔声屏障应运而生，在铁路和公路边上总能看到竖立着一种隔离屏障，即为声屏障。

可用于制作声屏障的材料很多，目前市场上主要倾向于使用环保型聚碳酸酯耐力板。一般聚碳酸酯耐力板声屏障按结构可分为：直列式声屏障与全封闭声屏障等，被广泛应用于高速公路、高架复合道路、城市轻轨地铁等交通市政设施中，也可用于工厂和其他噪声源的隔声降噪。使用聚碳酸酯耐力板制作声屏障的主要优势包括：

① 吸声性　聚碳酸酯耐力板在125～400 Hz噪声范围内最高吸声系数高达0.94；

② 装饰性　由于聚碳酸酯具有良好的着色性能，由其制成的耐力板可进行丰富多彩的外观颜色设计；

③ 环保性　聚碳酸酯耐力板可回收再利用，不会造成环境污染；

④ 易加工性　随意裁割、多样的色彩搭配，简单的拼接、折弯、边角，完美的艺术图画和不同的风格造型都能轻易实现；

⑤ 独立高效性　无需装饰面层，甚至无需辅助材料，通过简单的粘、钻、刨、钉等基本操作就能达到理想的吸声和装饰效果，减少总体工程造价，缩短施工周期。

4.3.1.4 广告照明

聚碳酸酯板材优异的透光性和阻燃性使其成为广告灯箱和广告照明行业的

主要选材之一。光学级板材、电镀级板材、防静电板材、耐磨板材、防火级别B至V级薄板或卷材等很多都由聚碳酸酯加工而成。

磨砂板、扩散板（散光耐力板）是在普通耐力板的基础上经特殊工艺处理的专业光源装饰产品，透过光线在纳米颗粒和树脂间不断折射、反射和散射，形成均匀扩散效果。通用型聚碳酸酯乳白板能穿透LED光源，而光扩散聚碳酸酯板能充分散射LED光源。光扩散聚碳酸酯板透光率可达80%以上，是广告灯箱行业的首选材料之一。

相比此领域的另外一个主选材料——PMMA板材，聚碳酸酯板材除了具有更高的抗冲击强度以外，其阻燃性能也明显优于PMMA板，因此特别适合在地铁等封闭和半封闭空间使用。

4.3.1.5 安全防护

在安全防护领域，聚碳酸酯板材常用于制作安全头盔、安防盾牌、安全防护板、摩托车挡风板等。在2020年的抗击新冠肺炎疫情的战役中，医疗物资短缺，0.8～2mm厚的板材在经过防雾处理后，被加工成护目镜以及防护面罩，广泛应用于抗疫前线，发挥了举足轻重的作用。

聚碳酸酯抗冲击性强、折射率高，是目前应用最为广泛的护目镜片材质。近年来，世界眼镜业聚碳酸酯消费量年均增长率一直保持在20%以上。除市场上绝大多数注射成型的护目镜镜片以外，部分款式护目镜也用聚碳酸酯板材后期加工成型，同样起到安全防护的作用。同时，目前市场上大多数的医用防护面罩，以及其他类别的安全防护透明体，也皆采用聚碳酸酯板材。

4.3.1.6 其他

除上述行业外，聚碳酸酯板材在其他领域也有广泛应用。在军工领域，聚碳酸酯板常被加工成盾牌，用于替代防弹玻璃使用。在文体领域，常用于制作观光缆车幕墙、篮球架的篮板等。在工业领域，常用于制作设备的透明视窗等。

4.3.2 薄膜

聚碳酸酯由于熔融黏度高，常规的注射成型等加工方法无法生产大尺寸薄壁产品，聚碳酸酯薄膜的出现很好地解决了这一难题。聚碳酸酯具有高力学强度和优异的光学性能，用其制成的薄壁产品可满足特殊性能要求，被用于诸多行业。

聚碳酸酯为非晶材料，熔体强度高，不适合吹膜和双向拉伸，其薄膜加工方式多为挤出压延或流延工艺。压延时可利用双辊对薄膜进行抛光、压花等，使其表面呈现镜面、拉丝或多种特殊纹理效果，以适应不同用途。聚碳酸酯比一般热塑性材料的阻燃性能好，更有利于制备成高阻燃高透明薄膜，也可添加其他功能性助剂制备抗静电、导电、荧光、扩散、抗菌等多种功能薄膜。聚碳酸酯薄膜厚度最薄可以做到 0.025mm，能充分满足电子电气、汽车、交通、证件卡照等行业大型化、薄壁化、轻量化的要求。聚碳酸酯薄膜具有优良的透光性、抗冲击韧性、抗蠕变性、电绝缘性、耐候性的同时，耐高低温性能优异，可在较宽的温度范围内具有稳定的力学性能、电性能和阻燃性能，且尺寸稳定，易于后加工成各种形状、各种外观。

4.3.2.1 分类

聚碳酸酯薄膜根据产品的阻燃性要求不同，可分为通用类和阻燃类。通用类产品在生产过程中不添加阻燃剂，主要利用聚碳酸酯的透明性、高抗冲击性和可热成型性，通常广泛应用在照明的光学膜、安全眼镜、汽车内饰件、户外反光标签、证件卡照等行业；环保阻燃类产品又分为无卤阻燃和有卤环保阻燃，通过添加无卤阻燃剂或有卤环保阻燃剂，达到 UL 94 V0 级阻燃，主要应用在电子电气、汽车等行业，充当内部隔热、绝缘、阻燃和遮蔽的作用。

(1) 通用类

通用级薄膜产品具有优越的表面印刷性能和拉伸成型易加工性能，包含众多可供选择的标准材质和高性能材质，并且可提供各种表面处理和纹理处理。

通用类薄膜可采用抛光辊或带纹理的压花辊对表面进行处理，经表面印刷制作成汽车各内饰与配件、家电和消费类电子产品的模内装饰、电器标签、空调视窗面板、铭牌、遥控器面板、各种薄膜开关，同时还可以将其中透明型薄膜产品通过成型加工，制造出头盔、防护面罩和太阳镜等。

箱包外壳用聚碳酸酯薄膜是通用类薄膜中的一种，通常是在薄膜的反面印刷各种花纹，然后与基础板材热压，通过吸塑制得各种箱包。这种复合板材兼具两种材料的优点，材料质轻、表面硬度高、碰撞后不易发白、花纹不易脱落，同时生产过程损耗小，解决了普通印花工艺的缺点，箱包的使用寿命也大大延长。

(2) 阻燃类

阻燃类聚碳酸酯薄膜根据添加阻燃剂的不同，分为有卤环保阻燃和无卤阻燃两种。

① 有卤环保阻燃　有卤环保阻燃聚碳酸酯薄膜通常采用环保溴素阻燃剂，满足RoHS等环保要求，产品具有优良的阻燃性、耐热性、耐折性和绝缘性。通过模切、冲压、折边、吸塑、印刷等方式，主要应用在各种绝缘片和垫片、标牌、铭牌等。此外，SABIC还推出了用溴化聚碳酸酯共聚物生产的有卤阻燃PC薄膜，可达到高阻燃高透明，阻燃性能可达到0.25mm UL 94 V0并保持高耐温性。

② 无卤阻燃　无卤阻燃聚碳酸酯薄膜使用对环境无害的无溴无氯阻燃剂，符合RoHS和废弃电气和电子设备指令（WEEE 2006）。除具有优异的阻燃性外，还具有密度低、高温收缩率小、拉伸强度高以及抗穿刺性和绝缘性好的优点，能够在不牺牲性能的情况下，用更薄更轻的产品代替较厚的阻燃PP薄膜或更重的有卤阻燃聚碳酸酯薄膜，减少所需材料重量，降低整体成本。

通常聚碳酸酯的RTI温度可达到80～110℃，新型无卤阻燃聚碳酸酯薄膜RTI可以做到和溴系阻燃聚碳酸酯薄膜一样的130℃，可实现更高的耐热温度和更长的使用寿命。

无卤阻燃聚碳酸酯薄膜可以使用热成型、压花、清晰边缘模切、折边、吸塑、胶合和弯曲等工艺加工，主要应用包括印刷电路的绝缘部件、印刷电路板、键盘、电源适配器、垫片、标牌、液晶电视/显示器、新能源汽车充电桩和动力锂电池模组系统、各种功率的电源适配器、喇叭网、LED吸顶灯和白色家用电器等内部电源线路板中。

4.3.2.2 国内市场概况

2019年，国内聚碳酸酯薄膜和板材的消费量在30万吨左右，其中薄膜的消费量在5万～6万吨。其中阻燃级和通用级的市场用量比约为1∶3。国内聚碳酸酯薄膜的应用主要集中在华东、华南地区以及西南地区，华南地区的用量略高于华东地区。这些地区也是主要的箱包、包装、笔记本电脑、液晶电视、液晶显示面板、电源适配器和新能源汽车动力电池生产厂家集中的地方。在产品类型上，华东地区由于存在大量的箱包和印刷生产厂家，大量使用通用级聚碳酸酯薄膜，阻燃级产品应用相对少一些。华南地区由于是家电、3C的主要产地，阻燃级产品应用相对更多。

4.3.2.3 未来发展趋势

目前聚碳酸酯薄膜的应用市场愈趋成熟，笔记本电脑和液晶电视行业正朝着轻薄化、大型化的方向发展，使得阻燃聚碳酸酯薄膜特别是符合环保和无卤要求的无卤阻燃聚碳酸酯薄膜的应用范围逐渐扩大。同时，随着近年来国家对新能源汽车行业的鼓励和扶持，其电池电管系统和配套的充电桩系统也朝着成熟化方向发展，对材料绝缘阻燃有了更高的要求，也为高 RTI 的无卤阻燃聚碳酸酯薄膜产品的应用提供了一个更为广阔的市场。随着手持电子产品应用越来越广泛，对这些产品的轻量化、高模量以及环保要求也越来越高，超薄的聚碳酸酯薄膜可以和高模量的碳纤维或玻璃纤维复合，热压成超薄高模量阻燃级复合材料取代金属材料或热固性复合材料也是很大一个趋势。

另外由于国家对交通反光要求的提高以及国内加工技术的进步，越来越多的交通反光条、交通号牌、证件卡照等开始使用聚碳酸薄膜。利用聚碳酸酯薄膜的光学性、力学性能及耐候性，用于最高反光要求的棱镜结构反光薄膜、证件卡护照等领域，可摒弃传统 PVC 或 PETG 薄膜。

随着 5G 的到来，为保证高频的通讯信号，减少手机外壳对电磁信号的屏蔽，一种新型 PC 与 PMMA 共挤出薄膜应运而生。这种薄膜兼具 PC 的高模量、高韧性，以及 PMMA 淋涂加硬后优秀的耐刮擦性和耐黄变性，同时，由于这两种材料优异的光学透明性，通过后续加工可以制得拥有炫酷外观的手机后盖和外壳。这些独特的性能将为 PC＋PMMA 共挤薄膜带来爆发式的增长。

4.4 光学

聚碳酸酯由于其良好的透光率（接近 90%）、高折射率以及双折射等特性，在光学市场有着广泛的应用。目前主要用于 LED 照明外壳、透镜、镜片、光盘等用途。

4.4.1 照明

（1）市场概况

LED 照明产品已成为家居照明、户外照明、工业照明、商业照明、景观亮化、背光显示等应用领域的主流应用，LED 照明产品替代传统照明产品的市场渗透率不断提升，市场需求持续增长。全球各个国家和地区纷纷颁布各项 LED 照明产品鼓励政策，进一步加速了白炽灯向光效更高的 LED 光源的转化。

目前，我国LED产业约占全球的三分之二，LED技术处于世界领先水平。根据中研产业研究院发布的数据，2020年全球LED照明市场规模达到7280亿元。从消费区域看，全球LED照明市场已经形成了以北美、欧洲和中国为主的三大照明市场，根据中国照明电器协会的统计，2020年欧洲的LED照明市场占比达到27.6%，为全球最大市场，其次为北美和中国。我国不仅是LED照明的消费大国，也是全球最大的LED照明产品生产国及出口国，出口占比超过国内总产量的50%。同样中国照明电器协会的统计显示，2020年中国照明行业全行业营收6025亿元，产品外销出口额达3640亿元，其中LED照明产品出口额约2300亿元。

随着LED的光效不断提高，成本不断下降，逐步取代传统照明，尤其在商业照明，如公共设施、酒店、零售、餐饮等应用场所。并且越来越多的企业也开始重视通过光影环境的营造来提升品牌形象，展现产品特点，这对照明效果提出了更高的专业化要求，对其智慧控制以及光品质的要求也逐步提高，预计未来几年渗透率将持续增长。

此外，景观照明和户外照明也是中国LED照明重要的高增长领域。近年来受惠于国家相关政策的实施和行业大规模推广应用，城市景观亮化工程和智慧灯杆项目开始逐步提上日程，这为LED照明产业带来了更多机遇。

相比于传统照明产品，LED照明产品具有发光效率和能效比高、稳定耐用、可调光、更易于智能控制等特点。除在室内照明、户外照明等照明应用领域正大规模应用之外，自2020年新冠肺炎疫情暴发之后，LED植物照明、UV LED等新兴领域的应用都处于快速拓展阶段。

（2）应用现状

由于LED单位面积发光强度过高，直视会产生刺眼等视觉不适，所以需要一种光扩散材料将点光源转化成面光源。光扩散材料根据作用机理的不同，可分为面扩散材料和体扩散材料。面扩散主要通过打磨、涂层、喷砂或刻痕等手段，利用粗糙表面产生光扩散效果；体扩散则是通过在透明基体中添加无机或有机光扩散剂的方法来实现。

传统材料主要以磨砂玻璃为主，但这类材料易碎，而且透光率较低。光扩散材料的出现不仅解决了材料易碎的问题，而且在透光率和雾度之间能取得更好的平衡，目前应用较广泛的光扩散材料主要有PC、PMMA、PS、AS、MS、PP等，其中以PC作为基材的光扩散产品应用最为广泛。主要灯罩材料的性能对比如表4.8所示。

表 4.8　主要灯罩材料性能对比

项目	PC	PMMA	PS
折射率	1.59	1.49	1.59
透光率	89	90	92
雾度	很好	很好	很好
阻燃性能(UL 94)	V0/V2	NR	NR
密度/(g/cm^3)	1.20	1.20	1.05
抗弯强度/MPa	95	70	50
热变形温度/℃	125	100	70

聚碳酸酯性能稳定，由于其分子结构化学键的特点，它的抗冲击性非常优异，PC 光扩散材料的抗冲击性是玻璃的 250 倍、PMMA/PS 的 50 倍。作为综合性能优异的工程塑料，聚碳酸酯已逐渐成为照明用塑料的首选材料。聚碳酸酯氧指数高，本身就是 B1 级工程材料，生产出来的 PC 光扩散材料可达到 V2 阻燃等级，起到不助燃的功能，性能优于助燃的 PMMA/PS 光扩散材料。通过在原材料聚碳酸酯中添加复合阻燃剂进行改性处理，可实现 0.8～2.0mm 厚度的 V0 级阻燃特性，提高了 PC 光扩散材料的应用范围，为 LED 照明产品实现更高的安全性提供助力，满足了越来越多客户的需求。聚碳酸酯在照明领域的应用主要利用了基材本身高透明性和高耐热性的特点，功能化改性的聚碳酸酯解决了传统玻璃易破碎、加工困难等缺点，可通过注射成型或挤出成型制备各种规格的灯座、球泡、灯管等。

聚碳酸酯在 LED 照明领域的应用主要可分为三种形式：透明 PC、光扩散 PC 和遮光 PC，其中主要以光扩散 PC 为主。

光扩散 PC 应用领域非常广泛，包括家庭照明、商业照明、车辆内饰等均有应用。要实现光扩散效果主要有两种途径：

① 添加光扩散剂　这种方法已经较为成熟，应用也非常广泛，常用的光扩散剂主要可分为无机和有机两类：无机类光扩散剂主要为纳米硫酸钙、碳酸钙、二氧化硅等，加入这些颗粒可使光进行多次光折射达到光扩散的作用，但该方法光扩散效果不明显，通常会对材料的透光性造成一定影响；有机类光扩散剂主要为丙烯酸酯类、苯乙烯类和有机硅类等，对保持材料的透光性、雾度和色相具有较大优势。

② 表面磨砂　实现表面磨砂效果可通过特殊的模具来制备，也可以通过在树脂中添加磨砂剂来制备，该方法的弊端是会严重降低灯罩的光线透过率。

国家标准《LED 灯罩用光扩散聚碳酸酯》(GB/T 35516—2017) 对 LED

灯管用的改性聚碳酸酯的技术要求、试验方法、检验规则、标志、包装、运输和储存等内容进行了规范。

光扩散 PC 是聚碳酸酯在照明领域的主要应用形式，目前光扩散 PC 的用量在 6 万吨/年左右。

遮光聚碳酸酯材料（含高反射聚碳酸酯）是一种具有优良的光反射属性和光屏蔽性能的聚碳酸酯改性材料，一般通过添加钛白粉来实现高反射和高遮光效果。应用于 LED 灯后盖的遮光改性聚碳酸酯可以与光扩散聚碳酸酯通过共挤出的方式制备 LED 灯管。

（3）未来发展趋势

聚碳酸酯在照明市场的应用主要有两大发展趋势：

① 通用照明市场　追求低成本和高性能。透光率和雾度方向，通过不断开发高透光率、高雾度的聚碳酸酯产品，可在获得相同照明效果的前提下，减少 LED 灯珠使用数量，降低整灯成本。超薄阻燃方向，通过在更薄的制品上实现更优阻燃性能，可同时实现整灯总量和成本的降低。

② 特殊照明市场　差异化需求越来越突出。户外照明领域，对耐候、耐高温高湿等性能要求进一步提高，使用年限要求 8—10 年甚至更长。商业智能照明结合人因健康要求与智能照明提升光质量与节能控制，虽然短期受疫情影响，但长期而言将呈现高速成长。健康照明领域对蓝光的关注度越来越高，通过对聚碳酸酯材料进行性能改善，能有效过滤消除 LED 灯所产生的蓝光，减轻眼疲劳，使眼睛免受蓝光伤害。未来有机会可扩展至学校教育场所，健全照明市场发展。

4.4.2 光学透镜

聚碳酸酯由于具有高透光率、高折射率、高抗冲击性、高尺寸稳定性和易加工成型等优点，在光学透镜用途上占有极其重要的位置。使用光学级聚碳酸酯，可以制造光学透镜、手机摄像头、车载摄像机、监控摄像机、照相机、显微镜、望远镜、光学测量仪器等光学透镜以及各种棱镜、多角镜等。另外，它还大量用于办公设备中，例如投影仪镜头、复印机镜头、红外线自动对焦投影仪和激光打印机镜头。

在透镜领域，与传统的玻璃材质相比，聚碳酸酯的最大优势是可以通过注塑等加工方式很容易地做出各种形状的非球面以及其他特殊形状的透镜。最近，通过改变聚碳酸酯的链段分子结构，制造出了具有各种不同折射率和阿贝数的透镜，设计人员可以比以往任何时候都更加自由地进行光学设计，以满足各种光学设计的应用需求。而且，注射成型的加工方法在生产效率上也远远优于传统的玻璃透镜的制造方法。

聚碳酸酯在透镜领域的主要竞争材料是 PMMA。两者同为塑料材料，相对于玻璃都有生产效率高（注塑加工）和可制作异型透镜等优势。但聚碳酸酯在阻燃性能（PC 可达 UL 94 V2～5VA 级，PMMA 只有 HB 等级）、耐热性能（PC 热变形温度在 120℃以上，PMMA 只有 100℃左右）和抗冲击性能（PC 是 PMMA 的 10 倍以上）上都远好于 PMMA。还有在涂层性能（真空蒸涂防反射膜）等方面也优于 PMMA。此外，PC 在高折射率和低阿贝数的区域具有更多的产品类型，因此在光学设计方面也会更多地选择 PC。

4.4.3 光学镜片

由于聚碳酸酯具有高折射率、低密度、高抗冲等优点，多用于制作太阳镜、泳镜、儿童和成人眼科眼镜、安全防护镜的镜片。初步估算国内目前每年用于光学镜片的聚碳酸酯在 3 万吨以上。基于聚碳酸酯的镜片主要有以下三大优势：①重量轻，是目前镜片材料中最轻的，比普通树脂镜片轻 35%左右；②安全性好，是有史以来最牢固的镜片，比普通树脂镜片的抗冲击性能强 12 倍左右；③镜片薄，利用抗冲击性能优异的特点，可以把镜片设计得更薄。

太阳镜是聚碳酸酯镜片的主要应用领域，占聚碳酸酯镜片整体市场 80%以上。普通太阳镜仅通过在聚碳酸酯材料中添加紫外线吸收剂和染料就可以制成，而偏光太阳镜是通过将偏光片插入成型制造而成。由于太阳镜需要对成品进行染色处理，因此通常对产品的质量要求并不是特别高，市场上也很少有专门针对太阳镜的聚碳酸酯牌号，生产企业通常直接使用抗紫外线等级的通用聚碳酸酯牌号，甚至一些企业外购通用级产品自行添加紫外线吸收剂进行改性以降低成本。

儿童和成人眼科眼镜方面，不同于欧美市场（美国法律规定中小学生佩戴眼镜必须是树脂镜片，且极力推荐聚碳酸酯镜片，其份额已占到美国儿童眼镜市场的 50%），国内聚碳酸酯镜片所占市场份额较低，在总的树脂镜片中所占份额不足 10%。但眼科眼镜对聚碳酸酯的质量要求非常高，除了有 380nm 紫外线阻隔等强制要求外，还对产品的纯净度、光学畸变等有严格要求。国内眼科眼镜市场主要还以热固型树脂镜片为主，采用热固性树脂透镜不仅切削加工性优于聚碳酸酯透镜，而且折射率更高，阿贝数适中，即使再高度数的镜片也不会出现色彩模糊的情况。但目前也已经开发出了许多高折射率的聚碳酸酯产品，可以将透镜做得更薄。聚碳酸酯应用于镜片虽然具有诸多优点，但也存在不耐刮擦的缺点，因此在实际应用中通常还需对注塑后的镜片进行表面硬化处理，以提升制品的耐刮擦性能。

4.4.4 光盘

随着新型存储媒介的兴起和存储习惯的改变，光盘作为传统存储介质的用量已大幅萎缩，直接导致用于制作光盘的聚碳酸酯的需求用量迅速下降，从最高时约占聚碳酸酯总用量的20%下跌至目前不到3%。预计在未来几年中，光盘级聚碳酸酯的消费量还将不断萎缩。

由于光盘级聚碳酸酯需要产品具有非常高的流动性和洁净度，各生产厂家通常会单独建设生产线，但随着需求量的迅速减少，多个生产厂家纷纷对原有光盘级生产线进行改造，转为生产其他注塑或挤出级产品。

4.5 医疗/包装

4.5.1 医疗

（1）市场概况

聚碳酸酯不仅广泛应用于工农业，在医疗行业中也有广泛应用。医疗级聚碳酸酯具有玻璃般的高透明度，设计自由度高，坚韧牢固，符合生物相容性要求，可经受多种灭菌方法如高温蒸汽、消毒剂、电子束消毒或伽马辐射消毒，且能保持颜色和物理性能稳定等特性，被广泛应用于人工肾血液透析器、输血输液部件、面罩，以及其他需要在高透明、直观条件下操作，并需反复消毒的医疗设备中，如微创手术工具消毒盒、医疗信息系统产品和监控仪、呼吸机和呼吸面罩，以及诊断器械和医疗健康相关的家用和个人可穿戴产品。

目前全球每年医用领域消耗的聚碳酸酯类树脂超过15万吨，包括聚碳酸酯纯树脂和改性聚碳酸酯树脂，占全球总聚碳酸酯消费量的3%～4%，预计未来几年，全球医用聚碳酸酯的消费量还将以年均3%～4%的速度增长。中国目前每年的医用聚碳酸酯消费量不到4万吨，消费占比明显低于全球平均水平，但2020年新冠肺炎疫情的暴发为聚碳酸酯在护目镜、呼吸面罩、呼吸机和测温枪壳体等应用带来了爆发式增长。未来随着人口老龄化对医疗护理产生的巨大需求以及医疗保健制度的日渐完善，医疗级聚碳酸酯的消费也将得到较快发展。

随着社会发展，人们更注重养生，转“医”为“疗”，可穿戴医疗、可穿戴健康检测设备蓬勃发展。专业化的医疗设备进入普通家庭，要求仪器设备具备小型化、功能化的特点，同时还要求材料具有更高的卫生等级，具有自清洁和抑菌抗菌性能，同时因接触皮肤而必须考虑耐汗液侵蚀和满足生物相容性。聚碳酸酯及其改性材料可满足以上要求。

(2) 性能要求

① 相关法规标准的要求　国内法规要求，必须通过《医用输液、输血、注射及其他医疗器械用聚碳酸酯专用料》(YY/T 0806—2010) 测试，且生物相容性评价需通过 GB/T 16886.1—2011 所述测试。国外须达到美国药典塑料Ⅵ级材料要求，生物相容性测试需通过 ISO 10993 第一部分“医疗器械的生物学评价”的相关要求。

生物相容性评价是医疗器械安全性评价中不可缺失的一环。ISO 10993 系列标准及其等同转化的国家推荐标准 GB/T 16886 是对器械进行生物安全性评价的重要指导原则。ISO 10993 标准几经改版，从最初的侧重生物相容性测试，到最新发布的 2018 版改为优先通过物理/化学分析，再根据毒理学评价和体外测试的方法进行评价，不仅可以使得实验动物数量最小化，更重要的是可以定量揭示器械使用中的风险，尤其是长期使用风险。这样的长期风险评价，若采用动物测试的方法进行评价，不仅费用高昂、耗时、灵敏度不高，适用性易受到质疑，而且面临着愈发严苛的动物福利保护的阻力。

对于呼吸面罩、气管插管等涉及呼吸气体通路的医疗器械，目前通用型设备更加专业化，国际上同样需要生物相容性评估，可依照 ISO 18562 进行。该标准由 4 个系列标准组成，分别是依据风险管理过程的评估和测试、颗粒物测试、VOC 和冷凝可沥滤物测试。其基本指导原则与 ISO 10993 是一致的，也是以化学分析方法作为起点，通过毒理学评价的方法，对此类医疗器械进行生物安全性评价。

② 耐多种灭菌方式要求　医疗器械灭菌是保证产品质量的一种方法。对于用聚碳酸酯生产的医疗器械和手术设备，如吸附器和静脉输注接入设备等，需要能够承受高温蒸汽和伽马辐射灭菌过程。目前，为满足这些特殊需求，市场上已成功采用耐高温可高达 143℃、耐超热灭菌方法的医疗级高温聚碳酸酯材料。消毒剂的使用日益广泛，可重复消毒的材料在医院和个人医疗器械也十分重要。医疗器械行业应该逐步增加对原材料生物相容性的强制要求从而降低风险。

2020 年，新冠肺炎疫情在中国肆虐，由于酒精醇类溶液对该病毒具有非常好的灭杀效果，因此，酒精擦拭成了很多医疗设备的消毒必选方法。所以，医院和医疗器械生产商，对能耐受酒精擦拭的医疗器械外壳材料更为青睐。聚碳酸酯恰好是这类材料，其耐受酒精类溶剂侵蚀的能力非常好，在这方面比聚酯类材料要更为适合。同时，该病毒并不耐受高温，出于同样的目的，耐高温材料特别是能耐高温消毒（蒸汽）的聚碳酸酯，也是非常好的业界选择。特别是耐温达143℃的材料，可以在高温蒸煮下持续更长时间，而保持良好的材料性能。

③ 高强度和高流动性要求　医用聚碳酸酯在加工过程中应具有良好的机械强度和流动性，能充分满足产品薄壁应用的需求，同时，高的流动性能也能提高厂家的产量。近几年出现了超高流动性易脱模耐辐照的医疗级聚碳酸酯新产品，可缩短生产周期，降低加工成本。不过，在使用添加剂提升强度、流动性和脱模性时，有必要对最终混配好的树脂牌号完成生物相容性的认证，而不能停留在只考虑每个添加剂单独的生物相容性。这样做，才能真正实现完整的生物相容性验证。

④ 高透明度要求　采用医用聚碳酸酯材料制成的医疗设备部件往往会利用聚碳酸酯高透明的特点，实现医疗过程中目视监控功能，包括：观察流体的流动，如静脉组件、输液泵、透析器等；观察所装物质，如消毒盘、输药系统等。同时高透明产品也增加了产品的美观性。

⑤ 阻燃要求　医疗器械，既包括了普通无电力驱动的仪器设备（无源），也包括用电的医疗器械（有源）。在有源医疗器械方面，特别是目前普遍流行的制氧机和家用制氧机，对于产品的防火是必须考虑的一环，IEC国际标准对材料的防火等级要求也十分严苛。一方面，像对一般电器设备的防火要求一样，对材料耐受灼热丝燃烧的温度要求较高，对阻燃要求也不断向UL 94 V0等级靠近；而且，对负载电流的电控盒，一样提升到了UL 94 5VA等级的要求；另一方面，同样考虑添加剂的无卤化、低卤化，对环境友好。

（3）典型应用

① 人工透析器和膜式氧合器　用作人工透析器和膜式氧合器的聚碳酸酯树脂应满足以下要求：高透明，良好的润湿性，既能耐环氧乙烷（EO）灭菌，又能耐消毒蒸汽的热量或γ射线辐照，在γ射线照射下保持颜色稳定且不降低它的透明性和力学性能。由此开发的耐γ射线的新型聚碳酸酯树脂，可用于电子射线灭菌的透明医疗器具。经过γ射线灭菌后的器械具有更清洁、更安全、无残留且灭菌时间短等优势。

② 输血、输液注射器　聚碳酸酯还可以应用到注射器、吸入器和微型给药泵等新型医疗设备中。其中，如采用符合生物相容性要求的医疗级聚碳酸酯材

料制成的新型胰岛素注射器，在不到 1s 的时间内，将药物在高压下通过微细的聚碳酸酯药瓶孔口作皮下注射，患者几乎没有痛感。产品具备了良好的伽马辐射灭菌耐受性和耐油脂性，而且依然能够保持颜色稳定性和力学性能。

③ 手术器械　眼科微钳和微剪、内窥镜和微创手术手柄、人工膝盖平衡仪、穿刺器等医疗器材中用到医疗级聚碳酸酯。因其使用的特殊性，这些手术类器械往往非常精密而且需要高强度医疗级材料。为保证产品不被污染，高增强医疗级聚碳酸酯便能取代金属，制造一次性使用而且符合人体工学设计的微创手术手柄，成本效益比金属研磨可能更高。多用强烈的消毒剂来杀菌消毒，因此手术电子设备外壳需能抵抗消毒剂，所以该类医疗级聚碳酸酯原料增加了抗强化学腐蚀性能要求。

④ 呼吸面罩　广义的呼吸面罩包含整个面罩族，涵盖了雾化面罩、急救面罩、文丘里面罩、普通吸氧面罩等呼吸面罩的分支。呼吸面罩领域中最常见的材料为聚碳酸酯、PVC、硅胶，其中聚碳酸酯在呼吸面罩上盖中的使用最为广泛。新冠肺炎疫情中呼吸类医疗器械的需求非常大，预计呼吸类产品 2020 年的聚碳酸酯用量超过 2000t。

⑤ 医疗隔离眼罩　在新冠肺炎疫情发生前医疗隔离眼罩的市场占有率不高，受关注度也不高，但在疫情期间瞬间与口罩、医用隔离服等一起成为疫情防护物资中非常重要的产品。医用隔离眼罩通常有两种结构，一种是常见的 PVC 底座加聚碳酸酯镜片，这种结构的优点是结构简单成本低，缺点是佩戴舒适性差，整体密封性也不好。另外一种是底座和镜片聚碳酸酯一体成型，然后在聚碳酸酯底座下方加上密封材料，这种眼镜的成本较高，但是佩戴舒适度高。预计医疗隔离眼罩类产品 2020 年的聚碳酸酯用量超过 2000t。

⑥ 呼吸机、额温枪等壳体　新冠肺炎疫情期间，呼吸机和额温枪的需求也大大增加，这些医疗器械产品的壳体主要是 PC 或者 PC＋ABS，在疫情初期所有企业的复工都要求配备额温枪，所有的小区、餐厅、超市等几乎我们能够涉及的场所都会见到额温枪的使用，额温枪的需求一度供不应求，这些对 PC 的需求带动作用巨大。

⑦ 其他医疗设备　医疗级聚碳酸酯类材料，包括纯 PC、PC/GF、PC/ABS、PC/PET、PC/PBT 合金等，具有稳定性好、流动性高、易于加工等特点，适合薄壁成型。同时兼具耐水解和良好的耐化学品性能，通过生物相容性测试，符合 RoHS 要求等优点，还可应用于便携式制氧机、可穿戴监护仪、注射泵、核磁（MR）或 CT、胰岛素注射泵大型医疗设备。

（4）应用注意事项

医用聚碳酸酯因优越的综合性能，尤其是突出的冲击韧性和耐热耐伽马射线辐射消毒性而在医疗领域得到广泛应用，但聚碳酸酯在成型加工中易产生内应力，容易发生应力开裂现象，给其应用带来不少问题。

医用聚碳酸酯注塑件内应力检测方法，至今没有一种统一理想的定量检测法，目前比较普遍采用的方法有两种：偏振光检验法和溶剂浸渍法。

偏振光检验法适用于各种透明塑料制件的检验，利用制件的透明性，把制件置于偏振光镜片之间，从镜上观察制件表面彩色光带面积的大小来确定内应力发生的范围大小，光带面积越大，内应力范围越大。

溶剂浸渍法是将制件浸在某些溶剂（如苯、四氯化碳、环己烷、乙醇、甲醇）内，按照制件发生龟裂破坏的时间来判断应力大小，时间愈长应力愈小。一般如果浸渍 5～15s 开裂，说明内应力很大；如果浸渍 1～2min 还未见开裂，说明内应力较小，使用过程中不大会发生问题。该方法在做相对性比较时具有一定价值，但很容易被误用为对材料可靠性评估的方法，造成误会。

由于聚碳酸酯的结构特征和注塑工艺条件限制，完全避免内应力几乎不可能，只能尽量减小内应力或尽量使内应力在制品内分布均匀。主要方法有：

① 注射温度对制品内应力大小影响很大，应适当提高机筒温度，保证物料塑化良好，使组分均匀以降低收缩率，减小内应力，提高模具温度，使制品冷却缓慢，以松弛取向分子，降低内应力。

② 过高的注射压力可使塑料分子取向作用增大而产生较大的剪切力，使塑料分子有序排列，制品取向应力增大，因此，要尽量采用较低的注射压力；若保压时间太长，模内压力由于补压作用而提高，熔料产生较高的受挤压效应，分子取向程度提高，使制品内应力增大，因此保压时间不宜太长。

③ 通过合理设定注射速率也可以调节注塑件的内应力。可采用变速注射，即快速充模，当模腔充满后改用低速，变速注射一方面充模过程快、减少熔接痕，另一方面低速保压可减少分子取向。

④ 合理设计浇口位置，扁平制品最好采用缝形、扇形浇口，顶出装置应设计成大面积顶出，脱模斜度要大。

⑤ 原料必须充分干燥，尽可能使用较好的料，不用浇口料。在树脂不发生分解的前提下，宜用较高料温，提高熔体流动性。

⑥ 制品带有金属嵌件时，嵌件材料需预先加热，以防止金属材料与塑料材料线性膨胀系数不一致而产生内应力，过渡处需圆弧处理。

⑦ 出模后可用热处理方法消除内应力。热处理温度在 120℃左右，时间 2h

左右，通常随制件形状与壁厚调整参数。其实质是使塑料分子中的链段、链节有一定的活动能力，冻结的弹性变形得到松弛，取向的分子回到无规状态。

⑧ 最好不用脱模剂，否则易引发内应力，造成制品不透明、斑纹或开裂，同时也会影响生物性能指标。

(5) 未来发展方向

① 开发耐多种化学溶剂的医用聚碳酸酯　聚碳酸酯以其性价比高的优势，成为医疗器械领域中增长最快的高分子材料之一，目前各大聚碳酸酯生产商已陆续开发出耐高温型、耐辐射型、易脱模型、耐油型、抗冲击型医用聚碳酸酯树脂，拓宽了医用聚碳酸酯在医疗领域的应用范围。

虽然医用聚碳酸酯应用领域覆盖范围很广，但还有很大的可开发空间，如癌症治疗所用器械很难使用塑料制品。因肿瘤治疗所采用的强性能溶剂，如苯甲醇和二甲基乙酰胺等，会造成连接器开裂，存在泄漏或破碎风险。因此开发出具有更好的耐多种化学溶剂的医用聚碳酸酯将是其未来发展的一个方向。

② 适用于薄壁制品的更高流动性聚碳酸酯　对于一些细长结构、薄壁结构、复杂结构设计制品，比如细长结构的穿刺器，目前的聚碳酸酯材料在流动性和力学性能的平衡上，似乎遇到了瓶颈。是否可以从聚碳酸酯分子设计本身进行突破，在保证材料力学强度的前提下，进一步提升聚碳酸酯的加工性，从而拓宽产品的设计和加工窗口。

③ 生物可降解医用聚碳酸酯　近几十年来，随着生物可降解医用高分子材料在生物系统疾病的诊断、治疗以及生物体组织器官的修复或替换等领域表现出了广泛的应用前景，其研究也越来越受到人们的重视。目前，生物可降解医用高分子材料主要包括胶原、明胶、甲壳素等天然高分子以及聚碳酸酯、聚(α-羟基酸)、聚磷酸酯等合成高分子材料。

传统的双酚 A 型聚碳酸酯是聚碳酸酯类高分子中最早应用于医疗领域的，可加工成一次性耗材，亦可以加工成永久替代物如人工肾或颅骨等，但这类材料不能生物降解，只能作体内永久替代物。与双酚 A 型聚碳酸酯相比，脂肪族聚碳酸酯是一种可生物降解的高分子材料，但由于其特殊的化学结构导致力学性能差，限制了它在工程塑料领域的应用。近几十年，随着生物医学技术的不断发展和生物医用材料研究的日益活跃，通过改变其化学结构，引入功能化基团或与其他单体共聚可使脂肪族聚碳酸酯具有更出色的物理、化学和生物学性能，以满足不同医学需要。

可生物降解聚碳酸酯作为生物医用材料，不需二次手术移出，特别适用于一些需暂时性存入的植入场合。据文献报道，它在手术缝合线、骨固定材料、药物控制释放、组织工程等领域都已得到了一定的应用。可降解型聚碳酸酯因其特有的性能特点，使其在生物医用材料领域得到越来越广泛的关注。同时也为医用聚碳酸酯指明了未来发展方向。

众所周知，医疗行业对产品应用具有苛刻的要求，而聚碳酸酯具有耐高温、抗冲击以及透明美观的外观，脂肪族聚碳酸酯则表现出良好的生物相容性、生物降解性和机械加工性能，而且通过功能化、共聚和共混等手段可调节和改变聚碳酸酯的性能，以满足不同需求。聚碳酸酯已成为多样化医疗应用领域的首选材料之一，在该领域有广阔的应用前景。

④ 更多品种聚碳酸酯合金的开发　为了改善聚碳酸酯本身的不足或进一步提升其某方面的性能，比如加工性、耐化学品性、刚性和强度，使用高分子合金是目前通行的一种技术路线，常见的聚碳酸酯合金有 PC/ABS、PC/PET、PC/PBT、PC/GF 等。

进一步寻求新的合金品种，或针对某一特定应用需求的合金化，会随着更多现有医疗器械和医疗设备的去金属化以及新型产品的开发，得到更广泛的应用。

4.5.2 包装

聚碳酸酯具有良好的抗冲击、透明和耐热特性，在食品包装产品上有广泛应用，其中主要用于 5 加仑饮水桶。

市场方面，全国 5 加仑饮水桶的保有量在 3 亿个以上，每年消费量在 5000 万～6000 万个，用于满足新增市场需求和更换旧桶。饮水桶市场每年对聚碳酸酯的需求量约 4 万吨，但由于市场不规范，行业内存在大量采用回收料或其他一些不合格原料制备的“黑心桶”，使用新料的比例约为 70%，按此计算国内 5 加仑饮水桶市场的聚碳酸酯新料的消费量不足 3 万吨/年，建议市场监管部门加强执法，推动饮水桶行业的健康发展。同时，由于受瓶装水、直饮水、净水机等新型饮水方式的冲击，饮水桶市场在最近三年几乎没有增长，小型水桶厂的开工率和盈利水平都不高。

饮水桶的一个显著特点是成品的单位运输成本非常高，导致饮水桶通常都是当地生产，而下游市场分布又相对分散和均衡，行业进入门槛低，因此饮水桶生产企业的规模通常都不大，这也是导致市场较为混乱、产品质量参差不齐的主要原因之一。

近两年，随着电商销售模式的推广，一些水桶厂家开发研制不同口径、不同容量的异型水桶以满足用户的个性化需求，主要用于户外车载水箱、茶台，存储容器等需求，市场月需求量在 300～500 吨。

质量方面，首先，5 加仑聚碳酸酯饮水桶通常采用吹塑工艺生产，对聚碳酸酯的流动性要求较高。其次，对制品的外观要求较高，特别是对黑点、晶点、气泡等有较为严格的控制，对外观颜色也有一定要求。第三，对制品的抗冲击性要求较高，通常会对饮水桶注满水后进行高处自由跌落测试，确保无破损。

此外，聚碳酸酯在其他食品包装产品上也有广泛应用，如太空杯、白酒瓶盖、酒店用品、食品容器等。

4.6 新应用——5G

(1) 5G 技术简介

2019 年 6 月 6 日上午，中国工信部正式向中国电信、中国移动、中国联通、中国广电发放了 5G 商用牌照。这也就意味着，比较之前计划的 2020 年 5G 商用表，中国 5G 的商用时间整整提早了一年，中国成为自韩国、美国、瑞士、英国之后，全球第五个开通 5G 服务的国家。

5G，即第五代通信技术。在这新一代移动通信技术的支持下，包括手机、平板电脑、汽车、家电以及工厂生产设施在内的万物互联将得以实现，形成物联网。同时，5G 将成为建设移动型互联社会的基础，也是在生活和经济各领域实现数字化的关键技术。

5G 其中一个重要的关键指标是传输速率：按照通信行业的预期，5G 应当实现比 4G 快 10 倍以上的传输速率，即 5G 的传输速率可实现 1Gb/s。这就意味着用 5G 传输一部 1GB 大小的高清电影仅仅需要 1s。如此高的传输速度也会带来一些其他的应用，比如云端游戏、虚拟和增强现实等等。除了高速的传输速度之外，另外两项 5G 技术带来的优势是传输容量和数据延迟等方面的飞跃。受益于技术上的这些推动，导致基于这些创新相关的领域也必将迎来爆发，其中包含了物联网、无人驾驶、智能城市、远程医疗等下游行业。

如今，移动网络支持着我们生活的方方面面，不断增加着世界的互联互通，而这仅仅是个开始，5G 搭台的全球智能时代即将来临。

(2) 聚碳酸酯应用

2019 年被称为“5G 商用元年”，无论是手机、汽车、物联网还是基站等硬件设备在 5G 通信时代都对材料提出了更多的需求和更高的要求。

5G信号虽传播速度极快，但穿透力较低，需要大量室内外设备铺设，因此基站数量有望增加10倍以上。由于频率的提升，特别是5G毫米波频段，信号较4G频段更易衰减损耗，从而对5G频段材料的选择提出了更高的要求。

从基站天线罩、网络设备到终端产品，高频信号穿透和稳定的信号穿透性能将至关重要。

另一方面，5G时代，有源天线（AAU）将代替无源天线成为基站天线的主流，散热以及减重已然成为各家讨论的热点。巨额基建投入和仍在探索中的下游应用，使得运营商与设备厂商都非常关注5G的财务回报。因此，采用优质的材料减少反复修复或更换设备造成的损失，是提高运营效益、助力5G大面积推广的重要一环。

天线罩作为5G基站中大尺寸塑料部件，在保护5G信号系统耐受各种恶劣气候和工作环境的同时，不可避免由反射/介质损耗、波束畸变、器件材料老化变形等方面影响5G信号穿透和波束赋形。一个优异的5G天线罩材料，从技术角度需具有如下几个特性：

① 材料介电性能优异，满足天线罩低界面反射和低介质吸收损耗；

② 材料微观不同组分分布均匀，相态稳定，避免材料不均性导致波束畸变；

③ 长期耐受太阳紫外线、热、氧、雨水等化学老化；

④ 长期耐受风、冰雹、极寒极热收缩膨胀和材料脆韧转变等力学冲击；

⑤ 材料的阻燃、氧指数等安规指标，满足设备符合如美国等市场准入标准的要求。

面对塑料材料性能平衡性的极限挑战，材料方案百花齐放，相较PP/LGF方案，聚碳酸酯虽然在拉伸模量和成本上不具有优势，但突出优点在于韧性、尺寸稳定性、长期耐候、环保V0阻燃，以及优良的外观，因此成为一些国际电信设备商的首选方案。

在5G通信时代，由于传输速度的大幅提升，设备的能量损耗也急剧增加，发热量也变得更多，因此，对于设备的散热性能要求也更高。散热成为5G设备亟须解决的一大问题。常见的散热器件是金属压铸散热件，但金属质重且不绝缘，工艺复杂，加工精度要求高，抗腐蚀性较差。出于减重降本的目的，对于散热材料的要求更高，需要密度更低、导热更好、抗腐蚀性强的材料。以塑代钢、以塑代铝等散热材料解决方案应运而生，导热塑料受到关注。导热PC作为导热塑料家族的重要一员，具有散热均匀、重量轻、成型加工方便、产品设计自由度高等优点，未来将在5G通讯设备及消费类电子设备的散热部件上有较大应用需求。

5G也将影响智能手机的设计。5G技术的天线需要更多的空间和更好的信号穿透，因此，5G手机的金属背盖在未来将被陶瓷、玻璃或塑料所取代。PC/PMMA薄膜解决方案，作为一种新的制造工艺，是通过PC与PMMA两种材料共挤而成，可分为PC与PMMA两层。模量高、韧性好的PC层在内，为手机后盖产品提供了足够的刚性与抗冲击性；PMMA层在外，赋予产品后续通过淋涂等工艺提高耐刮擦性能的可能性。与此同时，由于其光学特性，具有高透明度，呈现出良好的玻璃般视觉体验，但比玻璃更坚固，耐摔，更可以实现复杂的3D造型设计。

在5G移动通信技术和基础设施平台的驱动下，越来越多的AI（人工智能）和物联网硬件设备如多功能网络设备、智能音箱、商用与家用机器人、智能家电等新潮物件在市场上出现。这些智能设备对CMF提出了更高的要求。聚碳酸酯作为市场上广泛使用的工程塑料，其具有易加工成形、设计自由度高及优异的着色性能等特点，在满足产品功能的同时又能兼顾美观和多彩的效果，成为众多智能硬件设备的外壳材料选择。

总体来说，相比较市场上其他材料解决方案，聚碳酸酯材料不仅具有良好的信号穿透性，还拥有足够的尺寸稳定性、阻燃性，且易于加工成型，并兼顾设计美观。作为综合性能较佳的材料，聚碳酸酯成为5G基站、网络设备及终端产品市场上广泛应用的外壳和内部件材料解决方案。

（3）未来展望

5G正式商用后，6G的研发也已加速启动。6G，即第六代移动通信技术，是5G系统后的延伸，仍在开发阶段。据悉，6G的传输能力可能比5G提升100倍，网络延迟也可能从毫秒降到微秒级。通过使用“空间复用技术”，6G基站将可同时接入数百个甚至数千个无线连接，其容量将可达到5G基站的1000倍，而且6G更被称为可最大化体现物联网优势的下一代技术。所以6G并不是简单的比5G多1G而已，而是更高层次的突破。目前全球6G技术研究仍处于探索起步阶段，技术路线尚不明确，关键指标和应用场景还未有统一的定义。从历史看，大约每十年移动通信就会更新换代，如今我们已进入5G时代，预计6G将在2030年左右出现。

每一代移动通信技术的诞生和发展，都对其硬件设备使用的材料提出了更高的要求和挑战。聚碳酸酯作为各项综合性能都非常优异的工程塑料，相信会在不断发展的通信技术领域中，继续发挥自身的特点，在越来越多的下游行业中获得应用。

4.7 其他

除上述主要应用市场外，聚碳酸酯还在其他诸多市场有着大量应用。在农用及纺织领域，聚碳酸酯可以用来生产农用机械料斗以及纺织纱管；在军事方面，聚碳酸酯可以生产子弹夹、防刺服、防毒面具；在生活消费品领域，聚碳酸酯可以生产水晶鞋头、化妆品盒、拔罐器、人体模特等；在无人机领域，由于对其壳体有较高的高低温抗跌落要求，也普遍使用聚碳酸酯及其合金材料。在轨道交通、航空航天等重大项目和装备领域，在家庭用具、玩具、文具、运动器械等日常生活用品领域，在无人机、VR（虚拟现实）等先进智能终端设备领域等都能看到聚碳酸酯的身影。

由于聚碳酸酯具有良好的化学稳定性、尺寸稳定性、低密度、高抗冲、高透明等优点，在家庭用具领域，被广泛用于凳子、椅子、茶几等家具用品；并且由于聚碳酸酯易加工和染色，款式多样，也是追求个性化生活的不二选择。由于聚碳酸酯良好的强度和韧性，还可以被窗帘配件厂用来制成透明的百叶窗窗帘配件，广泛用于家居和办公环境中。聚碳酸酯还可以生产透明卷帘门，既美观又具有艺术感。

在办公文具领域，聚碳酸酯常被用于生产笔帽、卷笔刀配件、装订机配件、印章盒盖等。采用聚碳酸酯制备的笔帽不仅能长时间不发生蠕变，确保每一次的笔芯插入都在准确位置且不会受到磨损，而且可在自由跌落、踩压和频繁插拔下不易破碎。

在有线网络时代，有线网和有线电视以及电话线的水晶接头都是使用聚碳酸酯来生产的。由于水晶头弹片需要180°的角度弯折15次以上的测试，使得高韧性的聚碳酸酯几乎成为水晶头的唯一材料选择。随着5G时代的来临，无线通信及物联网的发展，目前对水晶头的要求越来越高，而水晶头的使用市场则逐渐缩小。

在轨道交通领域，目前轨道交通正朝着高速、安全、舒适的方向快速发展，列车内饰产品对材料的要求也越来越高，要求材料在具有无卤阻燃、低烟低毒、耐高温的同时，具备良好的电器绝缘性能和力学性能。聚碳酸酯树脂经改性后，氧指数可达到36%以上，同时烟密度低于150，烟气毒性低至0.2，符合最高安全等级要求。但由于聚碳酸酯价格相对较高，目前还主要用于列车内饰小型制件，如封口格栅、灯罩、把手等，出口到欧盟的列车更是要满足表4.9所列EN 45545-2标准中HL2等级要求。

表 4.9　EN45545-2 危险等级标准

要求简称（适用部分）	参考测试方法	参数单位	定义要求	HL1	HL2	HL3
R22（IN16；EL2；EL6A；EL7A；M2）	T01 EN ISO 4589-2 OI	氧指数/%	最小	28	28	32
	T10.03 EN ISO 5659-2 $25kW/m^2$	$D_s(max)$	最大	600	300	150
	T12 NF X70-100-1 及-2 600℃	CIT_{NLP}	最大	1.2	0.9	0.75
R23（EX12；EL2；EL5；EL6B；EL7B；M3）	T01 EN ISO 4589-2 OI	氧指数/%	最小	28	28	32
	T10.03 EN ISO 5659-2 $25kW/m^2$	$D_s(max)$	最大	—	600	300
	T12 NF X70-100-1 及-2 600℃	CIT_{NLP}	最大	—	1.8	1.5

此外，由于聚碳酸酯具有优异的低温韧性和耐疲劳性，也普遍使用在滑雪运动器材等领域。

参考文献

[1] 顾书英，许乾慰，张懿．聚碳酸酯板的特性及其在建筑领域的应用［J］．工程塑料应用，2013，41（1）：105-108.

CNPCA 观察：

聚碳酸酯树脂有粉状、粒料、线材、板片膜等形式，通过不同加工工艺可以生产形状各异的制成件。

由于拥有良好的加工性能、优异的力学性能、天生的阻燃性能，以及高透明、易着色、尺寸稳定等特性，聚碳酸酯在电子电气、汽车、建筑、照明、医疗器械、航空航天、光学、安全防护、食品包装、3D 打印等领域都有广泛应用。而随着聚碳酸酯改性技术的发展，使得这一优异材料在发挥上述特性的同时，更在特殊效果设计、超薄电子产品开发、可穿戴设备应用、无人机、5G

应用等领域表现出优于传统材料的优势。

应用领域多种多样一直是聚碳酸酯行业引以为傲的层面，却也是“繁多而不大”的市场困惑点。从大的市场划分看，电子电器和电气设备，毫无疑问是最大的下游应用，板材建筑、汽车应用也构成了重要的应用市场份额。但仔细分析会发现，以电子电器、电气设备为例，主要应用竟有几十种，对应了几十种截然不同的上下游产业链，技术指标要求也各异，其市场分化之繁琐、技术要求之差异可见一斑。

因此，聚碳酸酯下游市场将天然地向两极分化：大宗商品料服务于通用指标市场，以典型标准化牌号满足；特定专用商品料因需要更多的技术附加服务，受限于特定的高利润高附加值应用领域。

未来，随着人类社会大趋势的发展，聚碳酸酯类材料的下游市场还应重点关注大健康、大交通（含轨道交通）、新农业和智能化领域，特别是在提升资源效率、实现智能化社会等方面。除功能性外，关注产品的设计性也是创造聚碳酸酯创新应用的重要途径。聚碳酸酯优异的透明性与着色性，为设计创造了无限可能。CMF 的理念，将会给聚碳酸酯插上腾飞的翅膀。

中国聚碳酸酯行业发展蓝皮书

2021

第 5 章

聚碳酸酯循环利用

5.1 再生塑料行业政策与标准
5.2 再生聚碳酸酯产业链
5.3 循环利用方法与技术
5.4 未来发展趋势

5.1 再生塑料行业政策与标准

5.1.1 政策

塑料再生已经不是单纯的降低成本，如果不对废旧塑料进行有效回收并循环再利用，将会对我国的生态环境造成巨大的污染与破坏，同时也会加大我国的能源消耗。据统计，我国每年废塑料产生量约3413万吨，占我国塑料消费量的30%左右，但是回收率却不到10%[1]。绝大部分废塑料被填埋、焚烧。废塑料回收再利用在节约资源、减轻环境污染的同时，也提供了大量就业和创业机会，为我国经济发展起到了至关重要的作用。众多利好政策为我国废塑料循环利用产业提供广阔发展空间，再生塑料行业正是“可持续发展”的践行者。

（1）再生行业相关支持性政策

①《再生资源回收体系建设中长期规划（2015—2020年）》 商务部、国家发改委、国土资源部、住房城乡建设部和供销合作总社，2015年1月26日联合发布。

主要目标：到2020年，在全国建成一批网点布局合理、管理规范、回收方式多元、重点品种回收率较高的回收体系示范城市，大中城市再生资源主要品种平均回收率达到75%以上，实现85%以上回收人员纳入规范化管理、85%以上社区及乡村实现回收功能的覆盖、85%以上的再生资源进行规范化的交易和集中处理。培育100家左右再生资源回收骨干企业，再生资源回收总量达到2.2亿吨左右。行业规模化经营水平大幅提升，技术水平显著提高，规范化运行机制基本形成。

②《关于推进再生资源回收行业转型升级的意见》 商务部、国家发改委、工信部、环境保护部、住房城乡建设部、供销合作总社，2016年5月5日联合发布。

提到：推广“互联网+回收”的新模式。鼓励企业利用互联网、大数据和云计算等现代信息技术和手段，建立或整合再生资源信息服务平台，为上游回收企业与下游拆解和利用企业搭建信息发布、竞价采购和物流服务平台，提高回收企业组织化水平，降低交易成本，优化再生资源回收、拆解利用产业链。以废弃电器电子产品、废弃饮料瓶等为突破口，在有条件的社区、商场等公共场所试点设立智能型自动回收机；以智能信息卡为载体，完善线下回收网点，通过激励机制，鼓励居民与企事业单位主动交投，实现线上信息流和线下物流的统一。鼓励互联网企业参与再生资源移动手机 APP、微信和网站回收服务，实现线上交废与线下回收的有机结合。

③《工业绿色发展规划（2016—2020 年）》 工信部，2016 年 7 月 18 日发布。

提到：到 2020 年，国内废塑料回收利用量要达到 2300 万吨。要加快推动再生资源高效利用和产业规范发展。围绕废塑料等主要再生资源，加快先进适用回收利用技术和装备推广应用。建设一批再生资源产业集聚区，推进再生资源跨区域协同利用，构建区域再生资源回收利用体系。

④《绿色制造工程实施指南（2016—2020 年）》 工信部，2016 年 9 月 14 日发布。

提到：再生资源产业专项。重点开展废旧材料、废旧机电产品等资源化利用，实施废钢加工配送系统，废有色金属、稀贵金属清洁分质高值化利用，废塑料自动分选及高值利用，废旧瓶片制高档纤维，废油除杂重整，废弃电器电子产品整体拆解与多组分资源化利用，报废汽车、船舶、工业设备绿色智能精细拆解与高效分选回收，建筑垃圾生产再生骨料等技术改造升级。到 2020 年，主要再生资源利用率达到 75%。

⑤《“十三五”国家战略性新兴产业发展规划》 国务院，2016 年 11 月 29 日发布。

将塑料再生行业列为“十三五”国家战略新兴产业。提到“建设资源循环利用第三方服务体系，鼓励通过合同管理方式提供废弃物管理、回收、再生加工、循环利用的整体解决方案。全面落实生产者责任延伸制度，鼓励使用再生产品和原料。建立健全覆盖固体废弃物、危险废弃物、再生产品、污染物控制等方面的标准体系。”

⑥《三部委关于加快推进再生资源产业发展的指导意见》 工信部、商务部、科技部，2017 年 1 月 26 日联合发布。

提到：废塑料。大力推进废塑料回收利用体系建设，支持不同品质废塑料的多元化、高值化利用。以当前资源量大、再生利用率高的品种为重点，鼓励开展废塑料重点品种再生利用示范，推广规模化的废塑料破碎-分选-改性-造粒先进高效生产线，培育一批龙头企业。积极推动低品质、易污染环境的废塑料资源化利用，鼓励对生活垃圾塑料进行无污染的能源化利用，逐步减少废塑料填埋。到 2020 年，国内产生的废塑料回收利用规模达 2300 万吨。

提到：废塑料高值高质利用示范：重点研发废塑料自动识别及分选技术，

纸塑、铝塑、钢塑复合材料等分离技术，开发废塑料改性等高值化利用技术、废塑料回收利用二次污染控制技术及专用设备，建设一批生产规模不低于20万吨/年的龙头企业，重点支持一批高效再生利用、有效促进环境保护的废塑料回收利用示范企业，大幅提升塑料再生产品品质，提高市场竞争力。

⑦《循环发展引领行动》 国家发改委等14个部委，2017年5月4日联合发布。

明确到2020年，主要废弃物循环利用率达到54.6%左右。提到：完善再生资源回收体系。推动传统销售企业、电商、物流公司等利用销售配送网络，建立逆向物流回收体系。支持再生资源企业利用互联网、物联网技术，建立线上线下融合的回收网络。鼓励再生资源企业与各类产废企业合作，建立适合产业特点的回收模式。因地制宜推广回收机、回收超市等回收方式。加强生活垃圾分类回收体系和再生资源回收的衔接。

提到：（十五）建立再生产品和再生原料推广使用制度。实施原料替代战略，引导生产企业加大再生原料的使用比例。分类发布再生产品和再生原料标准和目录，建立再生产品（再制造产品）政府优先采购制度。率先推动电器电子产品生产企业提高再生原料使用比例。推广建筑垃圾再生产品，在政府投资的公共建筑或道路中，支持使用一定比例的建筑垃圾再生产品。推进大宗固体废物替代建材原料，限制同类天然建材原料开采。

（2）再生行业发展规范性政策

再生塑料行业已经不再是简单的收旧利废、加工处理行业，而是嵌进整个社会大循环，成为实施绿色、低碳、循环发展的重要内容，关系着城乡环境治理、全社会绿色生产生活方式的打造。因此，行业企业不应再走以前粗放式扩张的老路，要以绿色发展的眼光审视产业布局。如何与环保、环卫企业深入合作，形成涵盖环卫、再生资源、物流的完整产业链，是企业未来创新发展的方向[2]。国家适时地推出规范再生行业的规定和政策：

①《废塑料综合利用行业规范条件》 工信部，2015年12月21日发布。

旨在规范废塑料资源综合利用行业发展秩序，促进企业优化升级，加强环境保护，提高资源综合利用技术和管理水平，引导行业健康持续发展。

②《工业和信息化部办公厅关于做好已公告再生资源规范企业事中事后监管的通知》 工信部，2017年8月1日发布。

旨在加强已公告再生资源企业事中事后监管，促进企业规范经营，引导产业持续健康发展。

③《固体废物鉴别标准　通则（GB 34330—2017）》《含多氯联苯废物污

染控制标准（GB 13015—2017）》 环保部、质检总局，2017 年 9 月 1 日联合发布。

批准《固体废物鉴别标准 通则》为国家固体废物污染环境防治技术标准，批准《含多氯联苯废物污染控制标准》为国家污染物排放（控制）标准。

④《工业和信息化部办公厅关于做好长江经济带固体废物大排查行动的通知》 工信部，2018 年 3 月 15 日发布。

⑤《工业固体废物资源综合利用评价管理暂行办法》《国家工业固体废物资源综合利用产品目录》 工信部，2018 年 5 月 25 日发布。

⑥《关于坚决遏制固体废物非法转移和倾倒进一步加强危险废物全过程监管的通知》 生态环境部，2018 年 5 月 10 日发布。

⑦《工业固体废物资源综合利用评价管理暂行办法》《国家工业固体废物资源综合利用产品目录》 工信部，2018 年 5 月 25 日发布。

⑧《关于进一步加强塑料污染治理的意见》 国家发改委、生态环境部，2020 年 1 月 16 日联合发布。

主要目标：到 2020 年，率先在部分地区、部分领域禁止、限制部分塑料制品的生产、销售和使用。到 2022 年，一次性塑料制品消费量明显减少，替代产品得到推广，塑料废弃物资源化能源化利用比例大幅提升；在塑料污染问题突出领域和电商、快递、外卖等新兴领域，形成一批可复制、可推广的塑料减量和绿色物流模式。到 2025 年，塑料制品生产、流通、消费和回收处置等环节的管理制度基本建立，多元共治体系基本形成，替代产品开发应用水平进一步提升，重点城市塑料垃圾填埋量大幅降低，塑料污染得到有效控制。

⑨ 建立形成治理塑料污染的长效机制——国家发改委负责人就《关于进一步加强塑料污染治理的意见》答记者问。

回答道：按照“禁限一批、替代循环一批、规范一批”的思路，提出了塑料污染治理分阶段的任务目标，对不同类别塑料制品提出相应管理要求和政策措施：有序禁止、限制部分塑料制品的生产、销售和使用；推广可循环、易回收、可降解的替代产品，培育形成塑料减量、绿色物流和循环利用新模式；规范塑料废弃物的回收利用和处置，降低塑料垃圾填埋量。通过系统性治理，推动完善塑料制品生产、流通、消费和回收处置各环节的管理制度，形成塑料污染多元共治体系。

⑩《中华人民共和国固体废物污染环境防治法》 2020 年 4 月 29 日第十三届全国人民代表大会常务委员会第十七次会议第二次修订。

为了保护和改善生态环境，防治固体废物污染环境，保障公众健康，维护生态安全，推进生态文明建设，促进经济社会可持续发展，制定本法。本法自2020年9月1日期实施。

⑪ 新华社报道　2019年9月9日。

习近平主持召开中央全面深化改革委员会第十次会议指出：积极应对塑料污染，要牢固树立新发展理念，有序禁止、限制部分塑料制品的生产、销售和使用，积极推广可循环易回收可降解替代产品，增加绿色产品供给，规范塑料废弃物回收利用，建立健全各环节管理制度，有力有序有效治理塑料污染。

(3) 禁止废塑料进口

近年来，进口废塑料走私、进口废塑料造成的环境危害已日益严重。为阻断初级加工污染向国内转移，国务院频频出台政策组合拳，禁止洋垃圾入境，禁止相关种类废塑料（主指四大类：生活源废塑料、钒渣、未分类废纸和废纺织品）进口，以有序规范国内废塑料产业链发展。

首先，提高固体废物进口门槛。国办发〔2017〕70号文件《禁止洋垃圾入境推进固体废物进口管理制度改革实施方案》实施发布，提到：2017年7月底前，调整进口固体废物管理目录；2017年年底前，禁止进口生活来源废塑料、未经分拣的废纸以及纺织废料、钒渣等品种。进一步加严标准，修订《进口可用作原料的固体废物环境保护控制标准》，加严夹带物控制指标，减少固体废物进口口岸数量，增加固体废物鉴别单位数量，解决鉴别难等突出问题。2018年4月13日，国家生态环境部、商务部、国家发改委、海关总署联合发布了关于调整《进口废物管理目录》的公告，将工业来源废塑料（指在塑料生产及塑料制品加工过程中产生的热塑性下脚料、边角料和残次品）调入《禁止进口的固体废物目录》，自2018年12月31日起执行。海关总署接连开展“蓝天2018”“蓝天2019”专项行动，对“洋垃圾”形成了高压打击态势。2020年1月19日，国家发改委、生态环境部发布了新版限塑令——《关于进一步加强塑料污染治理的意见》，全面禁止废塑料进口。

其次，适时修订《中华人民共和国固体废物污染环境防治法》等法律法规，提高对走私洋垃圾、非法进口固体废物等行为的处罚标准。严厉查处走私危险废物、医疗废物、电子废物、废塑料等违法行为，重点打击走私，以及非法进口利用废塑料、废纸、生活垃圾、电子废物、废旧服装等固体废物的各类违法行为，对废塑料进口及加工利用企业开展联合专项稽查，重点查处倒卖证件、倒卖货物、企业资质不符等问题。

第三，加大全过程监管力度。从严审查进口固体废物申请，减量审批固体废物进口许可证，控制许可进口总量。进一步加大进口固体废物查验力度，严格落实“三个100%”（已配备集装箱检查设备的100%过机，没有配备集装箱检查设备的100%开箱，以及100%过磅）查验要求。加强对重点风险监管企业的现场检查，严厉查处倒卖、非法加工利用进口固体废物以及其他环境违法行为。

第四，建立国际合作机制。推动与越南等东盟国家建立洋垃圾反走私合作机制，适时发起区域性联合执法行动。利用国际执法合作渠道，强化洋垃圾境外源头地的情报研判，加强与世界海关组织、国际刑警组织、联合国环境规划署等机构的合作，建立完善走私洋垃圾退运国际合作机制。

5.1.2 标准

由于我国政策调整，废塑料禁止进口，出现再生塑料颗粒进口量明显增加，同时，国内企业纷纷走出国门，去东南亚等地新建再生料加工工厂，达到国家要求后再进入国内。但再生塑料颗粒这种进口货物尚无产品标准，其“废物/产品”属性不明确，使得口岸积压大量再生塑料颗粒货物无法进口，大致估算2017年聚碳酸酯再生料进口至少减少了三分之一以上。我国再生聚碳酸酯（简称再生PC）产品质量良莠不齐，该领域的标准也处于缺失状态，行业内无标准可依。因此，制定再生PC的产品标准，将促进国内再生PC行业高质量发展提供技术支撑。

根据国家标准化管理委员会、国家生态环境部和海关总署等部署，为加强对塑料可再生资源的回收利用与管理，防控塑料废弃物对环境造成的危害，规范再生塑料的生产和贸易，促进行业高质量发展，由全国塑料标准化技术委员会归口，启动了再生塑料系列国家标准项目研制工作。根据2019年第三批国家标准制修订计划，本次立项再生塑料系列国家标准共8项，由全国塑料标准化技术委员会（SAC/TC 15）技术归口，其中《塑料　再生塑料　第7部分：聚碳酸酯（PC）材料》项目编号为2019100241，由上海奥塞尔材料科技有限公司牵头起草，目前正在紧锣密鼓地制订中。国内外再生塑料相关标准见表5.1。

表5.1　国内外再生塑料相关标准

序号	标准号	标准名称	标准内容
1	ISO 15270:2008	塑料　废塑料回收和再利用指南	本标准为基础标准，为塑料废弃物回收（包括再循环）标准和规范的制定提供了指南，为塑料废弃物的回收提供了多种方式

续表

序号	标准号	标准名称	标准内容
2	ASTM D7209-06	减少废物、资源回收和使用回收聚合物材料和产品的标准指南	本标准为基础标准，提供了有关塑料回收和其他减少废物和资源回收方法的标准（指南、术语、试验方法或规范）的制定信息。包括： 总体目标、修订标准、术语和定义、性能标准的使用、可回收性的设计、质量保证、塑料主体鉴定、分离和隔离、污染物、填料、重组产品、能量回收、含有再生塑料的产品的百分比和认证、认证、标签、材料和产品制造商的责任
3	EN 15347	塑料　回收塑料　废塑料的表征	本标准为基础标准，规定了一种表征废塑料的方法
4	GB 16487.12—2017	进口可用作原料的固体废物环境保护控制标准　废塑料	本标准为国家强制标准，规定了进口废塑料的环境保护控制要求。 主要规定了放射性限量、不能混有废弃炸弹、炮弹等爆炸性武器弹药、及其他腐蚀性、毒性、易燃性、反应性等危险废物
5	SN/T 2928.1—2011	废旧高分子材料种类的判定方法：第一部分　废旧塑料	本标准为出入境检验检疫行业标准，是方法标准，规定了废旧塑料的定义与外观、燃烧、溶解性、密度、元素和红外光谱等废旧塑料判定方法
6	SN/T 3095—2012	初级形状塑料树脂与再生塑料树脂的鉴别方法	本标准为出入境检验检疫行业标准，是方法标准，规定了初级形状塑料树脂与再生塑料树脂的定义、技术要求、鉴别方法
7	QB/T 4881—2015	再生和回收塑料制品安全技术条件	本标准为轻工行业标准，规定了再生和回收塑料制品中有害物质控制的安全技术要求、取样和样品制备方法、试验方法和判定规则
8	GB/T 30102—2013	塑料　塑料废弃物的回收和再循环指南	本标准为国家推荐下标准，为塑料废弃物回收（包括再循环）标准和规范的制定提供了指南。为塑料废弃物提供了多种方式
9	HJ/T 364—2007	废塑料回收与再生利用污染控制技术规范（试行）	本标准规定了废塑料回收、贮存、运输、预处理、再生利用等过程的污染控制和环境保护监督管理的要求。 本标准适用于包括进口废塑料在内的各种废塑料的回收与再生利用，不适用于属于医疗废物和危险废物的废塑料
10	QB/T 4881—2015	再生和回收塑料制品安全技术条件	本标准规定了再生和回收塑料制品中有害物质控制的安全技术要求、取样和样品制备方法、试验方法和判定规则。 本标准适用于再生和回收塑料用量在50%以上的塑料制品。 本标准不适用于食品接触、医用产品、玩具、文具及超出相关法律法规限定的制品

续表

序号	标准号	标准名称	标准内容
11	SN/T 2740—2010	进口再生塑料原料中污染物的分离与鉴定方法	本标准规定了进口再生塑料原料中水分、初始产品残渣、多相塑料、金属、纸、玻璃、黏合剂和木屑等污染物的分离与鉴定方法。 本标准适用于进口再生塑料污染物的分离与鉴定
12	HJ/T 231—2006	环境标志产品技术要求 再生塑料制品	本技术要求规定了再生塑料制品环境标志产品的基本要求、技术内容及其检验方法。本技术要求适用于以废塑料为主要原料生产的各类再生塑料制品
13	GB/T 37821—2019	废塑料再生利用技术规范	本标准规定了废塑料的破碎要求、清洗要求、干燥要求、分选要求、造粒和改性要求、资源综合利用及能耗要求、环境保护要求。本标准适用于包括聚乙烯(PE)塑料、聚丙烯(PP)塑料、聚苯乙烯(PS)塑料、丙烯腈-丁二烯-苯乙烯(ABS)塑料、聚氯乙烯(PVC)塑料以及聚对苯二甲酸乙二醇酯(PET)塑料在内的废塑料再生利用过程。其他废塑料品种可参考本标准。 本标准不适用于列入国家危险废物名录的废塑料的再生利用

5.2 再生聚碳酸酯产业链

5.2.1 产业链图

欧洲统计局公布的 2016 年全球塑料生产总量已经达到 3.3 亿吨（2018 年的最新数字是 3.6 亿吨），其中接近 1.8 亿吨用于使用寿命至少为 3 年以上的耐用消费品（例如汽车、建材、白色家电等），1.5 亿吨为快速消费品（包装膜袋、饮料瓶等）。由此产生的 2.6 亿吨废弃物中，得到回收利用的只有 4160 万吨。其余的 2.2 亿吨通过焚烧、填埋和直接排入环境的方式处理，没有得到有效的再利用。在回收的 4160 万吨中，约 3120 万吨属于机械再循环（又称机械回收），即通过分类、清洗、破碎、再造粒之后再共混使用；不到 250 万吨属于化学再循环（又称化学回收），即通过化学方法将塑料高分子降解成单体，然后使用单体再重新聚合。欧洲统计局公布的 2016 年全球塑料流向如图 5.1 所示。

再生聚碳酸酯的来源就是聚碳酸酯应用的产品的废弃物（废旧 PC），目前一般不包括聚碳酸酯和其他塑料的共混塑料，分为消费前回收和消费后回收。

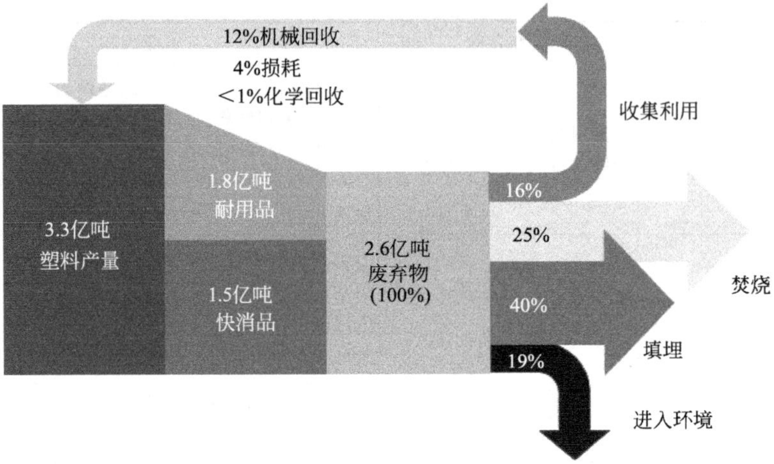

图 5.1 欧洲统计局公布 2016 年全球塑料流向

再生 PC 消费前回收，指的是制造过程中（包括聚碳酸酯合成、聚碳酸酯改性、聚碳酸酯制品加工）过程中产生的材料。再生 PC 消费后回收指的是聚碳酸酯制品经过终端用户使用，制品已完成其原定目的或不能再使用，回收的聚碳酸酯（包括从流通链中返回的材料）。废旧聚碳酸酯经过回收点收集后，交给回收散户或企业分类（包括拆解）、分拣、破碎、清洗、干燥等环节，得到比较纯净的聚碳酸酯碎片，然后通过熔融再生得到的再生 PC 颗粒，可根据再生 PC 的应用领域对其进行针对性的改性，最终通过变成制品到达终端用户手中；或者通过化学再循环，利用化学方法降解得到化学单体或小分子物质，最终回到合成厂合成新的材料，应用到其适合的领域。这是聚碳酸酯从聚合新生、再生到再利用的完整流程，详见图 5.2。其中，可以一个企业操作多个环节，也可以一个环节由多个企业完成，根据实施方式而定。

5.2.2 构建高价值利用产业链

塑料循环再利用主要有三个方面的难点。首先，再生塑料的回收成本高企使得回收企业难以盈利。由于 2018 年国家实行禁止进口国外废弃塑料政策使得回收再生塑料行业重点转向国内回收，加上劳动力成本上涨，导致再生塑料成本居高不下，市场价格也水涨船高；而原油价格的持续走低和化工行业产能的不断增加，竞争加剧，又令原生塑料的市场价格屡创新低。再生塑料和原生塑料的价格倒置，导致再生塑料产业失去利润空间[3]。其次，上游的产品制造和使用环节给塑料回收带来很大困难。很多产品为满足功能性需求，由多种材

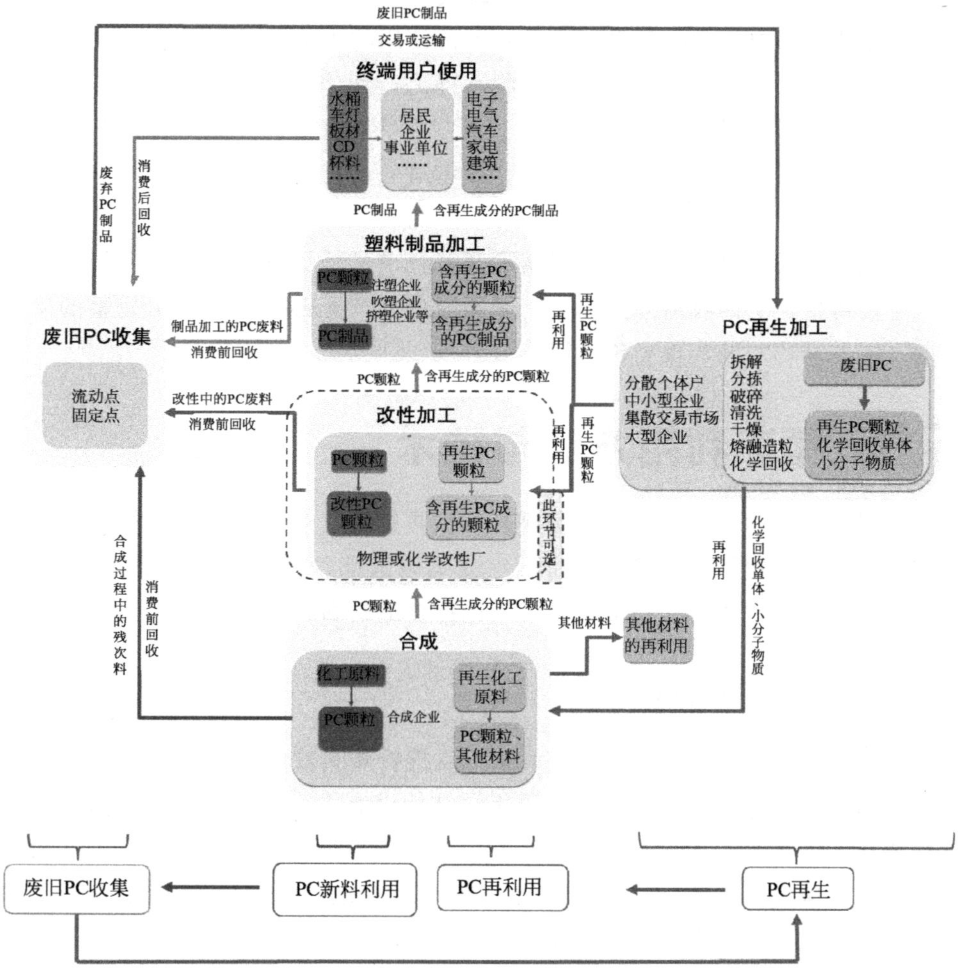

图 5.2 聚碳酸酯产业循环链

料复合而成，使得回收分离的工作很困难[3]。第三，塑料的应用领域广泛，并且形状各异，大小不一来源不可追溯，回收经营分散，集约化程度低。所以塑料循环再生是一个全产业链都要参与的问题。单从上游生产端或者下游回收端发力，都不能解决问题。所以，如何构建一个新的价值链是塑料循环的关键问题。

聚碳酸酯作为主要的工程塑料之一，上游、中游、下游各环节的先行企业已经开始着手进行产业链联动，很多产品从设计环节就考虑后端再生利用的问题，推进闭环回收，探索实现聚碳酸酯的高价值回收路径。

2020 年 1 月 10 日，材料制造商科思创与农夫山泉和再生 PC 企业上海奥塞尔（Ausell）在杭州签署了一项19L聚碳酸酯水桶回收增值再利用三方合作协议。根据协议，农夫山泉负责收集回收不再使用的19L聚碳酸酯水桶，年回收量约100万只。上海奥塞尔负责对回收水桶进行切碎、清洗和再造粒。科思创对经处理的塑料粒子进行进一步加工，制成含再生PC成分的高性能塑料，并应用于电子电气、家电及汽车等行业。这将进一步优化水桶回收效率，提高回收过程的可追溯性与回收品质。

聚碳酸酯循环再利用持续发展离不开各环节的协同联动，只有真正地从新生就考虑再生，从回收追溯到源头，聚碳酸酯的产业链条才是一个完整的生命周期，绿色循环才能实现高价值回收。

5.3 循环利用方法与技术

废旧聚碳酸酯的再循环方法主要有机械再循环、化学再循环、能量回收三种方法，我们通常所说的聚碳酸酯再生或聚碳酸酯循环再利用主要指前两者。企业根据具体的企业情况和市场需求，选择合适的回收方式。

5.3.1 机械再循环

机械再循环（mechanical recycling）是指将塑料废弃物转换为二次原材料或产品的加工，在这一过程中材料的化学结构没有发生显著变化。机械再循环其优势在于其相对于化学再循环，流程简单，成本低廉，是目前主流的回收方式。用于机械再循环的废旧聚碳酸酯主要来源是光盘、水桶、车灯、板材、水杯料等，经过使用后会有不同程度的杂质或和混杂其他的物料，需要经过一系列加工得到纯净的碎片，才可再次进入其他生产循环，达到“白色污染”资源化的目的。废旧聚碳酸酯机械再循环通常包括以下过程：

收集→鉴别→分拣→破碎→清洗→干燥→造粒

（1）鉴别

在聚碳酸酯回收和废旧聚碳酸酯采购过程中，聚碳酸酯的鉴别是非常重要的，可以通过眼睛看、手触摸、听声音（摔打敲击）、点火烧、比重量（测密度）等一些简单快速的方法进行经验定性判断，使用时可结合仪器分析法进一步准确鉴别。聚碳酸酯为无味、白色、浅黄色或琥珀色透明固体，使用后回收会因为添加成分不同呈现不同的颜色和透光率；手感有金属质感，较硬，弯曲时张力大；摔或相互击打声音较响；遇火缓慢燃烧，呈亮黄色火焰，离火自熄，有花果臭味，燃烧过程中塑料软化、熔融、出现气泡、会碳化；聚碳酸酯

（双酚 A 型）的近似密度为 1.20～1.22g/cm^3，可利用其密度（单位体积感知重量差别）来鉴别，但该法很少单独用于鉴别，一般和其他方法结合使用[3]。红外谱图法是目前比较常见的仪器检测法，结合检测玻璃化转变温度等手段可以进行主题材料定性。另外还有对二甲氨基苯甲醛显色反应，有吉布斯靛酚显色法、拉曼光谱、核磁共振、紫外光谱、热解气象色谱等很多种表征方法。各种鉴别方法均有其优点和局限性，各企业会根据自己的情况及目的选择适合自己的方法。

（2）分拣

一般废旧聚碳酸酯消费前回收在加工过程中会进行分类。废旧聚碳酸酯消费后来源情况比较复杂，常常混入金属、沙子、橡胶等杂质，有时也会有其他的杂质混杂在一起，这不仅会对废旧聚碳酸酯的回收加工造成困难，也会很大程度上影响制品的质量，尤其是当混入金属杂质或石子时会严重地损伤加工设备。因此在聚碳酸酯再生利用前，一定要把其杂质去掉，把混杂的其他塑料分开，因此分选是必不可少的环节。废旧聚碳酸酯最常用的是手工分选、浮沉分选、磁选、电磁选等。

① 手工分选　虽然耗费人工，需要一定的经验，但是不需要投入太多的设备成本，是灵活性最高的一种方法，是中小企业，尤其是小企业首选的方法。主要有以下情况：手工拆解制件进行归类；回收制品有透明和不透明的，蓝、红、绿、黑必须分开；镀膜和非镀膜的分开，例如碟片、灯头含镀膜的；按制件的种类进行归类；将明显的橡胶、纸片、明显混杂塑料以及杂色碎片挑出等。

② 浮沉分选　是将废旧塑料放入水或其他分离液中，比溶液密度小的塑料浮起，比溶液密度大的下沉而进行分选的过程。废旧聚碳酸酯浮沉分选适用于分离与聚碳酸酯密度差别较大的物质。产业化常用主要有水、饱和氯化钠溶液（密度 1.19g/cm^3）、饱和氯化钙溶液（密度 1.5g/cm^3）。当使用水作为分离液时候，有时候废旧聚碳酸酯及其杂质的形状和表面活性不同，有时候会带着气泡浮在水面上，影响分离效果，此时需要用表面活性剂进行预处理，使之充分浸润。

③ 磁选　主要是去除混入废旧聚碳酸酯中的细铁碎屑杂质，因细碎铁屑较难用手工分选的方法除去，企业常用数根磁铁棒（一般是强磁力棒，1 万高斯以上的磁力）以一定的排布形式组合成磁力架，可以放在任何一个加工环节进行铁碎屑的清除，比如破碎前、破碎后、造粒前、造粒后等。同样也可以放在任何一个环节来检查铁屑是否清除干净。

④ 电磁选　金属分离器应用电磁感应原理来探测金属，通常金属分离器由两部分组成，即金属探测器与自动剔除装置，其中探测器为核心部分。所有金属包括铁和非铁都有很高的探测灵敏度，企业可以根据具体应用情况选择不同的灵敏度。铁磁类金属进入探测区域将影响探测区域的磁力线分布，进而影响了固定范围的磁通。非铁磁类金属进入探测区域将产生涡流效应，也会使探测区域的磁场分布发生变化，此时就会产生报警信号（检测到金属杂质）。系统可以利用该报警信号驱动自动剔除装置等，从而把金属杂质排除生产线以外。常用的自动去除装置，有翻板方式剔除，也有气动将物料击打剔除。

废旧塑料的分选方法还有很多种，比如风力分选、水力旋流分选等。目前，随着废旧塑料再生利用技术的发展，光学分选（如近红外光学分选，利用不同材料都会选择性地吸收不同波长的光线，通过分析材料表面反射近红外光来识别和分类）、色选机（采用两种光学分色传感器配合高效的数字分选软件实现分色功能）越来越多地应用在废旧塑料的分选领域，但因其造价较高，可根据具体的性价比选择合适的分选方式。相信随着新技术和新装备的发展以及废旧塑料行业的进步，废旧聚碳酸酯再生利用自动化程度会越来越高。

（3）破碎

废旧聚碳酸酯大小不一，形状多样，尤其是一些体积较大的回收制品，必须对其进行破碎，将其破碎成一定大小的碎片或小块物料，然后进行再生加工或进一步模塑成型各种再生制品。破碎分为粗破碎（将物料破碎到 10mm 以上）、中破碎（破碎至 $50\mu m$～10mm）及细破碎（即研磨至 $50\mu m$ 以下）[3]。粗破碎也就是利用切割机将大型的废旧塑料制品（如水桶、车灯、板材）等切割成可以放入破碎机的过程。

破碎有压碎、击碎、磨碎和剪切四种基本形式。聚碳酸酯属于硬而韧的材料，具有较高延展性，一般采用剪切式的粉碎机。剪切式粉碎机有高速旋转式剪切粉碎机、低速旋转式剪切粉碎机和往复式剪切粉碎机。剪切式粉碎机具体实施过程中，可以根据具体的制件和需要粉碎的程度选择不同种类和型号的粉碎机；根据具体的粒径要求，选择直接破碎还是先进行粗破碎，然后再根据具体要求进行一步破碎。破碎过程可根据具体情况选择带水破碎还是不带水破碎，破碎机出口处根据具体要求选择合适的滤网，保证破碎片的大小满足要求。

（4）清洗

一般聚碳酸酯板材等以纯聚碳酸酯制成的产品较易回收，而很多带有功能层（例如镀层或涂料等）的聚碳酸酯制品则需先除去多余的功能层部分才能获得较纯净的聚碳酸酯。去除功能层的方法主要有5种：化学法、熔体过滤法、机械分离法、超声波法和沉淀法。被去除的功能层还可用来回收金属和染料等。

① 化学法　主要利用功能层与强碱或强酸的化学反应。典型的过程是采用30m长的碱槽，里面放有38℃的20%（质量分数）氢氧化钠溶液，然后将废旧聚碳酸酯浸入其中，通过碱槽，所获得的较纯净的聚碳酸酯与聚碳酸酯新料有相近的力学性能，通常其性能变化小于5%。化学法虽然成本低廉，但由于使用了强碱或强酸，对环境污染严重，社会成本高昂。

② 熔体过滤法　首先将废旧聚碳酸酯制品进行粉碎处理，然后采用熔体过滤的方法去除原制品中的杂质。该方法的缺点是过滤中聚碳酸酯要经受高温加热，而热稳定性较差的聚碳酸酯材料往往在过滤后不能保留足够的力学和光学性能，影响回收价值。

③ 机械分离法　整片或整块废旧聚碳酸酯的机械分离是一种安全、高效、简单的方法。主要通过转动刷去除功能层，在去除过程中，废旧聚碳酸酯表面可用压缩空气或水蒸气冷却，以防止废旧聚碳酸酯因摩擦生热而熔融。机械分类法处理后的废旧聚碳酸酯再经造粒得到质量较高的再生聚碳酸酯颗粒。

④ 超声波法　在特定反应装置内将废旧聚碳酸酯置入含有表面活性剂的溶液中，聚碳酸酯基体上的保护层在超声波作用下与基体分离，溶液经过滤后循环使用，干净的聚碳酸酯可作为新的聚碳酸酯生产原料或工程塑料原料。其生产过程无二次污染。

⑤ 沉淀法　利用聚合物在良溶剂和不良溶剂中的溶解性差异，可将废旧聚碳酸酯从不良溶剂中沉淀分离。沉淀法主要可分为四步：第一步，将废旧聚碳酸酯在合适的温度下溶于氯代烃中（如二氯甲烷、氯仿、1,2-二氯乙烷、氯苯和邻二氯苯等）。第二步，将不溶性物质从聚碳酸酯溶液中去除，可通过过滤或离心等常规操作实现。第三步，将溶液与能吸收其他可溶解于氯代烃的杂质（如染料等）的固体接触（如活性炭或交联树脂等）。第四步，向溶液中添加聚碳酸酯的不良溶剂（如正己烷、正庚烷、石油醚、甲苯和二甲苯等），将聚碳酸酯从溶液中沉淀出来，最后洗涤、过滤并真空干燥后即可获得纯净的聚碳酸酯。采用此方法回收的聚碳酸酯基本没有降解。

⑥ 水洗法　即采用清水对废旧聚碳酸酯进行清洗，主要应用于没有功能层的聚碳酸酯制品回收。一般废旧聚碳酸酯比较纯净，没有镀层、涂层或油污，只混杂沙子、石子、铁块或密度差别较大的标签纸等时，可采用水洗法，并可顺带用浮选法去除杂质。

（5）干燥

干燥是废旧聚碳酸酯再生过程中不可忽视的环节。聚碳酸酯含有酯基，在高温高压的加工环境下，水分易导致聚碳酸酯降解，影响产品质量。干燥的主要目的是将废旧聚碳酸酯中所含的水分汽化去除。干燥的方式有很多，可根据材料的加工工序、形态、干燥需求等选择合适的干燥装置和干燥条件。

可选择的干燥机包括：真空干燥机、热风干燥机、离心干燥机、红外线干燥机等。离心干燥机快速便捷，可快速脱去绝大部分水分，是最常用的干燥方式。再生利用前，废旧聚碳酸酯一般要经过物料水分检测后再进行下一步加工，如水分不达标需进行再次干燥。

（6）造粒

随着废塑料的禁止进口和再生材料相关国家标准制定工作的推进，聚碳酸酯碎片已被禁止进口，只能作为生产过程中自收自用，市场上流通的再生聚碳酸酯以 2～5mm 的颗粒形式为主。聚碳酸酯的机械再循环法，主要通过熔融造粒实现再生，即经过预处理的废旧聚碳酸酯碎片经单螺杆或双螺杆挤出机熔融、拉条、干燥、切粒等环节，得到粒径 2～5mm 的再生聚碳酸酯颗粒。其过程主要涉及两个关键环节：①均质化，要求原材料来源尽量单一，对废旧聚碳酸酯碎片进行批混，挤出机造粒后再进行批混。②去金属杂质，主要使用金属分离器、磁力架，以及在挤出机混炼过程中使用滤网。

（7）共混改性

机械再循环法得到的再生聚碳酸酯颗粒经过一定的光、氧、热等历程，性能和外观上或多或少会有一定程度降低，一般以直接替代新料或通过一定比例掺混到新料中使用，也可对其进行共混改性。再生聚碳酸酯共混改性主要是将再生料与其他聚合物或助剂通过机械共混，如增韧、增强、合金、阻燃、着色、耐候等共混改性，使其性能得以改善或提高。聚碳酸酯新料的改性方法同样适用于再生聚碳酸酯。

聚碳酸酯机械再循环过程技术门槛不高，但相关环保要求越来越严，各企业必须要合规经营，一些不满足要求的企业可能会面临环保压力，目前上规模的企业不是很多。机械再循环过程中，降本和高价值应用齐头并进，才能提升盈利水平，保证企业良性运营。降本方面，企业要从人工、设备、工艺上不断地提升改进；高价值应用方面，要特别重视高端客户对产品外观、杂质和性能上的严格要求，尤其是对杂质的严苛要求，用显微镜、红外光谱、分子量及其分布、热重分析仪（TGA）等各种手段监控其产品的杂质，不断提升回收产品质量。

5.3.2 化学再循环

按 ISO 15270：2008 塑料废物回收及再生利用指南的 3.14 条款，原生料回收或称化学再循环（feedstock or chemical recycling）定义为：利用通过裂解、气化或解聚改变塑料废物化学结构转化为单体或生产新原料的，不包括能量回收和焚烧。

废旧聚碳酸酯的化学再循环是将聚碳酸酯材料在热或化学试剂的作用下发生解聚反应，生产相应的单体或低分子量的产物，产物经过分离，纯化后可重新作为聚碳酸酯的单体或合成其他化工产品的原料，从而实现资源的循环利用。

机械再循环由于废旧塑料收集来源的不一致性，造成回收的最终产品在性能上对回收来源的品质依赖性很大，简单的机械破碎和共混改性不能从根本上完全解决这个不一致性。特别是近年来消费者和产业界对最终产品中再生塑料比例的要求一再提高，有些甚至要求高达 70%以上，而目前高品质可机械再循环的原料来源非常有限，主要集中在水桶料、光盘料、车灯料、阳光板料等。对 PC/ABS、PC/PBT、PC/PET 等共混料，以及含多种添加剂或阻燃剂的混配料，利用普通的机械再循环处理，难以获取高品质的再生料。

由于上述机械再循环的局限性，废旧塑料的化学再循环另辟蹊径，提供了一种全新的解决思路。通过对废旧塑料化学再循环得到聚合物单体（分子级），然后该单体继续参与后续的聚合物合成。利用这种分子级再生过程而制备的聚碳酸酯树脂，与经过普通化石原料合成的聚碳酸酯树脂在特性、纯度等方面可做到几乎完全一致，满足各种高端要求。大型化工企业甚至可以利用现有装置即可参与塑料的再生循环过程，将大大降低整个塑料再生过程的成本。

图 5.3 归纳了聚碳酸酯的几种循环回收模式。细实线是简单的机械再循

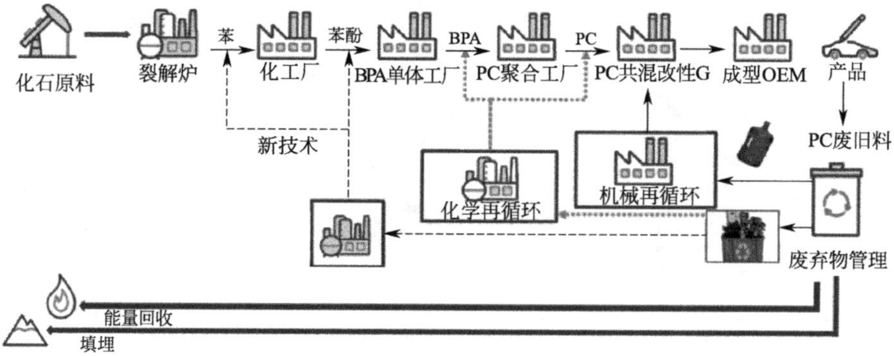

图 5.3 聚碳酸酯的几种再循环模式

环；短虚线是化学再循环，可以选择化学提纯一步到聚碳酸酯；或是降解到BPA，然后重新聚合成聚碳酸酯；长虚线是采用一些前沿技术将废旧聚碳酸酯降解到苯酚或者苯环级别，再进入成熟的聚碳酸酯合成路线。

具体到聚碳酸酯的化学再循环工艺路线如图 5.4 所示。框架层面，从聚碳酸酯到聚碳酸酯，或从聚碳酸酯到双酚 A，抑或从聚碳酸酯到苯酚，甚至从聚碳酸酯经过裂解到 C_n 小分子，都是可行的工艺路线。具体选择哪一条工艺路线，需要进行具体的技术及经济可行性研究分析。根据废旧聚碳酸酯的来源、稳定性、一致性、规模效益，做出综合评估和优化选择。

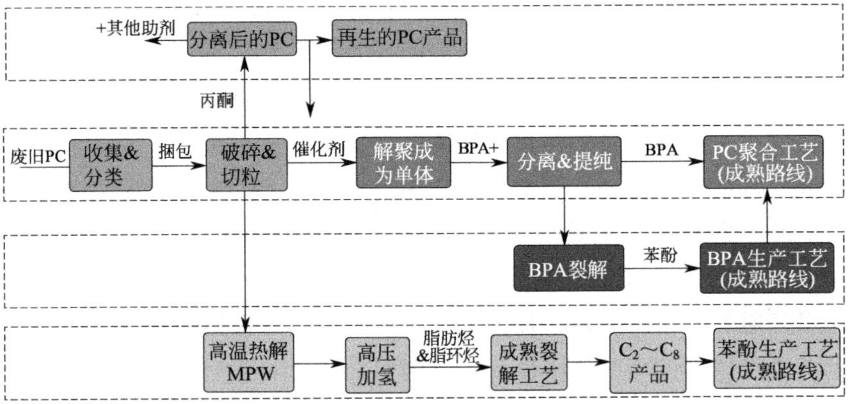

图 5.4　废旧聚碳酸酯的化学再循环过程

从聚碳酸酯的回收工艺路线的生命周期评价（life cycle assessment，LCA）来讲，不同工艺路线得到的理论效率也是不同的。不同化学再循环单体的理论效率如图 5.5 所示，从聚碳酸酯到聚碳酸酯理论上 100％可循环，从聚碳酸酯

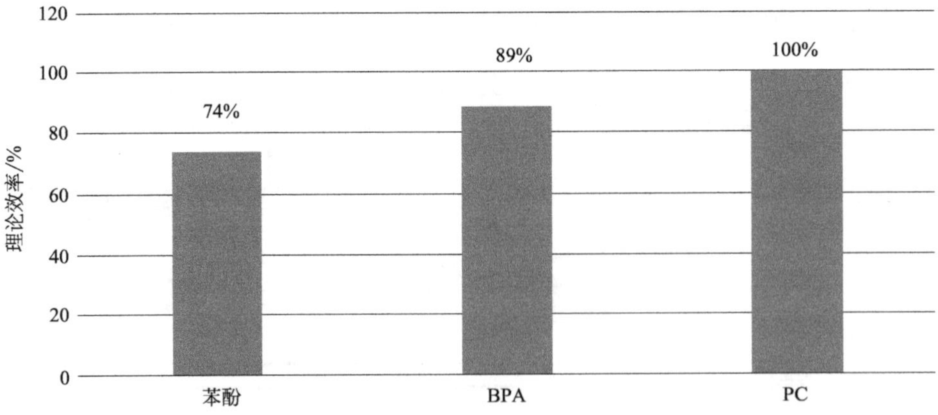

图 5.5　不同化学再循环单体的理论效率

到 BPA 就只有 89%的循环效率，从聚碳酸酯到苯酚是 74%。这个效率指标，在进行可循环认证的过程中，对于原材料的溯源分析而言，是一个相当重要的评估参数。

聚碳酸酯到聚碳酸酯的溶剂萃取纯化反应，以及聚碳酸酯到 BPA 的催化解聚反应，一般都是在条件相对温和的溶剂（比如丙酮）中进行。在可以检索到的专利文献中，美国 Vartega 公司、Owl Electrics Recycling 公司、德国 Fraunhofer 研究所、中国青岛科技大学在聚碳酸酯的溶剂萃取提纯方面做了很多有意义的探索工作。聚碳酸酯到 BPA 的催化解聚反应，研究工作比较成熟，根据所涉及到的原材料的不同，可以分为水解（hydrolysis）、（甲）醇解（methanolysis）、（乙）醇解（alcoholoysis）、酚解（phenolysis）和氨解（ammonolysis）等多种，并可相应得到 DMC、DEC（碳酸二乙酯）、DPC、Urea（尿素）等副产物。对催化解聚研究较多的主要以跨国公司为主，如三菱、旭化成、SABIC 等，还有韩国全罗北道大学等。

聚碳酸酯到苯酚甚至是更加简单的多碳 C_n 小分子，则必须要用到高温裂解以及加氢工艺，能耗比较大，与此相关的研究工作刚刚起步，新的技术和工艺还处于初期的概念验证评估阶段。

综上所述，目前对于塑料循环经济的研究尚且处在初始阶段，许多问题正在被提出和研究中，主要可以归纳为三个方面的挑战：

① 废旧塑料的数量和质量（一致性和可靠性），主要是要建立完善一整套废旧塑料的回收、分拣和处理体系，通过积极推广环保意识和认知来提高和改变消费者的行为方式。

② 法律法规和相关的支持体系，主要是要建立完善一整套全方位的法规体系，从生产源头、使用过程和最终产品端来规范和倡导废旧塑料的回收再利用。

③ 产业链的整合和合作，主要是要建立完善循环产业链以推动各项新技术的开发和快速市场化，突破小而全的作坊模式，大力鼓励分工合作，精耕细作产业链的各个环节，大家合力把市场做大做强。

总体而言，聚碳酸酯的循环可回收再利用，特别是化学再循环的实施，将会是对于聚碳酸酯机械再循环的一个坚强有力的补充和替代，对于进一步提高聚碳酸酯的循环回收比例，以及生产出与石油基原料性能类似的绿色聚碳酸酯，具有相当的现实意义。

5.3.3 能量回收

废旧塑料的能量回收是指焚烧固体垃圾和工业垃圾，尤其是焚烧其中的废旧塑料，获取高热能并加以有效利用的过程。废弃物的焚烧可以减少其 80%的质量和 90%以上的体积，使可燃废料成为惰性残渣再进行填埋处理。废弃物燃烧产生的热量可以综合利用。在许多注重环保的国家，废物填埋是被禁止的，由于其能量回收的设备和技术先进，燃烧效率高，排出污染物控制较好，已达到大规模的商业应用水平，在这些地区焚烧成为一种重要的回收方法。

未经处理的城市固体垃圾的热值在 9295.2～13942.8kJ/kg（工业煤的热值约为 28000kJ/kg），而纯废旧塑料燃烧的热值则是前者的 2～4 倍。燃烧热的回收利用可以用于供暖、发电，也可以作为替代燃料。

对于一些成分复杂的聚碳酸酯制品回收，在机械再循环和化学再循环实施意义不大的情况下，我们可以进行能量回收。

5.4 未来发展趋势

国家政策已经为再生塑料行业指明了方向，聚碳酸酯作为重要的工程塑料之一，其回收发展趋势将表现为如下几个方面。

（1）再生 PC 持证按证排污，绿色循环

2017 年 8 月环境保护部印发《固定污染源排污许可分类管理名录（2017 年版）》，其中以再生塑料为原料的下游企业，2020 年前需申请排污许可证。根据《废塑料综合利用行业规范条件》及相关环境污染的法律法规，再生 PC 回收持续优化，不断改进设计，改善管理，从源头削减污染，提高资源综合利用率。加强环境保护，绿色健康可持续发展。

（2）推进废旧 PC 再利用，减少废旧 PC 的焚烧和填埋

不断地进行技术开发，研制多元化应用的再生 PC 产品，提高其产品品质，推动废旧聚碳酸酯的资源化、高价值化、无污染化利用，推动废旧聚碳酸酯绿色环保循环发展。

（3）废旧聚碳酸酯回收智能化、自动化，降本增效

智能化、自动化一定是工业发展的大方向，科技的进步、人工成本的提高、高效快速的工作效率和再生 PC 的高价值利用必然会推动废旧聚碳酸酯回收技术的改造升级，降本增效，实现废塑料破碎-分选-改性-造粒先进自动智能高效生产线。

（4）推动化学再循环

通过对于废旧塑料的化学降解和单体再聚合，聚合物单体级别的化学再循环得到的塑料可以拥有和初用塑料一样的组分和性能，使得低端的废旧塑料能

够用到高端的应用领域。

(5) 完善“互联网＋”、物联网，线上线下相融合回收网络

废旧聚碳酸酯回收多家企业正在尝试“互联网回收”、互联网在线交易平台等新模式，结合垃圾分类，尝试回收机/回收超市等，逐步实现线上交废和线下回收相结合的体系，废旧聚碳酸酯回收网络不断完善。

(6) 涌现一批龙头企业，行业示范的标杆

随着再生资源行业被绑定在环保产业，一批实力雄厚的央企、国企、上市公司已经或即将强势跨行进入再生塑料行业。产业格局将面临重组革新，废旧聚碳酸酯的回收势必会涌现一批龙头企业，为行业的发展起到示范效果和引领作用。

(7) 产业链联动，推动闭环发展

聚碳酸酯新生、制品、废品、再生、制品产业链联动，促进聚碳酸酯循环利用的闭环发展，每个环节可追溯，促进聚碳酸酯的高价值利用。聚碳酸酯再生利用不单单是一个企业的事情，更是需要每个相关企业共同努力的宏伟事业。

(8) 构建区域再生 PC 资源循环利用体系

政策引导下，再生 PC 产业会聚集至产业集聚区，逐步实现再生资源跨区域协同利用，构建区域再生资源回收利用体系，再生 PC 产业群和区域产业链慢慢形成，向规模化、集群化发展。

(9) 再生聚碳酸酯行业标准化、规范发展

随着再生行业的政策法规的不断完善、环保法规的日益趋严，再生 PC 行业的不规范行为会慢慢消失，规范化、合法化的运营方式是废旧聚碳酸酯企业的生存之道。再生 PC 行业会不断地完善其国家标准、行业标准、产品标准，使行业有标准可依。整个再生 PC 产业会逐步走向标准化、规范化发展之路。

(10) 再生聚碳酸酯“一带一路”，产业全球化布局

自 2013 年“绿篱行动”以来，东南亚地区成为进口料贸易商初加工的最佳选择，尤其是对毛料及破碎料的初加工。“一带一路”的战略给再生塑料行业提供了一个方向，必定会带动废旧塑料行业的发展[5]。东南亚人工成本低廉，国内部分再生 PC 企业大批入驻东南亚。作为循环经济的一部分，再生 PC 行业也会以世界的眼光，跟随“一带一路”，进行全球化产业布局。

参考文献

[1] 再生塑料的年需求量已经超过 2000 万吨 [OL]. 工程塑料网，2018.10.19.

［2］ 再生行业政策汇编，我国已经将资源循环利用列入战略性新兴产业．搜狐网．https://m.sohu.com/a/251904657_739556/,2018.9.4
［3］ 中国对塑料垃圾再出重拳：“禁限一批、替代循环一批、规范一批”［OL］．人民日报海外版．http://www.xcctv.cn/news/guonei/2020/0225/227498.html,2020.2.25
［4］ 赵明，杨明山．实用塑料回收：配方．工艺．实例［M］．北京：化学工业出版社，2019.7-15.
［5］ “一带一路”给废塑料发展带来新机遇［J］．再生资源与循环经济，2017，(5)：38.

CNPCA 观察：

聚碳酸酯属于耐用型热塑性工程塑料，制品既可以多次重复使用，也完全可回收，满足循环经济要求，也符合塑料回收“3R”原则。

一直以来，整个塑料行业的使用末端，主要侧重于物理回收、填埋和焚烧，能量回收仅在个别国家和地区有较好的发展。面对如此巨大的产业变革，一次性塑料生产企业首当其冲；但聚碳酸酯行业的领先企业同样积极地未雨绸缪，一方面在中国提升材料自身的物理回收，努力实现闭环，另一方面投入大量的技术力量和研发资金，致力于化学回收的方式，解决物理回收难以解决的问题。从数量上看，物理回收再利用，仅能解决十分之一左右的问题，填埋和焚烧还是主要方式；因此，国内的物理回收应当在各类应用端分别建立可操作的循环闭环，提升物理回收的总比例。另一方面，化学回收特别是热裂解回收方式，则需要更快地落地，解决共混材料难以分离的困境。

从市场看，自 2018 年起，中国进口废塑料（聚碳酸酯）片材、粉料数量急剧减少，废聚碳酸酯料在海外再造粒形成合格的再生颗粒料正逐步进口到中国。目前国内的高纯聚碳酸酯再生料存在来源单一（主要为水桶料、车灯料、阳光板料）、高纯废料来源不足、高纯聚碳酸酯再生料价格超过新料等不利局面。而普通再生聚碳酸酯料（俗称水口料）又存在色差波动大、难满足有害组分限制要求等，极大影响了普通再生聚碳酸酯料的后端产品的品质。整个聚碳酸酯的再生行业，后续需要进一步拓宽高纯聚碳酸酯再生料的原料来源，规范普通再生聚碳酸酯料的品质，开展聚碳酸酯共混料闭路循环的产业链协同探索，积极鼓励更多相关方参与到聚碳酸酯的机械回收及化学回收过程中。

中国聚碳酸酯行业发展蓝皮书

2021

第6章

聚碳酸酯行业相关法规及政策汇总

与聚碳酸酯相关的法规和政策主要涉及生产工艺路线、环境保护、下游应用三大方面。生产工艺路线的不同、国家鼓励政策的不同，对国内聚碳酸酯行业的健康发展起着举足轻重的作用。对于环境保护问题，虽然各个外资、合资、内资企业的技术已经相对成熟，但在如废水处理等方面仍有提升空间。进一步打造更加可持续的环保工艺，促进行业整体发展，仍是不容忽视的环节。下游应用领域的法规各有不同，聚碳酸酯材料立足材料性能优势，与下游应用紧密结合的各种创新性应用，可以为下游各行各业提供更多的材料选择，开拓出更多的市场和机会。

自 2018 年起，中国的塑料行业大环境出现了非常大的变化——禁止废塑料进口政策的实施，直接影响了全球的废塑料贸易。在 2019 年重新修订的《巴塞尔公约》（Basel Convention，全称为《控制危险废料越境转移及其处置巴塞尔公约》），对塑料全产业链产生了极为深远的影响。因此，大环境的相关政策，虽然对聚碳酸酯行业的影响并不十分直接，但其影响不可忽略。

6.1 塑料行业宏观法规及政策趋势影响

聚碳酸酯作为五大通用工程塑料中增速最快的品种，因其集合“轻、强、透、靓”诸多优点于一身，加之适用于多种加工方式以及较为宽泛的加工窗口，消费量年年递增，成为生产量和消费量最大的热塑性工程塑料。塑料大行业的一些政策、问题，势必会影响聚碳酸酯行业的健康、有序前行。因而有必要在此，简单梳理并厘清相关事实，至少将热塑性工程塑料通常提到的“白色污染”做区分，从而正本清流，避免“谈塑色变”伤及无辜，还原蓬勃发展的聚碳酸酯行业的本来模样。

（1）“白色污染”、回收措施对塑料行业的影响

近些年来，公众对于整个塑料行业颇有微词，甚至“恐慌惧怕”，一方面因为“白色污染”“垃圾填埋”“百年不分解”“随意丢弃”“海洋垃圾岛”造成的环境破坏触目惊心，引发公众、学术界以及产业界的极大反思；另一方面，“焚烧产生二噁英”“塑料增塑剂”“微塑料无处不在”等等敏感话题直接关系到老百姓的日常生活与卫生健康，让不明真相的消费者“谈塑色变”。

早在 2008 年，国务院办公厅就下发了《关于限制生产销售使用塑料购物袋的通知》，被媒体称之为第一代“禁塑令”，在行业各方的争议与协调下，被换而称之为“限塑令”。该政令的颁布，真实目的在于减少能源资源浪费和环境污染，遵循“抓住主要矛盾和主要矛盾的主要方面”（“抓大放小”）的管理

原则，因此，超薄塑料袋被标靶为“罪魁祸首”并不算冤枉。该通知一出，自2008年6月1日起，全国范围内都禁止生产、销售、使用厚度小于0.025 mm的塑料购物袋（以下简称超薄塑料购物袋）。同时，在超市、商场、集贸市场等场所实行塑料购物袋有偿使用制度。这场运动的执行效果，初期颇见成效，但后来的施行效果并不乐观。这与生产者自身利益、销售流通环节的效益、民众的使用习惯都有直接的关联。且较为突然的实行显现出两个明显的问题：一是替代品不够成熟，而整个产业链的发展转型需要一定的空间和时间，于是生产端和使用端都不认同，跟地方执行机构玩起了“躲猫猫”“游击战”；二是教育引导还不够充分，并且相关责任只让生产环节承担，难以形成长效的上下游联动机制，而且日常垃圾分类的具体执行尚未形成良好的体系，造成各地真正执行起来标准不一，容易形成责任推诿。

正是如此，第一次的“限塑令”在执行几年后，近乎名存实亡。当然，其实际意义对塑料行业是非常深远的：塑料由此披上了“灰色的外衣”，在民众心中，几乎等同于“白色污染”；同时，可持续发展的理念和环保绿色塑料，深深扎根在老百姓的心中。这也为第二次“限塑”“禁塑”提前播下了种子。

与此同时，除超薄塑料袋外，在电子电器领域，另一场运动也早已如火如荼地展开。根据我国的《循环经济促进法》《固体废物污染环境防治法》，国家借鉴了欧洲的WEEE指令（废弃电子电器产品）和RoHS指令（限制使用有害物质）体系、美国的《电子废物再生法》和绿色电子产品打分工具(EPEAT)、日本的《特定家用电器再商品化》（家电回收法）等政策，出台了我国的《废弃电器电子产品回收处理管理条例》(2009年2月25日颁布，2011年1月1日执行)。工信部、环境保护部等部委不但强力推行废弃电器电子产品的处理和回收，并在生产端、设计端开始植入“绿色电器电子产品”的理念。通过设定和调整达标产品管理目录的形式，鼓励生产者推广使用绿色材料、绿色供应链，生产绿色的终端产品，渐渐形成了具有中国特色的电器电子产品绿色产业链，这也与欧盟的生产者责任延伸制（EPR）相吻合。这种模式逐渐将“循环经济”的蓝图构建得更加清晰，汽车、电池领域也在此基础上推行出适用于各自领域的绿色循环模式。

汇总来看，这些下游应用行业对塑料行业的“3R”原则（reuse——再使用、reduce——减量化、recycle——可回收可再生）极为推崇和认可。下游品牌制造商对回收再生料的需求量被不断地激发出来：不单单要求提供“再生塑料PCR”，对“再生塑料的含量比例”也逐步提升，从最初的5%逐步提高到10%、20%、30%，甚至50%（因不同领域而异），当然保障产品质量是一切的前提。在国内，一大批回收塑料的企业、回收料造粒的企业早已应运而生，现阶段处于升级整合的时期。

特别地讲，在对安全和耐久性有要求的应用领域（特别是汽车、电气），不但对原生料的轻量化、耐用性、高强度、耐候、可回收等性质有要求，对回收再生料也有明确的特定指标要求。这大大凸显了回收料的性质差异化，也使得回收企业的技术门槛有了明显的提升，并逐步催生了回收料溯源认证的相关业务。

（2）新“禁塑令”阻断国外废塑料来源，引发国内塑料循环利用体系重构

2017 年是个令中国塑料行业特别瞩目的年份。

不可否认，废塑料是一类有一定利用价值的固体废物，是可以被作为资源循环利用的，也能够部分替代原生料的供应。但是，其处理往往需要一些特定的技术和环保措施。在我国，许多小企业利用废塑料制造出了很多物美价廉的产品。对原材料的低价需求驱动了废塑料回收市场。我国在过去二三十年间，一直是废塑料的回收利用大国，进口废塑料更是十多年连续增长。2017 年以前，中国的废塑料进口一直居高不下，从 2005 年的近 500 万吨（包括税则号：39151000、39152000、39153000、39159010、39159090 五大类），连年增长到 2012 年的 880 多万吨达到顶峰，随后的 2013—2016 年年进口量徘徊在 740 万吨至 820 万吨。但是，如此大量的废塑料进口，却带来了明显和严重的环境问题。我国政府不得不采取行动，停止进口其他国家的废塑料。

2017 年 7 月 18 日，国务院印发了《禁止洋垃圾入境推进固体废物进口管理制度改革实施方案》，这个通知，是我国提升生态文明建设的重要举措之一。这个“实施方案”明确规定：2017 年 7 月底前，调整进口固体废物管理目录；2017 年底前，禁止进口生活来源废塑料、未经分拣的废纸以及纺织废料、钒渣等品种。

这是打响“洋垃圾”禁令战役的第一枪，其特别意义在于，分批分类调整进口固体废物管理目录，大幅减少固体废物进口种类和数量，将“禁止洋垃圾入境”再上新高度。随后，一系列措施不断实施，严格规范固废进口回收加工企业，高压态势十分明显：环保口径的监督检查，每季度现场巡检，严控环境风险；海关方面的打击“洋垃圾”走私，开展“蓝天 2018”整治专项行动；严把进口配额审批流程，缩紧企业的资质审批。疏堵结合，持续加强了固体废物进口、运输、利用等各环节的监管。

2018 年 4 月 19 日，生态环境部、商务部、国家发改委、海关总署等四部委联合发布了关于调整《进口废物管理目录》的公告，再次将“工业来源废塑

料”从“限制类”调整成“禁止类”，从2018年12月31日起执行。这第二枪，显示了国家以生态文明建设为宗旨、严肃处理“洋垃圾”的决心，直接把行业前期的猜测、臆想完全打破，在中国塑料回收领域乃至全球垃圾废塑料处置领域扔下了一颗重磅炸弹，这直接导致一些西方国家垃圾处理系统崩溃。

这接连的政策实施力度十分明显，效果从数据上得到了充分反映：2017年我国进口废塑料（包括税则号：39151000、39152000、39153000、39159010、39159090五大类）只剩下580万吨的水平，同比2016年缩减了20%多；但如果看2017年第四季度，相比2016年第四季度却锐减了近60%的进口量，政策调控力度可见一斑；而同时期，国内的废塑料回收利用量依旧达到惊人的1693万吨，这说明大量的塑料再生企业已经适时布局再生资源回收渠道，加工能力并未见减少，国内的塑料回收市场逐步从外贸进口转型内部消化。到了2018年，这几个税则号项下的废塑料进口量更是急剧锐减为7.6万吨，与2012年的进口峰值887.8万吨相比，缩水了近九成九。直接颠覆了过去的废塑料产业链。全球及中国废塑料体系因此直接进行重组重建。

（3）政策再度加严，一次性塑料被钉上“耻辱柱”

纵观世界，地球面临着越来越严峻的海洋垃圾和塑料废物污染问题，每年全世界产生约3亿吨塑料垃圾，塑料垃圾污染已经是全球公认的主要环境问题之一。各国政府对一次性使用塑料、废物处理所出台的管控法规也逐渐严苛。2019年，《巴塞尔公约》完成修订，新修正案要求：把废塑料垃圾加入进出口限制对象。这是首个有关塑料垃圾的国际性法律限制。该修正案将于2021年1月1日起生效，187个缔约国都必须遵守[1]，各个国家（生产国和使用国）不但要把塑料垃圾的产生量缩减到最小限度，还要尽可能在各国国内处理。这意味着，发达国家出口废塑料垃圾或将成为历史。

为了强化生态文明建设，继2008年的限塑令以来，我国中央政府和地方政府也在不断细化管理规定，再一次地向废塑料和一次性塑料宣战，下游使用行业也纷纷出台行业发展指导原则，彻底与一次性塑料划清界限。限塑之举，渐渐演变成了禁塑之令。

① 从地方政府层面，以海南省、吉林省为代表。2008年10月起，海南省实施《海南经济特区限制生产运输销售储存使用一次性塑料制品规定》，全岛进入“限塑”阶段。

2015年1月1号开始，吉林省正式施行“禁塑令”，规定全省范围内禁止生产、销售不可降解塑料购物袋、塑料餐具。这也成为中国施行“禁塑令”6年以来，首个全面“禁塑”的省份。

2019 年 2 月 21 日，为了建设“国家生态文明试验区”，海南省公布并解读了《海南省全面禁止生产、销售和使用一次性不可降解塑料制品实施方案》，宣布海南自 2019 年起分种类逐步推进全面禁塑。自 2020 年 12 月 1 日起，该方案正式施行，宣告海南省全面禁止生产、销售和使用一次性不可降解塑料袋、塑料餐具。到 2025 年底前，海南将全面禁止生产、销售和使用列入海南禁塑名录中的所有塑料制品。十年“限塑”终成“禁塑”。下一步，海南也将加快推进快递业的绿色包装应用。

② 从国家层面，2020 年 1 月 19 日，国家发改委、生态环境部公布了《关于进一步加强塑料污染治理的意见》。该文件有三个阶段性目标：到 2020 年，我国将率先在部分地区、部分领域禁止、限制部分塑料制品的生产、销售和使用；到 2022 年底，一次性塑料制品的消费量明显减少，替代产品得到推广，塑料废弃物资源化能源化利用比例大幅提升；到 2025 年，塑料制品生产、流通、消费和回收处置等环节的管理制度基本建立，多元共治体系基本形成，替代产品开发应用水平进一步提升，重点城市塑料垃圾填埋量大幅降低，塑料污染得到有效控制。

该政策按照“禁限一批、替代循环一批、规范一批”的原则，禁止生产销售厚度小于 0.025 mm 超薄塑料购物袋、厚度小于 0.01 mm 的超薄聚乙烯农用地膜；禁止以医疗废物为原料制造塑料制品；全面禁止废塑料进口；分步骤禁止生产销售一次性发泡塑料餐具、一次性塑料棉签、含塑料微珠的日化产品；分步骤、分领域禁止或限制使用不可降解塑料袋、一次性塑料制品、快递塑料包装等。

特别强调，在餐饮、包装、电商、快递、外卖等领域，不可降解塑料袋，一次性塑料餐具，宾馆、酒店一次性塑料用品、快递塑料包装（如不可降解的塑料包装袋、一次性塑料编织袋、塑料胶带）等将会渐渐被限用和替代，绿色环保的塑料制品及替代产品，塑料减量和绿色物流模式将逐步推广和复制。

③ 在公众方面，随着自媒体时代的来临，“洋垃圾”禁令在网络、社交媒体上持续发酵，“超薄塑料袋”“塑料吸管”“塑料餐盒”“化妆品用塑料微颗粒”“微塑料”等等话题日渐火爆，原创、翻译、转贴……不断将“减塑行动与环境保护”“塑料微珠与人体健康”交叉关联起来，掀起了举国上下对一次性使用塑料的声讨和指责，一场声势浩大的革新在塑料行业驱动起来。大型的聚合物生产商开始行动，“可持续发展”“减塑行动”“终结塑料废物联盟”等，行业界在持续不断的外部压力下，在循环经济的内因作用下，开始探索新的生产和消费模式、新的商业模式，危机与新的契机并存。

④ 2020 年伊始，新冠肺炎疫情突发，中国的应急响应体系得到了最大的实际验证，原有的社会运行体系被瞬间凝结，一切都在“安全第一”的原则下发生改变。一方面，危机充分体现国家整体实力和国人素质的提升，“一方有难、八

方支援”的英雄人物和可歌可泣的英雄事迹令人动容，而另一方面国家的运作仍然在有条不紊地运转着。在这一段时间里，医疗物资、卫生物资成了最为抢手的“必需品”，一次性口罩、一次性手套、塑料防护面罩、塑料防护服等等，这些用塑料制造出来的产品，在危难时刻挽救生命于水火、为普通大众提供了必要的安全防护。PE生产的一次性手套、PVC一次性手套、橡胶一次性手套，PP熔喷专用料生产的一次性医用口罩，PE或PET的医用酒精瓶，无纺布生产的酒精卫生湿巾，聚碳酸酯生产的护目镜和医用面罩，这些塑料制品，恰恰凸显了无可替代的价值，与人们生活及生命财产安全紧密地联系在了一起。

虽然，其后续的废弃处理仍旧是个挥之不去的问题，但从另一个层面看，将会让人们重新审视“一次性塑料”的价值和“废塑料处置”的实际问题出自哪里。经过这场没有硝烟的惊心动魄的“战疫”，人们对待“塑料”的态度，应该不会也不应该再口号式地宣称“塑料是人类有史以来最糟糕、最垃圾的发明。”而应当真正辩证地看待这一类可贵的材料：这些塑料材料，是宝贵的资源，不应该被废弃掉，而应当被有效再生，“循环利用”起来。

(4) 工程塑料，其实不应背“白色污染”的黑锅

废塑料造成巨大的环境污染，确实是毋庸置疑的事实。然而，塑料有千百种，实际的主要责任者往往被非专业人士张冠李戴于整个的“塑料”王国！

塑料行业姊妹众多、名词千变万化，光是1号PET、2号高密度聚乙烯HDPE、3号聚氯乙烯PVC、4号低密度聚乙烯LDPE、5号聚丙烯PP、6号聚苯乙烯PS、7号其他类[1]，就已经让人头昏脑胀；更遑论通用塑料、聚烯烃材料、通用工程塑料、特种工程塑料、橡胶、弹性体、热塑性弹性体、脂肪族、芳香族；还有众多的简称如：ABS，PA，PAN，PBT，PC，PEEK，PI，PMMA，POM，PPE，PPS，PTFE，PVDC，PVOH……那么，这些塑料都是“罪大恶极”吗？这还得从五大通用塑料和1号的PET瓶讲起。

通用塑料，顾名思义，就是最常用的塑料、最常见到的塑料。这是约定俗成的一种说法，里面隐含着“生产量大”“使用广泛”的意味。就五大通用塑料而言（PE、PP、PVC、PS、ABS），全都是热塑性材料，每一种全球的年消费量都在千万吨的水平。虽然通用塑料中也有高性能的牌号或高附加值的专用料，但大多数通用料还是用在与人们生活息息相关的包装、建筑、家用电器、电子产品、化纤等领域，相比而言成本和性能都不太高。而1号PET瓶，则

[1] 美国塑料工业协会（Society of Plastics Industry，SPI）制定了塑料制品使用的塑料种类的标志代码，是在三个箭头组成的代表循环的三角形中间，加上数字的标志，他们将三角形的回收标记附于塑料制品上，并用数字1到7和英文缩写来指代塑料所使用的树脂种类。

是指聚对苯二甲酸乙二醇酯塑料制造的饮用水瓶，其年消费量也是千万吨级别。从这些塑料树脂制造的成型品：袋、膜、瓶、片、桶、管、件……，就是我们当前大众所提及的“白色污染”的主要来源。经过大量的数据统计，包装物特别是超薄的包装袋（购物袋）、包装膜、农膜地膜、塑料瓶和桶，还有更新迅速的电子设备（生命周期短）的外壳、小的塑料零部件等，是“白色污染”灾区的“重中之重”。虽然五大通用塑料和 PET 材料理论上是可以回收、反复加工使用的（可回收利用率都在 90%上下），但是由于制成品的尺寸太小，或者是塑料袋太薄、容易破碎飘散，再有就是丢弃很便利，就废物回收的收集环节而言，形成了难以收回的事实，而且它们的附加价值确实不高、利益驱动小，所以在商业链条上以小作坊式回收为主、遍布各地，再加上垃圾回收分类不够细致、惩戒措施不及时到位，也导致了随意废弃、随意丢弃在所难免。这是“白色污染”的根源所在。

所以，主要是五大通用塑料以及 1 号 PET 材料才跟“填埋”“垃圾山”“垃圾岛”“微塑料”“增塑剂”这些负面话题相关。

包括聚碳酸酯在内的工程塑料，由于各方面性能较优异、附加值高，往往是回收企业眼中的香饽饽，大部分已经被回收利用了（一般是降级使用），只有一小部分由于制件尺寸过小或是共混加工难以回收而不得不废弃处理。

（5）聚碳酸酯行业“未雨绸缪”，力推“循环经济”，助力可持续发展

如前所述，聚碳酸酯及其改性材料，属于高性能、高附加值的热塑性工程塑料，因其自身性质，可以作为结构材料承受较高的机械压力、能在较宽的温度范围和较为苛刻的化学及物理环境中使用，其制品（成型品）经久耐用。因此，不像普通塑料或者一次性塑料制品的使用寿命较短，由聚碳酸酯制备的零部件和终产品，可以反复使用，使用寿命都在十数年以上甚至更长。而且，该材料的制品在长期使用后的力学性能、热性能、透光性能以及耐酸碱性能，仍然可以保有大部分的性能，很多参数依旧优于普通的材料，所以其附加价值高，回收利用价值很高。正因为这一点，国内对聚碳酸酯材料的回收也比较普遍，但也更加专业化。回收的重点是消费制品如板材、水桶、光盘等以及汽车用料。当然，出于回收系统中非常相似的问题，回收来源的不一致往往造成了回收料的性能指标不一，再重新加温共混后用作其他用途时，并不能完全保证产品质量的一致性和均匀性，这就需要提升回收技术和进行更加专业化的处理。

为此，聚碳酸酯行业尤其是国际上知名的领军企业，致力于倡导循环经济的技术革新，投资科研开发，一方面积极探索化学回收，希望从合成角度发现

聚碳酸酯原料回收再利用的方法，这方面的世界级研究尚处在实验室阶段。化学回收也分低温化学分解回收和高温热裂解回收，根据材料的性质不同和合成中间体或单体的不同，研究的化学回收形式也不尽相同；另一方面，基于中国现有强大的回收体系和运行经验，在中国施行机械回收，形成简单的闭环回收模式，也就是“聚碳酸酯生产企业—终端产品生产商—单一产品回收商—塑料回收再造企业—聚碳酸酯生产企业”的封闭模式，净化回收来源，将回收来的单一渠道、单一品质的聚碳酸酯，再提炼和改性，制备出有特定用途的高规格原材料，用于其他的目标市场。为构建可持续发展的产业链，提供了一种新颖的借鉴模式，为探索下一步的闭环回收积累了实践经验和数据（详见第 5 章）。

另据中国合成树脂协会塑料循环利用分会（CPRRA）的最新研究报告，为应对和解决塑料污染难题，人类开始从塑料时代步入塑料循环时代。在中国，2019 年甚至被定义为塑料循环时代的元年。

根据该研究报告，在消费品和包装中用其他材料替代塑料，将会增加近 4 倍的环境成本。仅在美国，用替代材料取代包装和消费品中的塑料，会使能源消耗增加 80%，温室气体排放增加 130%，包装的重量每年增加 5500 万吨，造成更大的资源浪费（引用自 Trucost 公司 2016 年研究报告）。而减少塑料垃圾最有效的方法是建立使用塑料的规则、制度和大规模建设基础设施，以便能更好地回收使用过的塑料，并将其转变成有价值的产品。这就要求各国建立良好的塑料管理的制度，否则，不仅无法解决塑料垃圾污染环境的问题，还会增加其他未知的环境问题。

更加具体一些，要想解决塑料污染问题，必须明确产生和防治塑料污染的责任，而创建数字化闭环将是解决这一难题的有效途径。

这些大环境下的政策探讨，对聚碳酸酯行业来说，同样非常重要。因为无论工程塑料可以重复使用多少次，除非彻底的化学回收，否则最终还是会成为“废物”。当前，对于通用塑料回收利用和循环经济的各种操作，在不久的将来，都将在聚碳酸酯行业慢慢体现出来。

2019 年，在国家生态环境、海关总署以及国家标准化管理委员会（简称国标委）的共同组织下，开始着手编制再生塑料系列国家标准。第一批主要针对 PE、PP、PET 等通用塑料，而第二批就涉及了聚碳酸酯等工程塑料的回收料。中国合成树脂协会聚碳酸酯分会积极组织会员企业参与这个标准的前期工作，并携手下游回收企业，提供回收料的测试样品，为标准内技术参数的设定提供充足的数据和验证。目前，再生聚碳酸酯国家标准计划已于 2021 年 1 月 12 日发布于全国标准信息公共服务平台，并拟于发布后 6 个月正式实施。未来几年，在不同的应用领域和场景下，这些回收料参数的设定和修订将会重塑一个新兴的市场。聚碳酸酯行业将高举循环经济的大旗，为了健康和可持续的行业发展而变革前行。

6.2 生产工艺路线相关法规政策

谈到聚碳酸酯的生产和技术发展，2019 年前，中国的主旋律一直是鼓励创新和技术攻坚，但长期以来，经济性规模化的生产技术一直由国外企业所掌控。面对聚碳酸酯进口量和消费量连年的蓬勃增长，立足增加国内产能、提升国内产量，提高国产聚碳酸酯自给率，是中国聚碳酸酯行业发展规划中必须考虑的问题。

根据反应原料的不同、合成技术路线的差异、安全生产和环保后处理技术的不同，特别是经济可行性的因素，全世界的聚碳酸酯生产商基本上被划分成两大阵营：光气法（即前文所述的界面缩聚法）和非光气法（即前文所述的熔融酯交换缩聚法）。

光气是一种重要的精细化工有机中间体，化学反应活性很强、容易水解，可用于有机合成、农药、染料、药物开发等行业。一些涂料、黏合剂产品也大量使用光气及其下游产品作为原料，一些工程塑料和聚氨酯材料的生产过程，也直接或间接用到光气。把光气运用在化工产业上称为“光气化”产业。“光气化”是合成领域中一种非常重要的技术方法。

众所周知，光气是有毒化学品，属于窒息性毒气。因此，各国政府对光气化技术的使用采取了非常严苛的许可要求。使用光气化技术不但要求生产商必须进行严格的工艺过程设计、安全性设计、应急处理和防危设计，而且生产使用场地还需采用严密的分析监控，并进行排气处理，如采用碱洗或焚烧等。光气很容易水解，即使在冷水中，光气的水解速度也很快。因此，水源、含水食物以及易吸水的物质均不会染毒。光气在碱溶液中会很快分解，如与氨发生快速反应，主要生成尿素和氯化铵等无毒物质，所以，可使用浓氨水对光气消毒（企业还会采用氨幕的方式作为保护屏障）。

由于光气的这些性质，全球各大企业也一直致力于非光气法生产聚碳酸酯的技术研发，并逐渐在规模化生产中显露头角。非光气法虽然在原料的毒性方面有优势，但在设备维护、产品后续处理等方面有一定不足。而光气法具有反应活性高、合成速度快、产品分子量高、产品质量及综合性能好（特别是光学性能好）、后续处理相对少等优点，一直以来光气法还是占据着主导地位。

涉及技术路线的话题，必然与中国的发展政策密不可分。回顾中国的产业结构调整政策，可以看到两大类指导目录：第一个是国家发改委发布的《产业结构调整指导目录》，历次发布的版本是2005年版、2011年修订版、2013年简修版和最新的2019年修订版；另一个是由国家发改委及商务部共同发布的《外商投资产业指导目录》，历次版本为1997年修订版、2002年修订版、2004年修订版、2007年修订版、2011年修订版、2015年修订版、2017年修订版、2019年修订版和2020年的《鼓励外商投资产业目录（2020年版）》。此外，还有国家发改委在2017年刚刚出台的《增强制造业核心竞争力三年行动计划（2018—2020年）》重点领域关键技术——新材料关键技术产业化实施方案。国家产业指导目录表中工程塑料部分见表6.1。

表6.1　国家产业指导目录汇总表（工程塑料部分）

外商投资产业指导目录			产业结构调整指导目录		
年份	发布机构	鼓励类的备注	年份	发布机构	鼓励类的备注
1995	国家计划委员会	工程塑料及塑料合金	—	—	
1997	国家计划委员会	工程塑料及塑料合金	—	—	
2002	计划委员会、经济贸易委员会、外经贸部	工程塑料及塑料合金	—	—	
2004	国家发改委、商务部	工程塑料及塑料合金	—	—	
—	—		2005	国家发改委	复合材料、功能性高分子材料、工程塑料及低成本化、新型塑料合金
2007	国家发改委、商务部	工程塑料及塑料合金：聚苯醚、工程塑料尼龙11和尼龙12、聚酰亚胺、聚砜、聚芳酯、液晶聚合物	—	—	
2011	国家发改委、商务部	工程塑料及塑料合金：6万吨/年及以上非光气法聚碳酸酯、聚甲醛、聚酰胺（尼龙6、尼龙66、尼龙11和尼龙12）、聚乙烯醋酸乙烯酯、聚苯硫醚、聚醚醚酮、聚酰亚胺、聚砜、聚醚砜、聚芳酯、液晶聚合物等	2011	国家发改委	石化化工：6万吨/年及以上非光气法聚碳酸酯生产装置，液晶聚合物等工程塑料生产以及共混改性、合金化技术开发和应用，吸水性树脂、导电性树脂和可降解聚合物的开发与生产，尼龙11、尼龙1414、尼龙46、长碳链尼龙、耐高温尼龙等新型聚酰胺。 轻量化材料应用：复合塑料

续表

外商投资产业指导目录			产业结构调整指导目录		
年份	发布机构	鼓励类的备注	年份	发布机构	鼓励类的备注
—	—		2013	国家发改委	同上
2015	国家发改委、商务部	工程塑料及塑料合金:6万吨/年及以上非光气法聚碳酸酯、均聚法聚甲醛、聚苯硫醚、聚醚醚酮、聚酰亚胺、聚砜、聚醚砜、聚芳酯、聚苯醚及其改性材料、液晶聚合物	《增强制造业核心竞争力三年行动计划(2018—2020年)》 重点领域关键技术——新材料关键技术产业化实施方案		
2017	国家发改委、商务部	工程塑料及塑料合金:6万吨/年及以上非光气法聚碳酸酯、均聚法聚甲醛、聚苯硫醚、聚醚醚酮、聚酰亚胺、聚砜、聚醚砜、聚芳酯、聚苯醚及其改性材料、液晶聚合物等。	2017	国家发改委	高性能树脂:重点发展聚碳酸酯、特种聚酯等高性能工程塑料,高碳α烯烃、茂金属聚乙烯等高端聚烯烃,高性能氟硅树脂及关键单体等产品 聚碳酸酯:具有高透明性、耐冲击性和尺寸稳定性,2mm薄板可见光透过率达90%,熔程220～240℃。光气法工艺的单套装置规模达到6万吨/年;非光气法工艺的单套装置规模达到10万吨/年
2019	国家发改委、商务部	《鼓励外商投资产业目录(2019年版)》,继续保留对聚碳酸酯投资的鼓励政策	2019	国家发改委	将“聚碳酸酯生产”从鼓励类目录中移除
2020	国家发改委、商务部	《鼓励外商投资专业目录(2020年版)》,继续保留对聚碳酸酯投资的鼓励政策			

这些目录及修订版的发布，都是根据当时中国经济发展需要所进行的适时的政策调整。按照行业和子行业的划分，对外商投资分别给出了鼓励类、限制类和禁止类的目录。对国内产业结构分别给出了鼓励类、限制类和淘汰类的调整目录。从过去20年的进程看，一开始仅仅是笼统地鼓励发展工程塑料及塑料合金，通过10年左右的技术发展和市场化沉淀，从2007年起逐步细化到了具体的中高端工程树脂的种类上。对中国聚碳酸酯行业来说，2011年和2019年是两个非常重要的年份。

2011年，两个重要的指导目录开始明确提到了应大力发展聚碳酸酯的生产，但是附加了两个限制条件:“6万吨/年”和“非光气法”，这在一定程度上反映了当时政府对聚碳酸酯行业生产安全方面的一丝忧虑。实际上，行业内全球领先的企业们对光气法与非光气法之争并不完全认同。第一，光气化法生产聚碳酸酯经济性确实占优势，产品质量也相对优良，而且安全防护措施已经非常到位，层层预警、应急处理方案亦非常完备，无须过于担忧。第二，国内有众多的光气生产点，例如在农药、医药中间体等产品的生产中。与聚碳酸酯光气法工艺相比，这些生产点分布“散、乱”才是整体上难于管理的根本缘由。另外，生产聚氨酯材料的过程中也要使用光气，而聚氨酯亦是极为优质的保温材料、发泡材料，对整个社会的节能环保起到了非常重要的促进作用。因此，综合考虑的结果是——堵不如疏。各个政府部门开始实事求是地研究光气法的工艺安全，与行业协会加强了沟通和实地调研，学习国外先进的最佳实践，从不同角度论证，做出了合理的结论：科学规划、合理布局，严格限制涉及光气及光气化的新建项目，严格控制新增光气布点，强化光气及光气化建设项目设计管理，强化日常运行安全管理，强化应急管理。

2014 年，环境保护部的《环境保护综合名录》（简称：“双高”名录，即“高污染、高环境风险”）特别认定了“非光气法”和“连续式、无静态光气留存的光气法工艺”，都是符合环保要求的先进工艺。需特别说明的是，早期的光气法已被淘汰，现有的界面缩聚光气法早就采用了先进技术，无静态光气留存，其安全管理已做到风险可控。

同年 10 月，国家安全监管总局（简称安监总局）为进一步提高我国光气及光气化产品的安全生产管理水平，经过光气化行业的安全实践及实际需要，召集行业专家组织制定了《光气及光气化产品安全生产管理指南》，规范了中国光气化行业的发展。之后，行业协会以及国内生产企业不断呼吁，明确提出了科学和切合生产实际的说法，淡化了光气与非光气之争，转而强调“安全、环保的聚碳酸酯生产工艺”。随后，国家发改委开始逐步淡化“非光气法”，在 2017 年出台的《增强制造业核心竞争力三年行动计划（2018—2020 年）》之“重点领域关键技术——新材料关键技术产业化实施方案”中，聚碳酸酯材料位列“先进有机材料→高性能树脂→工程塑料”的首位，这是中国对发展聚碳酸酯工程塑料的决心和厚望。其中对光气法聚碳酸酯的单套规模要求在 6 万吨/年以上、非光气法在 10 万吨/年以上。时至今日，对中国聚碳酸酯行业来说，非光气法和光气法终于被视作同等重要的工艺技术路线，共同发展、相互促进、各展所长。

历经 8 年发展，进入 2019 年后，国家产业调整的宏观政策更是出现了较大的变化。

由于国内聚碳酸酯行业从 2017 年起出现了“一窝蜂”似的项目上马，一年多的时间，国内聚碳酸酯的自给率就从不足 40%直接跃升到接近 50%，并还在不停攀升。集中上马的结果是，短短半年到一年间，国内陆续宣布的生产能力（预计现有产能加新增产能）累计突破了 500 万吨，这个数字与 2018 年全球（含中国）的聚碳酸酯生产能力相当。这也意味着若是如期实现，将在全球额外再创造一个聚碳酸酯生产行业，这与同期的消费市场的增长却极不匹配。为此，中国合成树脂协会聚碳酸酯分会携手中国石化联合会、石化规划院，对聚碳酸酯多种所有制生产企业进行了翔实的调研，发出了“产能过剩”和“谨慎投资”的呼声，并将实际供需和预测情况等结论上报给工信部、国家发改委、商务部等相关机构，引起了相关部委的重视。国家部委再经过与企业的核实，收集了国内企业实际运行状况，并对市场发展审慎判断，最终在 2019 年版的《产业结构调整指导目录》中，将保留了 8 年之久的“6 万吨/年及以上非光气法聚碳酸酯生产装置”从鼓励类目录中删除，实行不鼓励、不限制的宏观调控政策，真正实现了对行业脉搏的把控，大大缓解了盲目投资聚碳酸酯新产能的局面。而在鼓励外商投资方面，鉴于国内新建和拟建项目大都是通用级别的聚碳酸酯，高端牌号高附加值和特种聚碳酸酯，国内仍属于依赖进口的情况，因此，商务部在 2020 年的《鼓励外商投资产业目录（2020 年版）》中，继续保留了对聚碳酸酯外商投资的政策，也符合实际的供需情况。

6.3 双酚 A 相关法规政策

聚碳酸酯可分为脂肪族聚碳酸酯、脂肪族-芳香族聚碳酸酯、芳香族聚碳酸酯等多种类型。目前，大规模工业化生产的主要是芳香族聚碳酸酯，而合成芳香族聚碳酸酯最重要的原料就是双酚 A。

双酚 A 是聚碳酸酯的合成单体之一，如第 2 章合成工艺所述，经缩聚反应后，双酚 A 的部分分子结构键合到聚碳酸酯的高分子链之中，由此可见，聚碳酸酯和双酚 A 是两个完全不同的物质。

但因为反应转化率通常都达不到 100%，总会有微量双酚 A 单体残留在聚碳酸酯成品中。虽然残留水平非常低，而且双酚 A 常温下又是固体，这些单体很难迁移出来并接触到人体。但基于双酚 A 的一些性质，各国政府、科研机构、知名大学以及学术专家，分别从各种视角、各种立场，还是围绕双酚 A 展开了一场科学争论，至今这场争论仍未结束。聚碳酸酯材料在这场科学争论中也饱受误解。出于商业利益，一些竞争材料的生产公司也开始利用双酚 A 扩大宣传，“诋毁”双酚 A 衍生出的各类材料（聚碳酸酯也是其中一种），强调“BPA-FREE”（不含双酚 A），来变相证明所生产竞争材料的安全性。

出于各方面的关注和忧虑，联合国、各国政府及科研部门多年来持续对双酚A进行了科学的风险评估，官方所持的观点和态度都非常积极。特别是近年来，美国FDA、欧洲EFSA、加拿大Health、日本AIST等权威政府机构一再声明：以目前聚碳酸酯中的双酚A暴露水平评估，对人们不具有健康危害。

食品接触材料是所有聚碳酸酯下游应用中受“双酚A事件”影响最大的一个领域，下面就对食品接触材料进行简单剖析，梳理各国法规和实践情况，从而使相关行业和企业了解双酚A的限制要求，阐明聚碳酸酯的使用安全性。

对于食品、食品添加剂和食品接触材料的安全管理，各国都采用“正清单”的模式，即列在清单上的，被认可为安全；没有列上去的，一旦使用就是违法、违规。一般提到的“食品包材”“食品容器”，通常都被行业内人士称作“食品接触材料”，这一部分即为聚碳酸酯的主要应用领域之一。由于法规体系、执行等方面的差异，各国的具体管理模式也不尽相同。

6.3.1 美国对食品接触材料的法规简介

在美国，食品药品监督管理局（FDA）一直承担着与食品相关的法规制定。FDA隶属于美国卫生教育福利部，负责美国的药品、食品、生物制品、化妆品、兽药、医疗器械以及诊断用品等的管理。在美国，FDA主要通过产品上市前审批程序来管理食品、食品添加剂。而“食品接触材料”在美国则被看作“间接食品添加剂（indirect additives）”来管理。早期，食品添加剂申报程序（Food Additive Petition，FAP）被用来管理大多数与食品接触的产品。一种食品添加剂或与食品接触的材料如果通过了FAP审核并许可使用，这种材料便会录入美国《联邦法规典籍》(Code of Federal Regulations，US CFR）第21章170～189章节中。其中的175～179章节，主要是针对不同类别的间接食品添加剂做出的使用规定和合规要求。

CFR第21章177章节第177.1580条目是专门针对聚碳酸酯树脂的要求，只要符合规定要求的聚碳酸酯树脂就可以当作食品接触材料用来生产食品包装和容器。另外，由于各种创新的塑料包装、复合包装在食品包装领域中迅速崛起，加上高分子合成的多样性和复杂性，美国FDA对FAP的管理模式开始重新审视。1997年，美国《食品和药品管理现代化条例》建立了“食品接触物质通报系统（Food Contact Notification，FCN）”，要求企业对使用的物质、材料的安全性全权负责，由此，对食品接触物质的管理模式逐步由FAP转变为FCN。需要澄清一点，FAP仍继续有效，而且是普适性的，只是审查时间较长。换个角度说，通过FAP审核而列入CFR第21章第175～179章节的物质，是所有企业都可以生产和使用的，但 FCN 的通报方式，仅仅批准申报者合法使用。这有点“专利保护”的味道，反而颇受企业界欢迎。

其中的重点是 CFR 第 21 章中的 177.1580 条目，以及 FCN 关于聚碳酸酯的通报许可。从美国 FDA 网站上可以轻松查到相关规定，关注的重点是萃取物是否符合限值要求（Extractive limitations）。表 6.2 列出了聚碳酸酯树脂在不同萃取液和萃取条件下的萃取物限值。

表 6.2　聚碳酸酯萃取条件及限值[2]

项目	蒸馏水	50%(体积分数)乙醇	正庚烷
萃取条件	回流温度下 6h	回流温度下 6h	回流温度下 6h
总萃取物限值(体积分数)	≤0.15%	≤0.15%	≤0.15%

如果符合总萃取物的限值要求，那么这种聚碳酸酯树脂就是合规的，或被称作“食品级”的材质（注：还需符合聚合反应反应组分及相关添加剂的等限制要求，细节请研读 CFR 第 21 章中的 177.1580 条目）。

在 2012 年 7 月 17 日的修订后，该条目新增加了一条：聚碳酸酯树脂不得用于生产婴儿奶瓶以及幼儿学饮杯（防溢鸭嘴杯）。因为美国的工业界早已经不用聚碳酸酯生产婴幼儿奶瓶了，因此，是美国行业界为了避免纷扰，上书美国 FDA 撤销了聚碳酸酯在婴幼儿奶瓶方面的应用。需特别指出，这是实际美国市场上已经没有了聚碳酸酯婴幼儿奶瓶的应用，基于技术必要性的决定而撤销了批准，并非聚碳酸酯生产婴幼儿奶瓶不安全。那些在婴幼儿市场以“BPA-FREE”为标签的产品，实际上只是一种市场宣传策略，而且，这种标签也无法证明其自身材料的安全性。

对于双酚 A 衍生材料在食品包装及容器中的使用，美国 FDA 官方网站做出了权威说明：根据最新的安全性评估，双酚 A 在目前的食品中是安全的。基于对科学证据的持续性安全评估，继续认定双酚 A 在目前批准的食品包装和容器中的使用是安全的。所以，聚碳酸酯树脂依然可以在除婴儿奶瓶之外的食品接触应用中安全使用[3]。

此外，与美国相邻的加拿大政府的做法，就更加值得玩味。

加拿大是全球首个将双酚 A 列为有害化学品的国家，也是首个禁止生产和使用基于双酚 A 聚合材料奶瓶的国家。但是，经过化学品风险评估，特别是加拿大公民的双酚 A 暴露和潜在的健康、环境风险，加拿大卫生部得出了如下结论：

- 我们的（注：指加拿大民众）暴露量水平比之前估计的还要低；

• 绝大多数的加拿大民众对于双酚 A 的暴露水平非常低，低到不会对健康产生风险；

• 在食品包装中的双酚 A 不会对加拿大民众产生健康风险，包括新生儿和儿童[4]。

6.3.2 欧盟对食品接触材料的法规简介

对于食品接触材料中聚合物的安全使用，从管理角度上看，欧洲与美国不同。美国 CFR 第 21 章考量的是使用的食品接触材料在不同萃取液下萃取出的物质的总量是否会达到一个限值。欧洲考量的则是单体或小分子物质从包装材料或容器中迁移出来进入食品（或食品模拟物）的量，这个量的考核分总量和特定物质的量。简单理解，美国 FAP 模式要求总“萃取量”达标即可（也有针对特定物质的条款），属于单体残留量或低聚合残留总量控制；欧洲则分别考虑了“总迁移量”和“特定迁移量”。双方在对食品接触材料“接触到的”食品类型的定义大体类似，但在选择模拟温度、萃取液或食品模拟物方面则有一定差异。虽然孰优孰劣尚不能一概而论，但当前欧盟的方式被更广泛的行业界所认可。

欧盟的法规管理体系基本分三个层次：框架性法规、特定材料法规和特定物质法规。

随着科技的进步，20 世纪出现了多种新型的食品接触材料。为了更好地管理这些材料或物质，2004 年 11 月，欧盟整合了 89/109/EEC 指令和 80/590/EEC 指令（关于确定可能与食品接触的含有某类材料和制品的标识的指令）及其修订指令，颁布了一项关于食品接触材料和制品的法规：“EC 1935/2004”❶。这是一个强制性的框架性法规，可视为欧洲食品接触材料的基本法，涵盖了食品接触材料从生产、制品、使用的物质到产品标识、符合性声明等各方面的原则性要求。该法规管理了 17 类材料和制品：①活性和智能材料和物品；②黏合剂；③陶瓷；④软木塞；⑤橡胶；⑥玻璃；⑦离子交换树脂；⑧金属和合金；⑨纸张和板材；⑩塑料；⑪油墨；⑫再生纤维素；⑬硅树胶；⑭纺织品；⑮外漆和涂层；⑯蜡；⑰木材。还有另一个框架性法规是《食品接触材料良好生产规范》，即 Regulation (EC) No 2023/2006。这两个框架性法规是最基本的原则和规定，由欧盟各成员国共同遵守执行。

---

❶ 英文原名：Regulation (EC) No 1935/2004 of THE EUROPEAN PARLIAMENT AND OF THE COUNCIL of 27 October 2004-on materials and articles intended to come into contact with food and repealing Directives 80/590/EEC and 89/109/EEC。

EC 1935/2004 框架法规对所有食品接触材料（包括活性和智能材料与制品）提出了一个通用总原则，包括以下几方面：①食品接触材料必须安全，其生产应符合良好生产规范；②在正常条件或可预见的使用条件下，这些材料和制品的构成成分迁移到食品中的量（即迁移量）不得对人类健康造成危害，或造成食品成分发生不可接受的变化或感官特性（如口味和气味）的劣变；③材料和制品的标签、广告以及说明介绍不应误导消费者。

在这个大框架法规下，欧盟还相继出台了特定材料和制品的法规指令。2011 年 1 月 14 日，欧盟发布了新的塑料法规（EU）No 10/2011《关于预期与食品接触的塑料材料和制品》，该法规直接适用于所有成员国。

这个塑料法规采用的同样是正清单的形式，但其列出的都是低分子量的物质，并未列明哪一种聚合物可以使用。原因在于欧盟的管理思想是："高分子材料是无法被人体消化吸收的，因而不会影响人体的代谢和健康，只有其中的小分子物质、添加剂、残存的未完全反应的合成单体等，才是造成人体健康危害的因素"。所以，整个管理思路全部围绕小分子物质展开。对于列入的每一个小分子物质，都包含两个选项：①是否可以用作添加剂或聚合物成型助剂；②是否可以用作聚合物的合成单体或起始物质，或微生物发酵获得的大分子。对于大多数的小分子物质，都有一个特定的迁移量限值（或特定的迁移组限量）。整个限值就是管理最终制品是否安全的"量尺"。同时，欧盟还认为，单体或起始物质可以随意组合，因此，只要技术上能制备出的聚合物，其单体要是被许可了，由其组成的聚合物也就被准许用于食品接触材料了（其迁移量需要符合限量要求）。

双酚 A 也被认作单体或起始物质，其迁移量限值为 0.05mg/kg（欧盟 2018 年刚刚将该限值从 0.6mg/kg 下调为 0.05mg/kg）。说明只要符合这个要求，双酚 A 生成的聚合物就可以安全使用。

几乎是紧接着（EU）No 10/2011 法规的颁布，欧盟委员会又发布了 2011/8/EU 指令，基于预防性原则（Precautionary Measures），提出了禁止使用双酚 A 用于生产聚碳酸酯婴儿奶瓶的条令，并以此对原先的塑料指令 2002/72/EC 作了修订。由于（EU）No 10/2011 法规发布在先，2011/8/EU 指令的这一修订尚未体现在该法规中，欧盟委员会遂于 2011 年 4 月 2 日发布了实质内容与 2011/8/EU 指令一致的（EU）No 321/2011 法规，就有关双酚 A 限制用于婴儿奶瓶的相关要求对（EU）No 10/2011 法规作了补充修订。

其实，这种对双酚 A 的婴儿奶瓶应用限制完全是出于预防性原则（Precautionary Measures），而并不是说双酚 A 存在食品接触的安全问题。

2015年，欧盟权威机构欧洲食品安全局（EFSA）对双酚A在食品接触方面的风险评估做出了系统的科学论断："对最高暴露组人群（包括婴幼儿和青少年）来说，双酚A的膳食暴露量仍低于安全限值（每日4μg/ kg体重），这就说明在目前的膳食暴露水平下，双酚A是不会产生健康危害的。这个结论同样适用于产前婴儿和老年人。"[5]

这个欧盟官方机构的科学的风险评估结论，确认了聚碳酸酯相关的食品接触材料应用的安全性，包括产前婴儿和老年人，目前为众多科学领域的专家所认同。

6.3.3 中国对食品接触材料的法规简介

在中国，食品接触材料的管理原先是遵从美国模式，同时借鉴了日本的一些做法。2010年之前，国内食品接触材料的标准基本上只有两大类：不同种类的食品包装材料和制品（也称作"成型品"）的卫生标准是一类，如GB 13116—1991《食品容器及包装材料用聚碳酸酯树脂卫生标准》和GB 14942—1994《食品容器、包装材料用聚碳酸酯成型品卫生标准》(这两个标准已经被GB 4806.6—2016《食品安全国家标准　食品接触用塑料树脂》替代)。而食品容器、包材用的添加剂的标准是另一类，也就是GB 9685—2008《食品容器、包装材料用添加剂使用卫生标准》（现已被GB 9685—2016《食品安全国家标准　食品接触材料及制品用添加剂使用标准》替代）。除了这两类标准，并没有框架性法规约束，也没有很好的生产规范要求。只有原中国质量监督检验检疫总局核发的QS认证对食品容器和包装材料的安全性进行认可，同时也是市场监督管理的重要手段。然而，由于当时批准的材料种类和添加剂十分有限，并不能反映实际的市场情况，也在一定程度上限制了进口食品的包装材料。

上位法《中华人民共和国食品安全法》在2009年及2015年的两次修订，直接导致了用于食品的包装材料和容器的相关法规开始新生。这一波的标准制修订和之前大不一样，并非一个一个标准的修订、增改，而是从整个体系建设角度出发，全面摸底、统筹梳理，广泛听取了内资、外资企业的建议，还与行业协会携手、共同努力，取得了非常显著的效果，也更加系统化。2009年，国家卫生部等七部门联合下发《关于开展食品包装材料清理工作的通知》（卫监督发〔2009〕108号）。这项工作的启动，标志着国家开始加速进行食品容器、包装材料及其所用添加剂安全标准的系统化工作。出于严谨细致的考虑，国家卫生部要求国家食品安全风险评估中心（CFSA，前身为疾病预防控制中心营养与食品安全所）一方面梳理国内的各种相关标准法规，另一方面借鉴美国、欧盟及日本的管理模式和法规体系，做出适合国内实情的选择。虽然大多数专家和行业企业比较倾向于采用欧盟的“单体”管理模式，“单体”的概念最终也被新标准体系采用了，但依旧对塑料原材料和塑料成型品分别做出了标准上的规定。从这个角度看，更像是美国和欧盟体系的一种有机结合。因此业内人士普遍认为：中国的食品接触材料法规体系，已经成为全世界最严格的标准。这种严格，体现在从添加剂、单体（或起始物质）、塑料原料到塑料制品，每一个角度都有限制约定，好在标准在前后的一致性方面得到了很好的体现。

图 6.1 显示了新的食品安全国家标准中关于食品接触材料目前的法规标准体系。整个标准体系包含 3 个层次：第一层次是通用标准和基础标准，包括 GB 4806.1（通用安全要求）和 GB 31603［生产通用卫生规范（GMP）］；第二层次是添加剂和产品标准，包括塑料、橡胶、涂层等十大类产品标准，1 个特殊产品标准和 1 个添加剂使用标准 GB 9685（包含各类材质的添加剂使用要求）；第三层次是方法标准，主要包括 GB 31604.1 和 GB 5009.156 通则类方法标准和若干个针对不同测试项目的方法标准。

GB 9685—2016 版本，更名为《食品安全国家标准　食品接触材料及制品用添加剂使用标准》。对用作添加剂的双酚 A 的特定迁移量（SML）进行了限定，目前国内的限值为 0.6mg/kg（每千克食品中）。同时，GB 4806.6—2016《食品安全国家标准　食品接触用塑料树脂》和 GB 4806.7—2016《食品安全国家标准　食品接触用塑料材料及制品》都批准使用聚碳酸酯树脂材料，其双酚 A 的特定迁移量限值要求也是 0.6mg/kg（每千克食品中）。但对于由双酚 A 为单体而制备的聚合物树脂或添加剂，都不得用于婴幼儿专用食品接触材料和制品。这限制规定源自卫生部 2011 年第 15 号公告——《卫生部等 6 部门关于禁止双酚 A 用于婴幼儿奶瓶的公告》。虽然这条公告正式禁止了聚碳酸酯在婴幼儿奶瓶方面的应用，但更应清楚地看到，该公告明确说明了以下几点：

① 科学研究表明，食品相关产品中迁移的双酚 A 极其微量，尚未发现双酚 A 对人体健康产生不良影响。

② 双酚 A 可通过食品包装材料及容器迁移至食品中，食品相关产品国家标准规定了其迁移量。双酚 A 允许用于生产除婴幼儿奶瓶以外的其他食品包装材料、容器和涂料，其迁移量应当符合相关食品安全国家标准规定的限量。

③ 鉴于婴幼儿属于敏感人群，为防范食品安全风险，保护婴幼儿健康，现决定禁止双酚 A 用于婴幼儿奶瓶。

这份公告再一次证实了双酚 A 在食品接触领域的安全性使用，仅仅是“预防性原则”（敏感人群的特殊考虑）的原因，而颁布了此限令[6]。

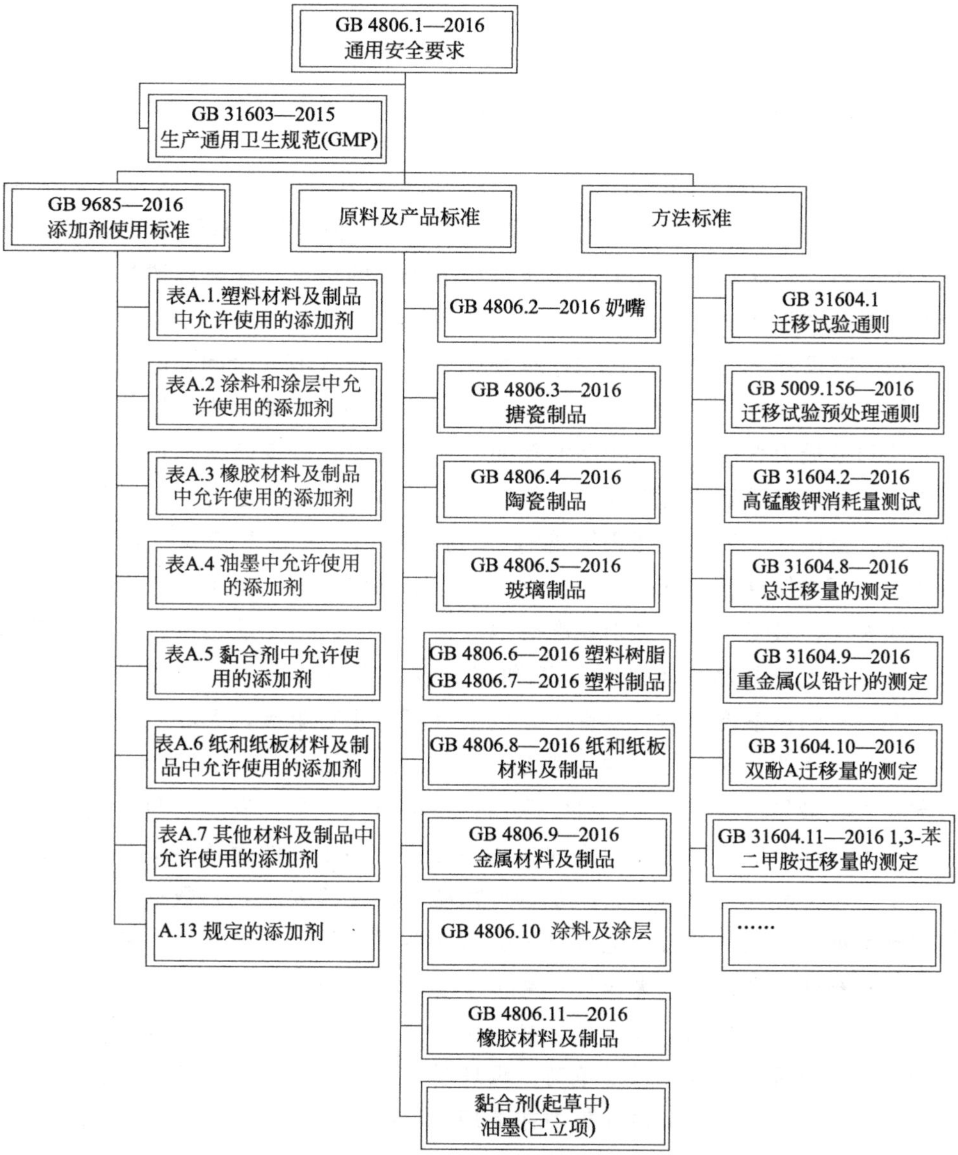

图 6.1 新食品安全国家标准体系

如果仔细研读世界卫生组织（WHO）与联合国粮农组织（FAO）以及各国和地区卫生部门，如美国 FDA、欧盟 EFSA、中国原卫生部、加拿大卫生部（Health CANADA)、日本国立工业科学与技术研究所（AIST)、澳新食品标准局（FSANZ)、德国联邦风险评估研究所（BfR)、香港食品安全中心、瑞士联邦委员会、韩国食品药品安全部等的公开报道，可以发现，这些全球权威的监管部门都一致认为：以双酚 A 为单体合成的聚碳酸酯聚合物在食品接触中的应用是安全的。

6.3.4 学院派与法规管理派之争

如上所述，双酚 A 得到这么多机构的认可，应该说，关于双酚 A 在食品接触中的迁移量是否安全的争论早就尘埃落定了。但为什么双酚 A 的话题还有这么大的热度？这是一种言论炒作还是科学研究的焦点？要解释清楚这点，就不得不提及“毒理学大讨论”。

在探究毒理学讨论前，首先，看看在争论双酚 A 有安全问题的都是哪些群体。第一类是双酚 A 物质的替代原料或材料生产商，不难看出，这些“后起之秀”的利益最为直接。一些躁动的新闻、片面的内容被定向或不定向地传递给媒体，这些信息源头的真实准确性值得推敲。第二类是热心群众，其目的绝对是希望有益民众，为了“惩恶扬善”，不过在宣扬“积极”信息方面相对容易情绪化，而在信息甄别方面和第三类群体非常相似。第三类是部分媒体和部分自媒体人士，对于一些信息未能准确地寻根溯源，而由于缺乏特定的毒理学知识，有时候无法判断内容的科学性和客观性，容易人云亦云、道听途说。而且，在信息的再整理和编辑过程中，也很有可能张冠李戴，无心之举却杂糅出一些相对失实的文章，之后再被普通大众转发。而这一切的根源来自科学界。科学代表着最先进的生产力，科学家们（包括研究人员）发表的科学研究、技术文章，往往会发现一些新的机理或是验证一些假定。然而这些尖端科学，假定的范围不尽相同，执行试验时是否遵循统一的实验要求，其数据结果能否重复出现都亦未可知，这就会造成结论的偏差各异和不一样的理解。科学方面的文章一旦被曲解和误传，无异于一颗颗“高精尖技术炸弹”，其公众影响力和伤害力都是不可估量的。在食品接触领域亦或是健康领域，双酚 A 的世纪之争恰巧就是来自毒理学这个科学范畴，毒理学方面的研究和理解差异恰恰是不同解读的根源。所以，本节更加集中在毒理学界的角度做一个简单浅显的剖析。

毒理学是研究物质与生物体健康之间关联纽带的前沿学科，这种纽带联系用简单的技术语言就是“剂量-反应关系”，通俗一点就是：什么样的暴露剂量（浓度）、会产生什么样的情况。500 多年前，瑞士医生帕拉塞尔苏斯（Paracelsus）在当时就超越时代地提出了“没有什么物质是无毒无害的”“剂量决定毒性”等观点，特别是后面的这句名言成为了现代毒理学的基本法则和精髓，也成就他本人被后人尊称为现代毒理学之父。虽然在理论研究方面，现代毒理学有了更多的分支、不同理论及假设，但经典毒理学理论终归还是认同帕拉塞尔苏斯“剂量越大毒性越高”的观点。

从研究内容上细分，毒理学界可以说是“一门分三派”：即描述毒理学(descriptive)、机制毒理学（Mechanistic）和管理毒理学（Regulatory，也称为法规毒理学）。三派侧重点不同，描述毒理学直接负责的是毒性实验（毒性鉴定），研究化学物质的毒性表现，对外源化学物的毒性做到“知其然”，得到的是最直接的实验数据（剂量-反应关系）；机制毒理学研究的是外源化学物质对生物机体产生毒性（损害）作用的细胞、生化和分子机制，对外源化学物质的毒性做到“知其所以然”；管理毒理学则站在前两者的肩膀上，将毒理学的原理、技术和研究结果应用于化学物质的管理，根据描述毒理学和机制毒理学的研究资料进行科学决策，协助政府部门制定相关法规条例、管理措施，并付诸实施，从而确保化学物、药品、食品、化妆品以及健康相关产品等进入市场后足够安全，保护消费者的健康。由此可以看出，管理毒理学考虑得更为全面、合理，是“融会贯通、学以致用”的实际代表。

另外，为了使不同实验室或不同时间做出的实验结果具有可比性或者重现性，对毒理学实验室的标准技术规范就显得异常重要。因此，良好实验室规范（Good Laboratory Practice，GLP）应运而生，这是一个基于科学的、全面的和全过程的管理规范，所有实验室人员都必须严格遵守。不但工作职责明确化、试验操作规程标准化（Standard Operating Procedure，SOP)，实验设备仪器、样品、记录、数据处理以及环境等等都需要资质认证，甚至试验方法是否能充分表达预期的毒性终点都是要充分论证的，并不是简简单单做个实验，发现一些情况，就好似“哥伦布发现新大陆”一样到处去宣扬实验的结果。从这个角度上看，科学的结论的验证是相当漫长和严谨的，也就造成了很多机构在发表声明时，特别爱引用一句话：“基于当前的、被认可的实验数据……”。这种说法对普罗大众来说，简直就像是在故弄玄虚——“为什么不能简简单单地说什么是安全的?”要么稍加分析就怀疑某机构“此地无银三百两”——数据被特意删选了，是不是隐藏了什么不可告人的信息。

赘述了这么多毒理学的话题，其实，双酚 A 的争吵就是学院派毒理学家和法规派毒理学之间的技术争执，却又互不信服。学院派大多是高校或政府科研机构的权威人士，代表着新的研究领域和未知的科学方向；法规派则往往是管理机构和行业的代表。

从研究目的和方法上看，学院派是基于其认定的某种假设的，实验目的就是要验证这种假设，至少也要与这种假设相关联，否则就无法发表论文或是继续下去，但是其所做的实验多是小规模的，实验室的情形并不一定符合 GLP

要求。而法规派进行的毒理学研究则要遵从国际公约或政府指导原则的，如GLP（类似于实验室的质量保证和质量控制体系）。

从研究内容上看，学院派因偏向于某种假设，研究出生物体毒理方面的现象就是其初衷，而并不会考虑实际的风险可能性和风险评估。法规派恰恰不一样，在生理学现象上，还要考虑统计学意义、实际意义，同时必须考虑试验的可重复性，试验质量的好坏高低，并在危害的基础上严谨地考虑暴露量，进行风险评估得出风评结论，进而在此基础上进行风险管控，实施或调整法规标准。

鉴于世界各地对双酚 A 的争议不断，为了真实弄清楚问题所在，为法规决策提供可靠的数据，美国国立环境健康科学研究所（NIEHS）、美国国家毒理学计划（NTP）及美国食品药品监督管理局（FDA）于 2012 年起联合进行了一项名为 CLARITY-BPA（Consortium Linking Academic and Regulatory Insights on BPA Toxicity）的研究项目。CLARITY-BPA 旨在对双酚 A 进行新一轮的风险评估，同时开展核心项目研究以及委托项目研究。前者依据美国联邦法规的毒性测试指南实施，研究双酚 A 对大鼠的毒性研究（慢性毒）；后者由受委托的大学和研究机构实施（主要是之前发表过双酚 A 健康安全相关论文的），测试更为广阔的健康靶向终点，前后两者都对相同暴露剂量下和同样饲养培育的动物进行实验，使得相互之间既可以相互验证督促，也可以最大范围地利用各自的所长，发现不同靶向终点和慢性、亚慢性毒效应之间的关联。这一协作项目使学院派、法规派以及政府机构决策者之间形成了一种互惠的合作关系：采用相同的研究设备，在大学中进行创新研究，依托单位收到的样品为双盲试样以避免试验误差和实验者的偏见，最终能形成一致的毒理学数据，为风险评估和风险管控提供标准的数据依据。

这个项目中的核心研究，于 2018 年 4 月份经过了公开的同行评议（peer review），最终研究报告于 2018 年 9 月发表，最终结论同样由美国政府正式公布，2019 年 10 月，这项研究还公开发表在了经过同行评议的科学杂志《食品和化学毒理学》上。2018 年 9 月份的最终结论再次印证了美国政府在同年 2 月份对 CLARITY-BPA 核心项目研究做出的初步结论，最终的结论非常明确：强力支持双酚 A 在食品接触领域使用的安全性[7]。

同时，美国 FDA 食品及兽药安全副专员 Steven Ostroff 博士也指出：“初步审查支持我们做出的‘关于双酚 A 目前被授权的应用用途对消费者是安全的’的决定。”“大量的研究结果再一次肯定了先前所做的有关双酚 A 安全性的科学评估结论，并又一次证实了美国 FDA 当前对‘双酚 A 安全吗’的简单答复：‘是的，安全（Yes）’”。

而 CLARITY-BPA 项目中的 14 个委托项目研究，测试的结果数据都已经上传到美国国家毒理学计划（NTP）的网站上，供各方研究人员进行分析和解读。到目前为止，14 名受资助者中有 9 人公布了他们的研究结果，没有一项与总体核心慢性研究结果相矛盾。但原定于 2019 年底公布的委托项目结论，至本书出版时仍未公布。根据美国国家毒理学计划（NTP）的说法，正在编写一份整合核心研究和委托研究的最终结果报告。该报告将涵盖受委托科研机构所进行的不同靶向器官、不同组织的研究章节，整合 CLARITY-BPA 计划中两个组成部分中按剂量、时间和终点的信息。

6.4 下游应用相关法规和标准

自 20 世纪 50 年代诞生以来，聚碳酸酯一直是工程塑料行业界的宠儿，“优质工程塑料”“高档材料”“透明材料”“防弹胶”“阻燃塑料”“抗冲击性能优异”“食品级”“医疗级”“航空材料”等等称号，彰显着聚碳酸酯材料“高大上”的气质和品质。在各种应用领域中，聚碳酸酯不断充当着“替代者”“革命者”“先锋队”的角色。随着加工技术、热成型技术、共混合金技术、聚合工艺以及共聚技术的快速发展，聚碳酸酯或是创造了一个新的应用领域，或是打破了过去的材料使用格局，助力产业升级。在这些过程中，不同领域、不同行业应用的标准和法规，对聚碳酸酯的使用与推广也有着非常重要的影响。

6.4.1 聚碳酸酯产品标准

聚碳酸酯产品本身，国内仅有不多的标准，主要是其命名原则、性能要求以及测定方面的指标要求。这些标准在 2017 年以前并非国家标准，而是化工行业标准，如：HG/T 3020—1999《聚碳酸酯（PC）模塑和挤塑材料命名》、HG/T 2503—1999《聚碳酸酯树脂》、HG/T 2234—1991《聚碳酸酯稀溶液粘数的测定方法》。除 HG/T 2503—1999 标准以外，其他两个标准都明确表明是从国际标准转化而来，详见表 6.3。随着国家塑料标准委员会（简称塑标委）大力推进国际采标的工作，HG/T 3020 已经被新的国家推荐性标准 GB/T 35513.1—2017 所取代，并完全等同于 ISO 7391-1：2006 年版本。而且，根据 ISO 7391 系列标准第 2 部分，塑标委也将其转化成国家标准 GB/T 35513.2—2017《塑料　聚碳酸酯（PC）模塑和挤出材料　第 2 部分：试样制备和性能测试》，但并未等同采纳，而是根据我国行业特点有所修改采纳，其中参与的单位有：中国蓝星（集团）股份有限公司、中蓝晨光成都检测技术有限公司、武汉金发科技有限公司、广州市聚赛龙工程塑料有限公司、鲁西集团有限公司、中蓝晨光化工研究设计院有限公司。

表 6.3　聚碳酸酯相关标准

现有标准号	替代标准	标准名称	国际标准	其他
GB/T 35513.1—2017	HG/T 3020—1999	塑料　聚碳酸酯(PC)模塑和挤出材料　第1部分:命名系统和分类基础	ISO 7391—1:2006,等同采纳	
GB/T 35513.2—2017	无	塑料　聚碳酸酯(PC)模塑和挤出材料　第2部分:试样制备和性能测试	ISO 7391—1:2006,修改采用	中国蓝星、中蓝晨光成都检测、金发科技、聚赛龙、鲁西集团、中蓝晨光院
HG/T 2234—1991		聚碳酸酯稀溶液粘数的测定方法	ISO 1628—4:1986	将被 GB/T 1632.4 替代
HG/T 2503—1999		聚碳酸酯树脂	无	将被国标推荐性标准替代

HG/T 2234—1991 标准，是关于聚合物加工极其重要的参数——黏度的测定标准（标准中用词为粘度，已被行业内统一为“黏度”）。该标准适用于聚碳酸酯均聚物、共聚物及其混合物，且不论是否含有填料。该标准还是化工行业标准，等同采用了 ISO 1628 第四部分（1986 年），是非常有实际意义的。ISO 1628.4 的现行版本为 1999 年，2018 年被 ISO 再次审定，并认可保持不变。因此，塑标委将继续推进其最新版本的转化，HG/T 2234 的标准名称亦将改为《塑料　用毛细管粘度计测定稀溶液中聚合物的粘度　第 4 部分：聚碳酸酯（PC）模塑和挤塑材料》，全面等同 ISO 1628 第 4 部分。

至于 HG/T 2503—1999 标准，其中会涉及一些技术指标，如溶液色差、简支梁冲击强度、拉伸强度、断裂伸长率、屈服弯曲强度、热变形温度、体积电阻系数、介电系数、介电强度等，试验方法也基本上采取与国际标准等同或等效转化的国内标准。从这个角度看，我国聚碳酸酯产品本身的标准，并未有明显缺失部分，仅仅是更新速度问题，以及目前成熟的测试方法是否能满足技术发展的实际需要，特别是对新型的共聚类聚碳酸酯材料尤为如此。自 2018 年起，应国内聚碳酸酯生产企业的要求，由鲁西集团牵头，在塑标委的组织下，包括内资、外资、合资等聚碳酸酯生产企业一起讨论了该标准的修订，初稿几经修订，行业内达成一定的共识——产品等级划分更细致，并增加熔体流动速率（MVR，MFR）；但是，在新增检测指标方面，由于不同生产工艺采用的封端剂不一样、生产过程中产生的杂质离子不同，所以一些被提议的技术指标项，未能得到大多数企业的认同。目前，该行业标准转化为国标的进程尚在进行中，样品收集和数据验证已基本完成。

总的来说，这三个化工行业标准，都由全国塑料标准化技术委员会（SAC/TC 15）负责技术归口。具体讲，HG/T 3020 标准由原化工部晨光化工研究院（成都）负责起草和修订，其他两个技术标准都是由上海市合成树脂研究所负责起草和修订。目前，SAC/TC 15 的设置包括如下几个分技术委员会：SC1-石化塑料树脂产品，SC4-通用方法和产品，SC5-老化方法，SC7-聚氯乙烯树脂产品，SC8-聚氨酯塑料，SC9-工程塑料，SC10-改性塑料，以及 SC11-热固性塑料。其中，SC9-工程塑料分委会主要涉及“聚酰胺”“聚碳酸酯”等产品的技术标准。

另外，SAC/TC 15 标委会也在不断开拓下游应用领域中的材料标准及专用料标准，与聚碳酸酯相关的有：《LED 灯罩用聚碳酸酯》《塑料 家用和类似用途电器装置用阻燃聚碳酸酯专用料》《电动汽车充电桩壳体用聚碳酸酯/丙烯腈-丁二烯-苯乙烯（PC/ABS）专用料》等。

6.4.2 电子电气行业相关标准

聚碳酸酯材料是热塑性工程材料，其加工性能好，抗蠕变，热收缩率低，尺寸稳定性高，可回收，这就意味着加工效率高、成品率高，与电子电气行业要求的“快”“精”“环保”非常契合。同时，注射成型可以制备结构复杂的部件，外加聚碳酸酯透明、着色性能好、表面工艺多样，又极大地满足了“潮”“炫”的数码产品时尚外观要求。

当然，在这个广阔的行业领域（电子、家电、电气），由于聚碳酸酯具有以下几个主要特性：①天然的阻燃性能，不用或少量添加阻燃剂就可以达到较高的阻燃要求（如 UL 94 V0、灼热丝燃烧 850℃）；②超高的抗冲击性能，保证制品抗摔防撞，且耐久使用；③可回收，更环保，在塑料的可持续发展要求中，聚碳酸酯完全满足了“3R”原则。因此，电子电气行业对聚碳酸酯青睐有加。

我国电子电气行业的相关法规标准基本是在国际法规基础上建立起来的。大致分为两大类：一类是电子电气产品基本性能要求（如 3C 强制要求等，并附加了对材料的性能要求），另一类是环境保护要求，特别针对可回收利用率、可再生利用率、绿色设计、回收料用量、零部件尺寸及必要材料标识等。电子电气产品对材料的具体标准要求主要涉及了以下几个方面：

① 涉电产品，材料质量必须可靠，绝缘性能、介电性能、防电弧要过关；

② 最终制品应能抵御一定的外力，力学性能和防摔性能需满足；

③ 受热不易变形，在热环境下，力学性能和电性能需达标；

④ 关键部件需阻燃防火，从根本上减少电子电气产品发生火灾的可能性；

⑤ 材料环保，可回收，且回收后的材料需达到一定质量要求。

前4项基本属于安全一类（质量控制），不同细分应用的要求差异性可能较大，最后一项属于环保加分项，取决于该应用对环保和实际安全需要的平衡考虑。不过，随着绿色产品需求的不断提升，环保、可持续、循环经济等等要求的权重越来越高。

电子电气行业涉及的标准所涉及的相关机构及标准简单表述如下：

（1）国际电工委员会（IEC）

国际上，电子产品或电气产品的相关标准基本上是由国际电工委员会（International Electrotechnical Commission，IEC）所制定的。IEC成立于1906年，是国际性的电工标准化机构，负责有关电气工程和电子工程领域中的国际标准化工作，IEC和国际标准化组织（ISO）、国际电信联盟（ITU）并称为全球性的三大标准化机构。IEC的会员都是以国家为代表参与的，截至2018年4月，正式会员有62个国家，另有23个观察员国家参与。IEC在制修订标准过程中，各个会员国会积极参与和反馈建议，最终由正式会员投票通过进行发布，IEC的标准发布后，再由会员（成员国）根据本国实际情况转化成相应的国家标准。IEC标准的权威性是世界公认的，全球近10万名专家都在参与标准的制修订，可以说，IEC标准是“凌驾”于各国标准之上的。目前，随着电子化、信息技术的不断发展，电子、家电、电气设备乃至信息产品不断融合，IEC的标准范围不断扩大到电子、电力、微电子及其应用、通讯、视听、机器人、信息技术、新型医疗器械和仪表等电工技术的各个方面。毫不夸张地说，IEC是涉电标准的源头。

IEC的相关产品对安全性的要求十分重视，对使用的材料选择有非常严格的约定，特别是前面提到的“绝缘”“阻燃防火”“耐热”“机械强度”“无卤化阻燃”等等。

（2）IEC 62368-1标准和UL 94标准

这里先不谈工业用的电气产品（国内归属中国电器工业协会，CEEIA）和照明设备（如LED）。对于普通大众，IT设备、电子数码、打印复印产品、办公设备以及多媒体设备，还有各种家用电器、小家电、旅行充电器等等是广大消费者最常用到的“带电”产品。在全球，通常将这些产品分类为：“电子信息产品”“音视频产品”“家用电器”“家电附件”等。在IEC的技术委员会中，IEC/TC 108是负责“电子信息产品”“音视频产品”的技术委员会，对应的，在中国由工信部电子标准化研究院（CESI）中的“电子产品安全标准工作组”负责标准对接。

目前，IEC 出版的 IEC 62368-1：2014 标准是统领整个电子信息产品和音频/视频的相关安全标准。这个标准是在早先 IEC 60950（信息技术设备安全）和 IEC 60065（音频、视频及类似电子设备 安全要求）的基础上合并后修改而来的，这个标准代表了产品安全要求的新方向——基于危害程度而确定安全方法，如材料的选择、产品的设计。美国在此基础上修订为 UL 62368-1 标准，欧盟由此出台了 EN 62368-1 标准。在国内，目前的标准代码分别为 GB 4943 和 GB 8898。不过，随着国际上不断深化推行 IEC 62368-1，国内很多大型企业（如联想）也已经推行了 IEC 62368-1 标准，中国的国标体系势必会加快与国际标准的融合和一致性。

IEC 62368-1 中，额定电压不超过 600V 的信息技术设备、办公设备以及音频/视频设备都包括在内。其中与材料相关的安全要求主要包括：不同情况下对材料阻燃等级的要求，最终制品是否需要进行蜡烛火焰引燃测试、压力测试和跌落测试等。与 IEC 60950 相比，新的 IEC 62368 不再用“移动设备”和“固定设备”作为区分界限（18 kg 为限），而是改用额定功率“不足 4 000 W”和“超过 4000W”的差异，来规定使用材料的安全要求。

从标准看，使用防火外壳是降低带电产品发生火灾风险的有效手段之一。对于防火外壳（fire enclosure）的材料选择，如果产品功率低于 4000W，就需要阻燃等级达到或超过 V1 或 VTM-1；如果产品功率超过 4000W，则阻燃等级就要达到 5VA 或 5VB。国内标准 GB 4943 也采用同样的阻燃等级要求。行业内，特别是办公应用领域和易出现火焰风险的场景，最终产品的生产企业为了尽可能降低风险，并不仅仅满足于达到上述水平，通常会采取更加严苛的要求，因此，V0 级别的防火等级更为企业所青睐。

在美国，IEC 62368-1 的国际标准由 UL 公司进行转化，变成 UL 62368-1。UL 公司即美国保险商实验室（Underwriters Laboratories），该公司推出的标准有近五分之三被美国国家标准（ANSI）所采用，也被美国甚至全世界行业界公认。这家公司最为著名的是在材料防火阻燃方面的贡献，UL 94（the Standard for Safety of Flammability of Plastic Materials for Parts in Devices and Appliances testing）是对电工产品中使用的塑料材料进行燃烧等级测定的标准。这个标准和 IEC 60695-11-10、IEC 60695-11-20 以及 ISO 9772、ISO 9773 等标准相互协调一致，因此事实上，它已经被全世界所采纳。在 UL 94 标准中，区分了水平燃烧测试（HB 级，如图 6.2 所示）和垂直燃烧测试（V 级，如图 6.3 所示)，并对超薄材料（VTM）以及低密度发泡材料的燃烧测试（HF）有特别的定义，还对火焰强度大小进行了区分，根据材料引燃情况、熄灭时间以及是否有燃烧滴落物，最终判定材料的燃烧阻燃等级。简单说，垂直燃烧要严苛于水平燃烧，其中 V0 是垂直燃烧中防火阻燃等级最高的（V0＞V1＞V2＞HB)；在大火焰的燃烧测试下，符合 5VA 等级的材料其燃烧等级要高于 5VB 的材料（5VA＞5VB，如图 6.4 所示)。需要明确的一点是，材料的防火阻燃等级与厚度是有关联性的，所以，说一种材料达到 V0 等级并不准确，一定要和测试的厚度关联才是专业说法（即：在多少 mm 厚度下，某种规格的材料能达到什么样的阻燃等级)。聚碳酸酯材料在这方面有得天独厚的优势，比 PP 材料、PMMA 等材料更容易达到 V0 水平，而且阻燃剂的添加量要少很多，也不必使用溴系阻燃剂，这在环保要求方面优势明显。

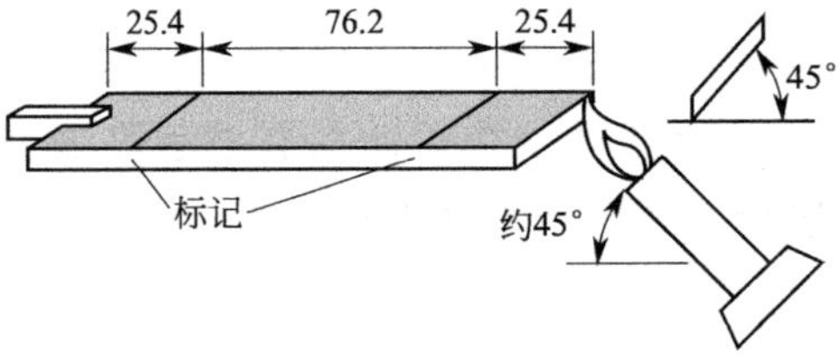

图 6.2　水平燃烧测试

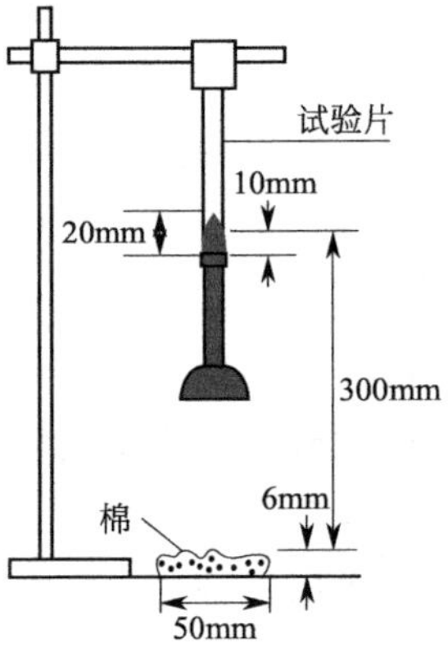

图 6.3　垂直燃烧测试

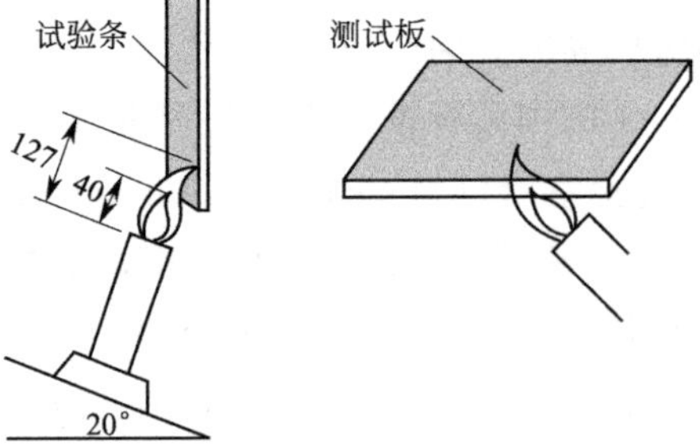

图 6.4　大火焰燃烧测试

(3) 定义“无卤”的 IEC 61249-2-21 标准和环保需要

对一般塑料材料而言，V0 等级的阻燃要求意味着树脂中要添加很多的

“阻燃剂”。不可否认，阻燃效果最为突出的是卤素阻燃剂（氯系、溴系）。然而，在塑料制品发生燃烧时，尽管这类阻燃剂的阻燃效率比较好，但同时带来了烟毒性的问题（燃烧释放有毒烟气），逃生的人们没有被火烧死，却由于烟气窒息和中毒造成死亡，据不完全统计，这个比例竟然高达80%（当然，缺氧窒息也是重要的原因）。因此，从环境保护、人类安全和阻燃效率的角度出发，开发高效、无害、低烟、低毒、环保的阻燃剂就是必然的趋势，而无卤往往又是其中的一个环节。IEC发布了一项国际标准IEC 61249-2-21，严格定义了无卤（halogen-free）的含义：阻燃剂中氯含量不得超过900ppm（$1ppm=10^{-6}$），且溴含量不得超过900ppm，同时两者的总含量不得超过1500ppm。虽然，卤素阻燃剂生产商对此非常不屑，因为“无卤只表明该阻燃剂不含有溴、氯、氟等卤族元素，既不代表绿色环保，也不代表整个行业的发展方向。不同阻燃剂理应均衡协调发展，发挥各自在防火安全中的重要作用”。但是不得不承认的事实是，“无卤”在电子行业中大行其道。由此，氮磷系的阻燃剂和无机类阻燃剂应运而生。当然，行业内几乎没有争议的是，尽量地减量使用卤素确实是一个基本性的原则。

对聚碳酸酯树脂来说，溴系阻燃剂也好、磷系阻燃剂也罢，都能和聚碳酸酯树脂很好地融和，达到阻燃防火的目标。特别地，由于聚碳酸酯本身就有良好的阻燃性，因此，阻燃剂的添加量可以控制得很低，相比PP、PMMA等其他塑料优势明显，也是更加环保的一种体现。

（4）灼热丝燃烧试验及相关标准

针对无人值守的电器来说（如家用电器、开关面板、电线线路等），火灾风险往往由热量蓄积造成的材料失效而形成，是高温或蓄热部件释放热量时对材料的“伤害”后果，以及进而引发的着火风险。因此，不像UL 94材料阻燃测试使用明火，而是采用“灼热丝试验”（glow-wire test，GWT）的方法检验电子电器产品在工作环境下（没有明火）的稳定性。其标准及检测方法当然还是由IEC制定的，由IEC 60335系列标准中三个测试组成的：GWFI（灼热丝可燃性指数）、GWIT（灼热丝起燃温度）和GWT（灼热丝测试），同UL类似，测试的结果一样是与样品厚度有关联的。

大体上，GWFI是材料预选测试，针对的是材料，参照IEC 60695-2-12执行，在测试样厚度下，材料至少要通过850℃，然后再选择进行GWIT测试或是GWT测试，前者是继续针对材料进行，后者是针对最终制品（指电器产品或部件）进行。GWIT，针对材料参照IEC 60695-2-13执行测试，试样为标准样条，材料至少要达到775℃才可以判定材料可以直接使用（注：引燃判定为有焰燃烧不少于5s）。如想直接对最终制品（试样为制品）做GWT试验，则参照IEC 60695-2-11执行。如在750℃下不燃（或虽然起燃，但在灼热丝离开后30s之内熄灭且不引燃制品下面铺的包装物），则说明材料可以直接使用。这种灼热丝测试显得比较复杂，但却是进入欧洲市场的强制性要求。

聚碳酸酯材料在高温高热下的性能一样非常出众，通过GWFI的850℃要求相对简单，甚至达到最高等级的960℃也没有问题。添加阻燃剂的量也要比PP类材料少很多，对环境更加友好。

随着智能电子、智能家电的普及，电器电子产品之间的相互融合已经大行其道，很多最终产品对材料的耐热、耐燃、阻燃要求也渐渐一并考虑起来，目前，总的方向是逐渐趋于严苛。阻燃等级V0、V1已经快成为业界的基本要求，对于电控盒等直接“接纳”电流的核心部件，很多企业已经要求使用5V级别的材料了。相较于聚碳酸酯/ABS共混树脂材料，纯聚碳酸酯树脂材料，满足起来相对容易一些。

（5）环保要求

随着经济和人口的发展，社会、群体以及个人对可持续发展的关注度越来越高，营造“蓝天碧水，绿色城乡”是每个国家、每个地球人的希望。“绿色”“环保”自然而然地与我们日常的生活活动紧密地联系在了一起。从全球看，联合国可持续发展的宗旨就是——“让世界更美好（To build a better world）”。联合国发布了17个可持续发展的目标（sustainable development goals，SDG），涉及了世界发展的方方面面：从人口、贫穷、福祉、平等、和平，直至生产、安全、卫生、环保、城市、消费等，其中就有关循环经济和材料回收再利用的目标。本部分着重强调的就是在这个大环境下，电子电气设备行业对环保、回收再利用方面的要求，以及避免或减量使用有害物质（如重金属）。这些“绿色”（注：其实绿色仅仅是个象征性的表述，实际代表的是循环经济）的要求，在汽车、建筑、照明等各个领域中，也都有所体现，只是电子信息产品行业更加突出罢了。

我们都了解，电子信息产品更新换代非常快，同时也造成了一些社会公共话题。前面谈到的除了“无卤”的话题稍微有些可持续发展的涵义，其他都是安全性能的考虑。以欧洲为例，众所周知的欧盟CE指令要求：电器产品在安全性方面必须强制性满足CE/EMC（电磁兼容）、CE/LVD（低电压设备指令）、CE/ErP（能效指令）、CE/RoHS（环保RoHS 2.0）等要求，才能合法在欧洲市场销售。其中，对低电压设备的安全考虑，基本上也是涉及了前面提到的选材要求（防火阻燃、抗冲性能等），RoHS则是考虑了有害物质（重金属和个别溴系阻燃剂）的合理化替代。然而，这些尚不全是环保的重点，电子电气领域中，全球的政策引导主要考虑的是两个方面的内容：①废弃电子电器产品的后续处理；②有害物质的限制使用（以RoHS为主）。

在欧洲，当前的废弃电子电气设备法令2012/19/EU（WEEE Directive，Waste Electrical and Electronic Equipment，）被形象地称作“WEEE 2.0”，是一项扩大生产者责任制度的欧盟立法，旨在防止电子电气设备（WEEE）废弃后污染环境（如：填埋对土壤环境、填埋或拆解等处理对水环境、焚烧对大气环境等），并通过赋予生产者特殊的责任确保设备能够被回收、再利用或循环使用。制造商和/或进口商须提前支付一定的费用，用来平衡以不危害环境的方式收集、处理和处置专用和家用电子电气设备（EEE）的花费。此外，WEEE指令要求对设备进行标记，并要求生产者在引进EEE的每个成员国进行登记和报告。生产者、制造商和进口商的义务要看WEEE是来自于家用还是其他应用而定。另外，经销商也应对废弃设备的管理承担相应义务。可以看出，这种管理是覆盖全产业链的，而且，最终EEE设备生产商会不断向上游原材料企业提出相关要求。

该指令于2012年7月24日在欧盟正式公布，并在公布后的20天生效。与1.0版本相比，新指令的覆盖范围更广，扩大至所有的电子电气设备。新指令给出了实施的过渡期（即2012年8月13日至2018年8月14日期间），在过渡期内该法令管理的EEE设备共有十大类产品，在附录Ⅰ中列出（附录Ⅱ列出了相对具体的各类产品示例）。而自2018年8月15日起，新指令将对电子电气设备重新分类进行管理，附录Ⅲ指出了新的六大分类，并采取开放式（non-exhaustive list in Annex Ⅳ）的范围。当然，仍有部分“带电”产品是不在管理范畴之内的，列于第二条的（3）及（4）条目（豁免条目），例如军事用途、灯丝灯泡、大型固定工业工具、体外诊断医疗器械和有源植入型医疗器械等等。

这个法令是强制性的，特别对废弃电子电气产品的收集率（collection rate）、可循环再利用率（recyclability rate）、可回收利用率（recoverability rate）有阶段性的严格要求。

以收集率为例，根据条款7，每一个欧盟成员国必须确保“生产者责任制”的落实到位，也就是说，生产者应担负起收集废电子电气设备（WEEE）的责任。自2016年起，收集率每年至少需要达成45％的目标（重量百分比，指市场上的EEE投放量）。而从2019年起，这个要求要提高到65％，或是该国产生 WEEE 总量的 85%。[1]

对于循环再生利用率和回收利用率来说，从 2018 年 8 月 13 日起，按照 6 类 EEE 产品，百分比要求稍有不同。

欧盟 WEEE 指令（2012/19/EU）附件Ⅲ关于再生利用率和回收利用率的具体要求详见表 6.4。

表 6.4　欧盟 WEEE 指令（2012/19/EU）附件Ⅲ关于再生利用率和回收利用率的具体要求

产品类别	循环再利用和回收再利用目标		备注
	回收再利用(recover)	重复使用(reuse)与循环利用(recycle)	
第 1、4 类	0.85	0.8	温度交换设备(温度调节)，如冰箱、空调，大型 EEE 设备，如洗衣机、干洗机等
第 2 类	0.8	0.7	如屏幕、显示器、电视、笔记本
第 5、6 类	0.75	0.55	小型 EEE 设备，如吸尘器、微波炉、电水壶、电动刮胡刀；小型 IT 设备和通讯设备，如手机、袖珍计算器、个人电脑、路由器、打印机和电话
第 3 类	—	0.8	灯具，如直管荧光灯、紧凑型荧光灯、高强度放电灯、以及 LED 等

这些比例要求，其实就是最终产品生产者不断向上游寻求支持的根源。如果所提供的材料无法回收或没有成熟的回收技术作保障，势必将影响其商业化推广。全球知名的品牌商甚至会直接干预上游之上游的原材料采购，避免有害物质使用的同时保障产品的回收利用率，从而解脱垃圾堆积成山或是填埋焚烧再污染环境的困境。

以欧洲为例，为了推进这种法规要求，欧盟还分别推出了针对终端消费产品的“生态标签”（Euro Flower，欧洲之花）以及针对生产过程的“欧盟生态管理和审核体系”（EMAS，Eco-Management and Audit Scheme）。一方面从消费角度出发，鼓励在欧洲地区生产及消费“绿色产品”；另一方面从工业生产角度着手，推动和提高产品在生产过程中的整体环保要求。

声势最大的当属“生态标签”——毕竟消费者群体的利益高于一切。消费者拥护和买单的，自然在产业链中有极大的号召力和影响力。除了欧洲之花，美国有 EPEAT、德国有“蓝天使（Blue Angel）”、北欧五国有“白天鹅

[1] 对保加利亚、捷克共和国、拉托维亚、立陶宛、匈牙利、马耳他、波兰、罗马尼亚、斯洛文尼亚和斯洛伐克等国，由于国内基础设施的不完善，这个比例要求略有降低，时间上也可以从 2019 年延迟到 2021 年 8 月 14 日之前。

（White Swan）”、日本有 Eco-Mark、中国也有自己的“十环认证”，如图 6.5 所示。其实，无论哪个国家的生态标签中，都有着类似于 WEEE 的指导原则：倡导“使用保质保量的回收材料”“提升材料的可再生利用率和可回收利用率”，以及实施产业链最前端的“生态设计”等评价要求。虽然各国的生态标签并不是强制性的制度，而是一种自愿性的，但是，各国政府在政府采购方面，都加大力度支持获得“生态标志”标签的产品和企业，也就形成了一种“技术”门槛，甚至就是“半强制性的要求”，促使国际大型的电子消费品、音视频等生产企业对生态标签多有认同。在各种生态标签中，美国的 EPEAT 和德国的 Blue Angel，在国际市场上具有非常高的市场认知度，可以说分别是美洲和欧盟的“最强大脑”[1]。从材料方面看，聚碳酸酯材料本身确有一定的优势，但对于共混的 PC/ABS 材料看，仍有大量的技术攻坚战需要克服。在实际操作中，另有一个问题始终困扰着产业链——闭环回收。这是因为，只有闭环回收才能确保回收料的来源和品质，最终确保终端产品的质量过关，从而使循环经济可持续。因此，在这个方向上，不断有材料生产商（如聚碳酸酯生产企业）、分销商、制品生产商、终端产品销售或应用领域等诸多环节，一同营造有实际意义的“闭环回收”“塑造未来”，追求更高层次的“循环经济”的解决方案。

图 6.5　各国生态标签

中国的“十环认证”是中国环境标志产品认证的俗称，该标志最明显的特征就是中间的“十个环紧密相连、环环相扣，共同围绕着中间的青山、绿水和太阳”。在消费品行业内，“十环认证”有绝对影响力，算得上环保领域最具权威性的一块招牌。当然，其针对的都是终端消费品，不仅表明产品的质量合格，而且符合特定的环保要求。特别是在原材料的选择方面，要求严苛：低毒少害、节约资源和能源。目前，其涵盖的产品已经有 100 多个，包括办公设备、建材、家电、日用品、汽车、家具、纺织品等等。而且，中国的环境标志

[1] 欧盟的“欧洲之花”所规定的原则，极大程度上参考了 Blue Angel 的要求。

产品标准积极借鉴美国 EPEAT、德国 Blue Angel 等标准的要求，甚至更为严格。国务院在“加快发展循环经济”“落实科学发展观加强环境保护”“节能减排”等方面都不断强调：要鼓励使用环境标志产品，大力倡导环境友好的消费模式。对于政府采购、招投标的产品，列入《环境标志产品政府采购清单》的，有着明显的优势。在环境标志产品的技术标准要求中，在产品质量合格的前提下，行业公认的限值指标更趋严格，限用或减量使用有害物质、提高回收利用率要求，产品的环保设计都是重中之重。

综上所述，电子电气设备领域对材料选择的趋势非常明显：质量为先、环保并重。

在安全得以确保的前提下，减量使用阻燃剂或合理换用“绿色”的阻燃剂使材料达到合格的阻燃效果是基本的要求。同时，由于集成电路密集度越来越高，潜在的火灾风险和不确定因素更为突出，所以要求更高效的阻燃材料将是一个趋势。另外，对于最终制品和原材料的回收，以及生态环保设计，都对回收利用率和再生利用率提出了更高的要求。热塑性材料，特别是阻燃防火性能优异、耐高温的热塑性工程塑料将是市场需求的焦点。低成本的通用材料，很可能会逐步被边缘化，当然共混合金或是专用料开发或许是一个较好的出路。

6.4.3 汽车行业相关标准

汽车行业是典型的国家支柱型产业。这些年来，“智能网联”“无人驾驶”“新能源汽车”以及“共享经济”，这些前瞻性的发展概念引领了整个汽车行业的发展方向。相应地，在汽车制造方面，主机厂和零部件企业在“绿”“色”“速”“智”的原则下，不断地寻求着材料使用的变革，希望在新领域、新创想方面占得先机。“绿”，其实代表的就是“可持续发展”“新能源汽车”“能源效率”“可挥发性有机物（VOC）和有害物质替代”等方面；“色”，表示了消费者的消费心理——突出个性化、多姿多彩、视觉氛围和感官体验；“速”，并不是汽车的“速度至上”，而是代表配件加工的速度，简单说就是加快生产效率、缩短开发周期；“智”则是智能控制、车联网以及在新交通概念下的车体结构的大变革。

在法规层面，一方面侧重于对新兴车型及配套设施的政策扶持，如新能源车、电动车、混动车、充电桩和充电枪等；另一方面对创新的内外饰材料、能源效率轻量化、车辆报废回收（ELV）、有害物质管控等都有相关的标准约定。

从大的发展方向看，新能源车毫无疑问是全球瞩目的发展方向，目前中国在这方面的实施可以说是全球领先的。2017 年 7 月，G20 汉堡峰会上，世界各国陆续宣布禁售燃油车的方针政策。各国禁售燃油车时间表见表6.5。

表6.5 各国禁售燃油车时间表

全面禁售燃油车的国家	政策实行时间
法国	2040年(燃油车)
德国	2030年(内燃机车汽车)
英国	2040年(传统柴汽油车)
挪威	2025年(燃油车)
荷兰	2025年(燃油车)
印度	2030年(燃油车)
中国	2017年9月,工信部启动项目调研,研究禁售燃油车时间表

这个时间表清晰地说明，电动汽车和新能源汽车已驶入高速发展的快车道。同时，随着充电桩设施以及电池更换站的全面布局，传统的燃油车必将会逐步被新能源车替代，并最终发展为智能网联汽车。

各国转向新能源车的政策，其本质恰恰是出于“气候变化”和“环保”的考虑。虽然各方的争议依旧存在，如：从全生命周期角度出发，电动汽车并不比燃油汽车更加“环保”。但是，难以系统化处理的汽车尾气排放，终归不如电力行业或电池行业的集中处理来得更好管理。前者的“无组织排放”是环保领域最头疼的问题；转变成新能源车后，将无组织排放转变为集中化处理，显然是一种进步。

对于传统汽车，欧洲、美国、日本都设定了面向2030年的油耗排放目标，分别以每年4.4%、4.5%、3.9%的进展来加严排放要求，倒逼传统燃油系汽车降低能耗，减少二氧化碳的排放。以欧盟为例，为了应对气候变化，减少温室气体排放，欧盟出台了(EC)443/2009号法规：到2015年，在欧盟销售的所有新车，其二氧化碳排放量应降至120g/km，而到2020年进一步降至95g/km。如果达不到要求，则要征收超排放费：每辆车每超出1g二氧化碳排放，征收95欧元。这是全球最严格的汽车碳排放标准。在美国，由于汽油价格较低，消费者并不太关注油耗的高低，因此汽车的排量相对偏大，同时，法规上更多地关注车企的公司平均燃油经济性(CAFE)，鼓励小排量和新能源车，所以，整体来看美国在汽车的二氧化碳排放方面并没有那么苛刻，其汽车的二氧化碳排放目标值则是2016年达到155g/km，2020年达到101g/km。在日本，设定目标是2015年155g/km，2020年115g/km。

汽车轻量化是另外一个重要的发展趋势。汽车重量的减轻不仅可以提高行驶速度，而且能够降低相同行驶距离下的单位能耗，减少能源消耗的同时，也降低了尾气排放。据统计，整车每减重 100kg，可以降低油耗约 0.28L/km，每公里可减少 6～8g 的二氧化碳排放。

中国汽车工业协会更是直接表明：无论是传统燃油车，还是新能源汽车，“汽车轻量化是未来发展的必由之路”。从中国汽车轻量化技术路线图中可以看出，2015—2020 年，减重目标为 18%，主要是引用镁铝合金及纤维增强复合材料；2020—2025 年，减重目标要达到 30%的水平，这就对结构、材料、性能一体化的轻量设计提出了非常高的要求；2025—2030 年，更是要达到 40%的水平。纤维复合材料将成为主导，轻合金和高强钢都会成为辅助减重材料。为了实现这些目标，热塑性工程塑料、复合材料势必会大显身手。

汽车的轻量化，可以分别从“车身轻量化”“底盘轻量化”“内外饰轻量化”以及“动力系统及核心部件的轻量化（小型化）”出发。特别对于内外饰、内外零部件的轻量化，是目前塑料、工程塑料大显身手的主攻方向。例如：聚碳酸酯的车窗、天窗、三角窗替代玻璃车窗，薄壁化的工程塑料在立柱盖板、前后围方面的使用，内部控制仪表板的一体化，还有氛围灯、显示等方面的应用场景，都要依靠工程塑料实现功能性与安全性的完美结合。

为了进一步拓展车企与非金属材料生产企业的高效互动，受工信部原材料司委托，中国合成树脂协会与中国汽车工业协会共同发起、成立了“汽车轻量化非金属材料产业联盟”，在供给侧结构性改革的政策引导下，共同积极探索汽车工业与材料、塑料加工企业的上下游产业链互动的新体制和新模式，形成创新与应用的伙伴关系。

仅仅就汽车本身的法规看，世界车辆法规协调论坛（WP29）是全球汽车法规的先导。中国目前在不断地调整国内的汽车法规标准，积极对接国际上的法规要求。在国内，汽车属于 3C 强制性认证产品，因此，大多数的汽车法规都是国家标准和行业标准。国家标准化技术委员会（SAC）下的 TC 114 就是全国汽车标准化技术委员会。TC 114 由中国汽车工业联合会主管，秘书处设在中国汽车技术研究中心（CATARC），下设 30 个分技术委员会（SC），以及多个特别工作组（SG）。其中，第 9 分技术委员会（SAC/TC 114/SC 9）是安全玻璃分技术委员会。目前，主标准 GB 9656 是国内汽车安全玻璃的强制性标准，同时还有若干个推荐性测试标准（GB/T 5137. X）。目前，GB9656 的版本依旧是 2003 年的，由于只有玻璃、夹胶玻璃等材质被认可，因此，在一定程度上还未能赶上材料技术的发展和变化。因此自 2015 年起，国标委积极开展了标准的修订和调研工作，一方面了解国际标准的发展情况，另一方面适时地进行材料的各种验证，将先进的和合理的技术要求增添入新版标准。

由于中国与欧洲、日本在汽车工业上相对紧密，法规上也比较认可欧洲经济委员会（ECE）的汽车法规[1]，其中 ECE R 43 就是“关于批准安全玻璃材料的统一规定”。随着硬质透明工程塑料的发展，特别是聚碳酸酯材料在警用车方面的成功使用。在新版的 ECE R 43 中，硬质塑料（Rigid Plastics）被允许在车窗上使用，并对相关的技术参数进行了约定。因此，聚碳酸酯硬质工程塑料在欧洲、日本、美国的车企中相继得到了许可。特别是对力学性能如耐磨性试验要求，原先针对玻璃所采取的泰伯耐磨测试（Taber Abrasion Test），对于硬质塑料来说，与实际情况并不相吻合，因此，在欧洲采取了三项替代性试验对硬质塑料车窗进行检测。可以说，即将出台的新版 GB 9656—2020（或 2021），将全面认可硬质塑料的使用，并对力学性能、防火阻燃性能以及环境适应等有相关的约定，势必会打开聚碳酸酯塑料车窗的新应用。

而且，特别是在低速车、新能源车以及未来设计新颖的道路车辆，安全、透明、抗冲击、视野开阔、造型各异的外窗和天窗等设计，对聚碳酸酯这类高性能透明工程塑料的需求将会逐步释放。

汽车领域另一个必须考虑的法规要求就是——车辆报废回收（ELV）要求。以中国为例，根据 2012 年商务部、国家发改委、公安部、环境保护部令 2012 年第 12 号《机动车强制报废标准规定》，道路运行车辆的报废期通常为 8—15 年（根据运营情况、车型大小不同而异），或对达到一定行驶里程的机动车引导报废。再由报废机动车回收拆解企业按规定进行登记、拆解、销毁等处理。

从循环经济、可持续发展、保护生态环境、提高资源利用效率看，大量报废汽车的最终去向、拆解后各种类材料的回收再利用是个非常重要的问题。加强汽车有害物质的管理、提高报废汽车的回收利用率，既可以降低成本、缓解资源环境压力，又可降低工业化生产对环境和人体健康的危害。因此，环保部在 2014 年 3 月份，出台了 HJ-2532—2013《环境标志产品技术要求 轻型汽车》，对 M1（包括驾驶员座位在内，座位数不超过 9 座的载客车）、M2（包括驾驶员座位在内，座位数不超过 9 座，且最大设计总质量不超过 5000kg 的载客车）、N1（最大设计总质量不超过 3500kg 的载货车辆）类轻型汽车进行了

---

[1] ECE 法规已经被国际所认可。

“有害物质”“两率（可再利用率、可回收利用率，RRR）”，以及“VOC”的限值要求。随后，国家质量认证中心（CQC）又于2014年调整了CNCA-C11-01：2014《强制性产品认证实施规则 汽车》的认证实施规则，强化了有害物质的管控。

为了提升汽车行业绿色制造水平，破解资源环境约束的要求，工信部于2015年6月9日发布了《汽车有害物质和可回收利用率管理要求》，对主机厂及各级供应商提出了更高的要求。《汽车有害物质和可回收利用率管理要求》规定自2016年1月1日起，对总座位数不超过九座的载客车辆（M1类）的有害物质使用和可回收利用率（“有害物质”“两率”）实施管理，间接管理全产业链。

有害物质的管控基本上就是对重金属、多溴联苯、多溴联苯醚、多环芳烃、石棉、偶氮类染料等。而可回收利用率管理方面，主要是整车的回收率目标满足：2016年1月1日起，可再生利用率 ≥ 85%，可回收利用率 ≥ 95%。新车从2016年1月1日起执行申报公告，在产车从2018年1月1日执行。

由于上述法规和标准的不断要求，整车厂对材料的再利用、回收利用非常关注。产业链中层层追溯，要求原材料的两率指标，并在CAMDS（中国汽车材料数据系统）中进行填报。总体来说，聚碳酸酯纯树脂的回收利用比较乐观，一些零部件（如车灯、天窗）都是由纯聚碳酸酯加工成形的，因此拆解后的回收是比较有利的。对于PC/ABS共混合金材料，其回收再利用相对困难一些。但由于相对纯净，添加剂使用较少，所以，虽然处理上会比纯聚碳酸酯树脂麻烦不少，但可再利用率和可回收利用率非常高。

可以预见，随着人们对保护生态环境意识的不断提升，对可持续发展、循环经济的深入理解，汽车产业链将会更加认可材料的再利用及回收。同时，各种材料的回收技术持续改进、验证及不断推广，人们对回收材料的认知也会逐步转变：从回收料即是“贬值”的认知，转变为材料的“价值重估”。因此未来几年，汽车行业对高品质回收材料的利用会逐步放大，需求点也会逐渐从附件（盖板、辅助支架、外壳、电池外壳、内外小饰件等等）过渡到零配件、部件等，当然，质量及安全肯定是第一前提。另一点，闭环回收或是定向回收，也会是一种可行的循环经济的解决方案。譬如，车灯部件的定向回收、拆解、车灯材料的分类和回收再利用（继续用于车灯或是降级后再利用于其他车用零部件）等。

6.4.4 医疗器械行业相关标准

在中国，对医疗器械的管理采取分类管理的模式。国家药品监督管理局

(原国家食品药品监督管理总局）负责组织制定、公布“医疗器械标准、分类管理制度并监督实施”；并负责制定“医疗器械研制、生产、经营、使用质量管理规范并监督实施”；还负责“医疗器械注册并监督检查”；建立“医疗器械不良事件监测体系，并开展监测和处置工作”；以及监督管理的稽查制度等。中华人民共和国国务院令第650号，也就是《医疗器械监督管理条例》，则是医疗器械方面的最高法规，是所有医疗器械后续相关法规的总纲。在医疗器械的各个相关环节，如：注册、说明书和标签管理、生产、经营、分类、使用质量、临床试验质量、召回、标准、网络销售等，则都有相关的监督管理办法出台。

提及分类管理，全世界通用的模式就是根据医疗器械的风险程度进行划分的。在中国，按照风险由低到高进行分类，依次为第一类（Ⅰ）、第二类（Ⅱ）和第三类（Ⅲ）。而判别医疗器械的风险程度，主要根据医疗器械的预期目的，通过结构特征、使用形式、使用状态、是否接触人体等因素综合考虑。具体分类细节可以参见原国家食品药品监督管理总局令第15号。

第一类医疗器械实行产品备案管理，第二类、第三类医疗器械实行产品注册管理。对于第三类医疗器械产品，应当向国务院食品药品监督管理部门提交注册申请资料。2017年，为了落实《国务院关于改革药品医疗器械审评审批制度的意见》（国发〔2015〕44号），加强医疗器械注册管理，提高审评审批效率，国家食品药品监督管理总局决定将医疗器械行政审批决定的部分权力，授权给医疗器械技术审评中心（简称“器审中心”，CMDE）代为执行，自2017年7月1日起，国产第三类高风险医疗器械和进口医疗器械的注册审批、延续注册等权力，都切实落在了医疗器械技术审评中心（CMDE）中。同时，器审中心根据总局的医疗器械注册技术指导原则制修订计划，负责组织和发布各种类医疗器械的技术审查指导原则，使得注册管理更加规范和明确。

目前，无论是国家药品监督管理局，还是医疗器械审批中心、药检所等技术机构，都积极地加强与美国FDA的交流学习，因此，在医药审批、医疗器械审批方面也与美国FDA的相关注册管理要求颇为相似。其实，自从2017年10月份国务院办公厅印发了《关于深化审评审批制度改革鼓励药品医疗器械创新的意见》的文件后，中国对于原料药、药用辅料和包装材料的监管（审评审批），已经开始由从审批制向DMF档案管理制度的过渡。DMF亦称作“药物主控文件”(Drug Master File)，由生产企业自己建立，并且要把相关的信息提供给制剂企业。档案的建立一般涉及公开和非公开两部分。非公开部分一般是企业核心内容，比如专利技术、工艺参数，为防止核心机密泄露，由政府给分发一个 DMF 档案号进行保密管理。DMF 制度搭建了一个产业链的信息交流模式，囊括了三个主体：政府监管者、原辅料生产者、原辅料使用者。这个体系降低了沟通成本，保证信息的可靠性和隐秘性，特别使得上游企业的核心机密得以最大化的保护。同时，施行 DMF 制度既区分开了生产者和使用者的独立审核，也实现了关联审核，不但有利于最终产品的审查，还可节约审评资料，减少重复申报。

对于我国的医疗器械领域，由于原材料尚未在《医疗器械监督管理条例》的监管范畴内，但在医疗器械产品的注册环节，技术审查指导原则对原材料的安全性提出了越来越高的要求，这就造成了与原料药和制剂企业间相类似的情况：原材料企业不愿意将自己的“技术机密”向医疗器械注册申报者提供；而若不详细提供，又无法满足技术审评专家的实际要求，产品注册过不了关。实际执行上也就形成了一条沟通鸿沟，不仅沟通成本增加，而且实际效果不甚理想。其实，在美国也推出了非常相似的管理制度——MAF，即医疗器械档案管理制度（Medical Device Master File），与 DMF 非常相似，一样是由监管者、医疗器械产品注册者（原材料使用者）、医疗器械原材料生产者三方构成。原材料生产者可以作为责任主体单独向监管者提交备案资料，对原材料的质量和备案信息的真实性负责，一些不便于公开的“专利信息”“技术信息”等直接对政府机构公开并要求其保密。政府监管者则根据原材料的信息审核后分发 MAF 号码。原材料生产者可以向注册者提供该 MAF 号码，而不必披露敏感信息。审评官员或专家在技术审查时，再通过该 MAF 档案号码以及原材料生产者的授权函调用 MAF 信息，完成关联审评。这种机制的尽快实现，将会大大降低外企的“后顾之忧”，促进中国医疗器械行业的发展，使得新材料和创新产品得以在中国快速实现应用。

而对于聚碳酸酯材料来说，其在国外医疗器械上的应用已经有 30 多年的安全使用历史，并在很多的创新应用中得以体现。由于聚碳酸酯具有高透明度、高强度、良好的韧性及耐热性能，可经受蒸汽消毒、环氧乙烷（ETO）灭菌、清洗剂、加热和高能辐射消毒（伽马射线火电子束），同时满足 ISO 10993 生物相容性，达到美国药典（USP）第Ⅵ类医用级塑料的要求，因此，被广泛应用于人工肾血液透析设备和其他需要在透明、直观条件下操作并需反复消毒的医疗设备中，如生产高压注射器、外科手术面罩、一次性牙科用具、血液分离器等。

在国内，原国家食品药品监督管理局发布的行业标准 YY/T 0806—2010

《医用输液、输血、注射及其他医疗器械用聚碳酸酯专用料》中明确提到："聚碳酸酯（PC）由于比聚乙烯、聚苯乙烯和ABS等材料具有更加优越的物理性能，同时有很好的外观，因此，越来越多地应用到医用输液、输血、注射及其他医疗器械上，由于材料可以具有很高的透明度，采用该材料的输注器具有助于实现全液路透明。"

上述材料属于最高等级的医疗器械——第三类产品，其对材料的质量、安全性的要求都是最高的。对于溶出物的检验项目主要有：还原物质（高锰酸钾消耗量）、酸碱度、蒸发残渣、重金属离子以及紫外吸光度。其中，高锰酸钾消耗量（0.002mol/L）要求低于1.0mL，蒸发残渣的要求是低于15mg/L。此外，对于医用级聚碳酸酯专用料，仍需按照国家标准GB/T 16886.1—2011《医疗器械生物学评价 第1部分：风险管理过程中的评价与试验》进行聚碳酸酯材料的生物学评价。

从表6.6可以看出，与食品级的材料和制品相对比，医疗级聚碳酸酯对高锰酸钾消耗量的要求明显更为严格。不但检验液的配制条件更为苛刻，而且限值要求也更低，差不多接近30倍的差距。因此，能够达到医疗级别的聚碳酸酯材料更加安全，附加值也更高。

表6.6 医疗级和食品级聚碳酸酯对比

高锰酸钾消耗量	标准	检验方法	限值要求	检验液配置条件
医用级PC	YY/T 0806—2020	GB/T 14233.1—2008	≤1.0mL(0.002mol/L)	水，121℃，30min
食品级PC	GB 4806.7—2016	GB 31604.2—2016	10mg/kg	水，60℃，2h

注：高锰酸钾摩尔质量为158.034g/mol。因此，对于医用级PC，高锰酸钾消耗量只有0.316mg/kg，远远低于食品级的通用要求。

对于第三类医疗器械产品，生物相容性评价是医疗器械安全性评价中不可缺失的一环。ISO 10993系列标准及其等同转化的国家推荐标准GB/T 16886是对器械进行生物安全性评价的重要指导原则。ISO 10993标准几经改版，从最初的侧重生物相容性测试，到最新发布的2018版改为优先通过物理/化学分析，再根据毒理学评价和体外测试的方法进行评价，不仅可以使得实验动物数量最小化，更重要的是可以定量揭示器械使用中的风险，尤其是长期使用风险。这样的长期风险评价，若采用动物测试的方法进行评价，不仅费用高昂、耗时、灵敏度不高，适用性易受到质疑，而且面临着愈发严苛的动物福利保护的阻力。

对于呼吸面罩、气管等涉及呼吸气体通路的医疗器械，国际上同样需要生物相容性评估，可依照 ISO 18562 进行。该标准由 4 个系列标准组成，分别是依据风险管理过程的评估和测试、颗粒物测试、VOC 和冷凝可沥滤物测试。其基本指导原则与 ISO 10993 是一致的，也是以化学分析方法作为起点，通过毒理学评价的方法，对此类医疗器械进行生物安全性评价。

可以看到，国际上对第三类和部分第二类医疗器械，都在根据实际使用情形考虑材料和制品的生物相容性问题。因此，如果使用聚碳酸酯作为第三类医疗器械的原材料，那么首先符合 YY/T 0806—2020 和 GB/T 16886.1—2011（国外是 ISO 10993 系列标准）基本上是必要条件。在器审中心的各个三类产品的技术审查指导原则中，也可以清楚地看到这方面的要求。在欧美国家，医用级材料的制造商为了捍卫公司的声誉，避免材料带来的风险，往往非常谨慎地使用高质量、高规格的医用级材料，确保医疗器械产品的安全使用。而我国在这方面的意识还有待提高，可操作性的执行方法及评估手段还不够成熟，容易走向另一个“安全”的极端。特别是对于第二类的医疗器械产品，如呼吸面罩等，由于医疗风险相对低一些，故而国内企业出口产品执行更加严格的材料评估，而内销产品则通常使用食品级材质的原料充当医用级材料。甚至由于不理解生物相容性及评估原则，更为混乱的原材料使用情况亦有发生。当然，随着医药安全、医疗安全要求的日趋规范和日渐严苛，如何更为有效地使用合规的医用级材料，也是当前行业中面临的一个潜在问题。

6.4.5 轨道交通行业相关标准

在公共交通行业（飞机，火车和轮船），乘客的安全和逃生是严苛的阻燃标准的主要推动因素。这些法规主要涉及到“FST”，根据不同地域的市场主要包括燃烧（flame）、烟密度（smoke desity）、烟毒性（smoke toxicity）和热释放性能。阻燃型聚碳酸酯树脂材料及其合金和共混树脂在满足公共交通行业严苛的 FST 法规要求的同时，为航空飞行器、轨道交通车辆以及轮船的装饰及功能部件等提供安全、可靠、耐久的机械性能以及外观的美学设计特性。

航空的 FST 法规全球已经完全统一，主要原因是飞机需要经常穿越国境线。对于包括火车在内的轨道车辆却不总是这样。虽然国际铁道联盟的 UIC 标准在一定范围内得到实施，但许多国家和地区都有自己的铁路防火标准，比如中国采用基于 UIC 标准的 TB/T 3237—2010 行业标准；又如欧盟在实施统一的铁路标准之前，德国采用 DIN 5510 和法国采用 NF F16-101 等。2013 年 3 月，一个新的欧盟铁路防火标准 EN 45545 系列获得欧洲标准化委员会（CEN）

的批准开始实施，并自 2016 年 3 月正式取代各成员国自己的标准，对在公共交通如列车中使用制品的阻燃性能如在燃烧以后的火焰蔓延、热释放和烟雾产生的标准已经变得越来越严格。随着越来越多国家采用或计划将 EN 45545 系列标准转化为本国标准（比如中国），该标准将在更大范围内影响轨道车辆对材料选择的要求。

基于轨道车辆运行环境的结构特点、逃生条件以及可能的逃生时间，EN 45545 将轨道车辆的运行类型分为四类。根据轨道车辆的功能和结构特征将其设计类型分为 A、D、S、N 四个类别，分别代表自动运行列车、双层列车、卧铺列车以及其他列车。结合车辆运行类型和车辆设计类别，EN 45545 规定了一系列的测试方法和要求，形成了不同的危险等级要求，包括 HL1、HL2 和 HL3（HL3 为最严格要求）。HL1 是最低危险等级并且通常适用于在相对安全条件下运行的车辆（车辆容易疏散）。HL3 是最高危险等级并且表示最危险的操作/设计类别（车辆疏散困难和/或耗时，例如在地下轨道车中）。对于每种应用类型，基于其危险等级定义了从 R1 到 R26 共 26 组不同的测试要求，涵盖内部材料、外部材料、家具、电子电器、电线电缆等方面。

作为一种被广泛应用于各个行业及细分领域的聚碳酸酯及其合金材料，具有出色的抗冲击性，便于加工成型，减重效果显著，对环境友好可回收再利用。可以为轨道车辆在实现轻量化、舒适减噪、乘坐舒适性、节能降耗、车辆控制、轮轨磨损、运营经济性等性能指标方面提供有益的支持。

聚碳酸酯及其合金材料具备机械强度高、密度低、环境耐受性好、易于加工等特点，为轨道车辆部件提供更大的设计自由度，通过恰当的工艺和加工方式制成不同类型和规格的产品，尤其是一些大尺寸和复杂形状部件。这些部件能够充分满足轨道车辆运行长期处于持续震动、大荷载运行、外部环境条件大幅波动、乘客流量大且流量不恒定等场景条件下，对轨道车辆相关部件提出的特定需要。而阻燃型聚碳酸酯树脂材料及其合金和共混树脂材料能在满足上述要求的同时，达到 EN 45545 系列标准对非金属材料提出的更加严格的 FST 要求，能更好地满足轨道车辆对内饰及功能材料的要求。

自 EN 45545 系列标准开始实施以来，相关企业已经推出了多款能够满足 EN 45545-2 要求的聚碳酸酯或其合金材料，以模制品或板材等形式在轨道车辆领域获得大量应用。由这些材料制成的部件包括满足 R1 要求的内饰和功能部件如墙板、顶板、行李架、窗框、隔板、遮光板、通风调节板、空调风道、小桌板（下表面）等；满足 R6 要求的座椅扶手、座椅背板等；满足 R4 要求的车厢内灯罩等；满足R22和R23要求的车内、外电工产品以及未列明材料等。在满足特定要求的情况下，聚碳酸酯材料甚至可以替代玻璃用于部分车辆的车窗以实现更好的轻量化。

参考文献

[1] http：//www.basel.int/Implementation/Plasticwaste/Amendments/tabid/8339/Default.aspx.

[2] https：//www.accessdata.fda.gov/scripts/cdrh/cfdocs/cfcfr/cfrsearch.cfm? fr=177.1580.

[3] https：//www.fda.gov/food/ingredientspackaginglabeling/foodadditivesingredients/ucm064437.htm#summary.

[4] https：//www.canada.ca/en/health-canada/services/home-garden-safety/bisphenol-bpa.html.

[5] http：//www.efsa.europa.eu/en/efsajournal/pub/3978.

[6] http：//www.moh.gov.cn/sps/s7891/201105/bcfe48fd3da849128e3017251833c9f3.shtml.

[7] https：//ntp.niehs.nih.gov/whatwestudy/topics/bpa/index.html? utm_source=direct&utm_medium=prod&utm_campaign=ntpgolinks&utm_term=bpa.

CNPCA观察：

聚碳酸酯是一种透明、安全、耐用的材料，已安全使用了60多年。

双酚A作为聚碳酸酯的主要原料，多年来一直处于健康安全的风口浪尖。尽管全世界权威的食品安全机构一致澄清并认可“以双酚A为原料生产的聚碳酸酯材料在食品接触材料领域使用是安全的”，但是学术界、法规界的争议依旧不断。

因此，协会有必要再次澄清几点：

① 机构背书安全性（WHO、美国FDA、欧洲食安局EFSA、德国BfR、加拿大卫生部等）；② 双酚A常温下是固体，难迁移；③ 并不是致癌物质、也不致畸；④ 不属于内分泌干扰物，是天然雌激素活性的万分之一；⑤ 属于低毒物质，大鼠经口的半数致死量与食盐相当。

2019年10月，生态环境部固体废物与化学品管理技术中心完成了对双酚A的环境风险评估报告，结论认为：双酚A的环境风险可接受，双酚A并未对我国大陆生态环境造成显著影响。聚碳酸酯行业占双酚A总消费量的41%（约70万吨），但其对双酚A的环境排放贡献最小（<1%）；环氧树脂行业是双酚A消费量最大的行业，占总消费量的54.2%，但仅占双酚A总排放量的4.38%；热敏纸行业仅占双酚A总消费量的0.4%（7200吨），但其生产、使用和废弃处置过程所产生的双酚A排放量最大，占总排放量的92%。热敏纸行业是双酚A的主要排放源，因此，减少热敏纸行业的双酚A排放是控制双酚A环境风险的重点，应鼓励和引导热敏纸行业

逐步限制淘汰双酚A的使用。

不同的应用法规，对聚碳酸酯材料的要求各异。在电子电气领域，随着IT技术与电气、电器的不断融合，防火耐燃的趋势愈加明显，要求也越来越严苛。在汽车领域，随着新法规的出台，汽车安全玻璃将是聚碳酸酯的一个新兴应用市场；而电动汽车轻量化必然对电池包装产生一定影响，给聚碳酸酯带来新的机遇。在医疗器械领域，耐应力开裂、耐伽马射线、家用医疗设备等都将会是聚碳酸酯的创新应用方向。

后　记

2020 年实在是非同寻常，于国家、于企业、于个人，均是如此。突发的新冠肺炎疫情、保护主义和单边主义盛行、经济全球化的停滞，带来的影响天翻地覆。进入 2021 年，“十四五”开局，国内外形势更加错综复杂，新冠肺炎疫情还在全球蔓延，世界经济仍十分艰难且处于深度调整之中。于 PC 而言，突发的原料价格飞涨，给整个行业带来严峻考验。

正是在这非同寻常的时刻，《中国聚碳酸酯行业发展蓝皮书（2021）》（以下简称《蓝皮书》）新鲜出炉！这是一本有态度、有温度、更有责任的工具书。作为亲历者之一，对于《蓝皮书》的成功出版倍感欣喜，更深受感动。

欣喜于，在第一版、第二版蓝皮书内部发行的基础上，此次正式出版的《蓝皮书》更加全面、更有态度、更有厚度。为了我国聚碳酸酯行业健康有序发展，《蓝皮书》表现出了担当和责任。此版《蓝皮书》拥有了正式书号，可以在社会上得到更广泛的传播。通过《蓝皮书》，让公众知道聚碳酸酯与我们的生活息息相关，如影随形；让政府部门和投资者了解聚碳酸酯行业的真实状况，规范行业发展，谨慎行业投资；让整个产业链能更好构架，结出更加丰硕的果实。

感动于，整本书面世过程中的一幅幅场景：在国内疫情最严重的时候，团队里的每一位伙伴都自觉地开始了新一版蓝皮书的编纂；利用周末，编者们汇聚一起，逐页讨论，引经据典，编辑修正；张雷、汪勍、丁雨波几位副秘书长围坐于电脑前，认真讨论蓝皮书构架及内容组织中的每个细节；作为主编，张雷在整本书的运作过程中，付出的心血无人能比，最后付印前两三周在工作群里的作业记录时间都是凌晨 1 点前后……

应当说，这本蓝皮书是集体智慧的结晶，是全体编写者与 28 家参与单位的领导与专家通力合作的结果。所有作者都在聚碳酸酯产业链条的某一个或某几个环节深耕多年，依据分工，各司其职，终于圆满地完成了任务。他们愿意为行业无私奉献知识与信息的精神是这本书能够高品质面世的基础。衷心地感谢你们，中国聚碳酸酯行业发展的见证者。

本书出版时间紧，工作量巨大，虽经数番校订，仍不免挂一漏万，尚祈读者与专家教正。同时我们也衷心期待业内朋友们的积极反馈，以便我们在下一版做得更好。

乘风破浪潮头立，扬帆起航正当时。当今世界动荡变革，我们必须集中力量办好自己的事。希望我们整个聚碳酸酯产业链上的所有人，能够团结一致，乘风破浪，向生同行，行稳致远。在“双碳”时代下，共同践行“双循环”高质量发展。

中国合成树脂协会秘书长　王晓雪
2021 年 6 月 21 日